—— 乡村振兴特色优势产业培育工程丛书 ——

中国牦牛产业发展蓝皮书

（2022）

中国乡村发展志愿服务促进会 组织编写

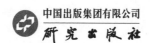

中国出版集团有限公司

研究出版社

图书在版编目 (CIP) 数据

中国牦牛产业发展蓝皮书（2022）/ 中国乡村发展志愿服务
促进会组织编写. -- 北京：研究出版社，2023.6
ISBN 978-7-5199-1504-9

Ⅰ.①中… Ⅱ.①中… Ⅲ.①牦牛 - 养牛业 - 产业发
展 - 研究报告 - 中国 Ⅳ.①F326.33

中国国家版本馆CIP数据核字(2023)第093832号

出 品 人：赵卜慧
出版统筹：丁　波
责任编辑：朱唯唯

中国牦牛产业发展蓝皮书（2022）

ZHONGGUO MAONIU CHANYE FAZHAN LANPI SHU (2022)

中国乡村发展志愿服务促进会　组织编写

研究出版社 出版发行

（100006　北京市东城区灯市口大街100号华腾商务楼）

北京中科印刷有限公司印刷　新华书店经销

2023年6月第1版　2023年6月第1次印刷

开本：710毫米×1000毫米　1/16　印张：16.5

字数：237千字

ISBN 978-7-5199-1504-9　定价：79.00元

电话（010）64217619　64217652（发行部）

本书编写人员

主　　编：罗晓林

副 主 编：赵洪文　张越杰　谢　鹏　柴志欣　张翔飞
　　　　　官久强

编写人员：（按姓氏笔画排序）

　　　　　王　军　王　芳　刘书杰　刘晓畅　李家奎

　　　　　杨　繁　张　丽　张松山　信金伟　索化夷

　　　　　殷满财　梁春年

本书评审专家
（按姓氏笔画排序）

王凤忠　毛永民　朱大洲　范　蓓　郭慧媛

编写说明

    习近平总书记十分关心乡村特色优势产业的发展，作出一系列重要指示。2022年7月，习近平总书记在新疆考察时指出："要加快经济高质量发展，培育壮大特色优势产业，增强吸纳就业能力。"2022年10月，习近平总书记在陕西考察时强调："产业振兴是乡村振兴的重中之重，要坚持精准发力，立足特色资源，关注市场需求，发展优势产业，促进一二三产业融合发展，更多更好惠及农村农民。"2023年4月，习近平总书记在广东考察时要求："发展特色产业是实现乡村振兴的一条重要途径，要着力做好'土特产'文章，以产业振兴促进乡村全面振兴。"党的二十大报告指出："发展乡村特色产业，拓宽农民增收致富渠道。巩固拓展脱贫攻坚成果，增强脱贫地区和脱贫群众内生发展动力。"

    为认真贯彻落实习近平总书记的重要指示和党的二十大精神，中国乡村发展志愿服务促进会认真总结脱贫攻坚期间产业扶贫经验，启动实施"乡村特色优势产业培育工程"，选择油茶、油橄榄、核桃、杂交构树、酿酒葡萄，青藏高原青稞、牦牛，新疆南疆核桃、红枣9个特色优势产业进行重点培育。这9个产业，经过多年的发展，都具备了加快发展的基础和条件。不失时机地采取措施，促进高质量发展，不仅是必要的，而且是可行的。发展木本油料，向山地要油料，加快补齐粮棉油中"油"的短板，是国之大者。发展杂交构树，向构树要蛋白，加快补齐肉蛋奶中"奶"的短板，是国之大者。发展青藏高原青稞、牦牛和新疆南疆核桃、红枣，加快发展西北地区葡萄酒产业，是脱贫地区巩固拓展脱贫攻坚成果和实现乡村产业振兴的需要，也是增加农民特别是脱贫群众收入的重要措施。中国乡村发展志愿服务促进会将动员和聚合社会力量，通过培育重点企业、强化科技支撑、扩大市场销售、对接金融资源、发布蓝皮书等工作，服务和促进9个特色优势产业加快发展。

发布蓝皮书是培育工程的一项重要内容，也是一项新的工作，旨在普及产业知识，反映产业状况，推广良种良法，介绍全产业链开发的经验做法，营造产业发展的社会氛围，促进实现高质量发展。我们衷心希望，本丛书的出版发行，能够在这些方面尽绵薄之力。丛书编写过程中，得到了各方面的大力支持。我们诚挚感谢所有参加蓝皮书编写的人员，感谢在百忙之中参加评审的专家，感谢为丛书出版提供支持的出版社和各位编辑。由于是第一次组织特色优势产业蓝皮书的编写，缺乏相关经验和参考，加之水平有限，疏漏谬误在所难免，欢迎广大读者批评指正。

丛书编委会

2023年6月

代　序

乡村振兴特色优势产业培育工程实施方案

中国乡村发展志愿服务促进会

2022年7月11日

　　民族要复兴，乡村必振兴。脱贫攻坚任务胜利完成以后，"三农"工作重心历史性转到全面推进乡村振兴。为贯彻落实习近平总书记关于粮食安全的重要指示精神，落实《国家乡村振兴局　民政部关于印发〈社会组织助力乡村振兴专项行动方案〉的通知》（国乡振发〔2022〕5号）要求，中国乡村发展志愿服务促进会（以下简称促进会）认真总结脱贫攻坚期间产业扶贫经验，选择油茶、油橄榄、核桃、酿酒葡萄、杂交构树，青藏高原青稞、牦牛，新疆南疆核桃、红枣9个特色优势产业进行重点培育，编制《乡村振兴特色优势产业培育工程实施方案》（以下简称《实施方案》）。

一、总体要求

（一）指导思想

　　以习近平新时代中国特色社会主义思想为指导，全面贯彻习近平总书记关于"三农"工作的重要论述，立足新发展阶段，贯彻新发展理念，构建新发展格局，落实高质量发展要求。按照乡村要振兴、产业必先行的理念，坚持"大

1

食物观"，立足不与粮争地，坚守18亿亩耕地红线，本着向山地要油料、向构树要蛋白的思路，加快补齐粮棉油中"油"的短板、肉蛋奶中"奶"的短板，持续推进乡村振兴特色优势产业培育工程。立足帮助优质农产品出村进城，不断丰富市民的"米袋子""菜篮子""果盘子""油瓶子"，鼓起脱贫地区人民群众的"钱袋子"。立足推动农业高质高效、乡村宜居宜业、农民富裕富足，为全面推进乡村振兴、加快农业农村现代化提供有力支撑。

（二）基本原则

——坚持政策引导，龙头带动。以政策支持为前提，积极为产业发展和参与企业争取政策支持。尊重市场规律，发挥市场主体作用，择优扶持龙头企业做大做强，充分发挥龙头企业的示范带动作用。

——坚持突出重点，分类实施。突出深度脱贫地区，遴选基础条件好、带动能力强的企业，进行重点培育。按照"分产业、分区域、分重点"原则，积极推进全产业链发展。

——坚持科技支撑，金融助力。加强对特色优势产业发展的科研攻关、科技赋能作用，促进科研成果及时转化。对接金融政策，促进企业不断增强研发能力、生产能力、销售能力。

——坚持行业指导，社会参与。充分发挥行业协会指导、沟通、协调、监督作用，帮助企业加快发展，实施行业规范自律。充分调动社会各方广泛参与，"各炒一盘菜，共办一桌席"，共同助力产业发展。

——坚持高质量发展，增收富民。坚持"绿水青山就是金山银山"理念，帮助企业转变生产方式，按照高质量发展要求，促进产业发展、企业增效、农民增收、生态增值。

（三）主要目标

对标对表国家"十四五"规划和2035年远景目标纲要，设定到2025年、2035年两个阶段目标。

——到2025年，布局特色优势产业培育工程，先行试点，以点带面，实现突破性进展，取得明显成效。完成9个特色优势产业种养适生区的划定，推广"良种良法"，建设一批生产基地。培育一批龙头企业、专业合作社和家庭农场等市场主体，建立重点帮扶企业库，发挥引领带动作用。聘请一批知名专家，建立专家库，做好科技支撑服务工作。培养一批生产、销售和管理人才，增强市场主体内生动力，促进形成联农带农富农的帮扶机制。

——到2035年，特色优势产业培育工程形成产业规模，实现高质量发展。品种和产品研发取得重大突破，拥有多个高产优质品种和市场占有率高的产品。种养规模与市场需求相适应，加工技术不断创新，产品质量明显提升，销售盈利能力不断拓展，品牌影响力明显增强。拥有一批品种和产品研发专家，一批产业发展领军人才和产业致富带头人，一批社会化服务专业人才。市场主体发展壮大，实现一批企业上市。联农带农富农帮扶机制更加稳固，为共同富裕添砖加瓦，作出积极贡献。

二、重点工作

围绕特色优势产业培育工程目标，以"培育重点企业、建立专家库、实施消费帮、搭建资金池、发布蓝皮书"为抓手，根据帮扶地区自然禀赋和产业基础条件，做好五项重点工作。

（一）培育重点企业

围绕中西部地区，特别是三区三州和乡村振兴重点帮扶县，按照全产业链发展的思路遴选一批产业基础好、发展潜力大、创新能力强的企业，建立重点帮扶企业库，作为重点进行培育。对有条件的龙头企业，按照上市公司要求和现代企业制度，从政策对接、金融支持、消费帮扶等方面进行重点培育，条件成熟的推荐上市。

（二）强化科技支撑

遴选一批品种研发、产品开发、技术推广、工艺研究等方面的专家，建立专家库，有针对性地对制约产业发展的"卡脖子"技术难题进行联合攻关。为企业量身研发、培育种子种苗，用"良种良法"助力企业扩大种养规模。加强产品研发攻关，提高产品品质和市场竞争力。充分发挥企业家在技术创新中的重要作用，鼓励企业加大研发投入，承接和转化科研单位研究成果，搞好技术设备更新改造，强化科技赋能作用。

（三）扩大市场销售

帮助企业进行帮扶产品认定认证，给帮扶地区产品提供"身份证"，引导销售。利用促进会"帮扶网""三馆一柜"等平台和载体，采取线上线下多种方式销售。通过专题研讨、案例推介等形式，开展活动营销。通过每年发布蓝皮书活动，帮助企业扩大影响，唱响品牌，进行品牌销售。

（四）对接金融资源

帮助企业对接国有金融机构、民营投资机构，引导多类资金对特色优势产业培育工程进行投资、贷款，支持发展。积极与有关产业资本合作，按照国家政策规定，推进设立特色优势产业发展基金，支持相关产业发展。利用国家有关上市绿色通道，帮扶企业上市融资。

（五）发布蓝皮书

组织专家编写分产业的特色优势产业发展蓝皮书。做好产业发展资料收集、整理、分析工作，加强国内外发展情况对比分析，在总结分析和深入研究的基础上，按照蓝皮书的基本要求组织编写，每年6月前对外发布上一年度产业发展蓝皮书。

三、保障措施

（一）组建项目组

促进会成立项目组，制定《实施方案》并组织实施。项目组动员组织专家、企业家和有关单位，分别成立9个项目工作组，制定产业发展实施方案并组织实施。做好产业发展年度总结，编写好分产业特色优势产业发展蓝皮书。

（二）争取政策支持

帮助重点龙头企业对接国家有关产业政策、产业发展项目。协调相关部门，加大帮扶工作力度，争取将脱贫地区重点龙头企业的产业发展规划纳入国家有关部门和有关地区的专项发展规划并给予支持。争取各类金融机构对重点帮扶龙头企业给予贷款、融资优惠,助力重点帮扶企业加快发展。

(三)坚持典型引领

选择一批资源禀赋好、发展潜力大、市场前景广的种养基地作为示范种养典型,选择一批加工能力精深、技术先进、效益良好的龙头企业作为产品加工示范典型,选择一批增收增效、联农带农富农机制好的市场主体作为联农带农富农典型。通过典型示范,引领特色优势产业培育工程加快发展。

(四)搞好社会动员

建立激励机制,让热心参与特色优势产业发展的单位和个人政治上有荣誉、事业上有发展、社会上受尊重、经济上有效益。加强宣传工作,充分运用电视、网络等多种媒体,加大舆论宣传推广力度,营造助力特色优势产业培育工程的良好社会氛围。招募志愿者,创造条件让志愿者积极参与特色优势产业培育工程。

(五)加强协调促进

充分利用促进会在脱贫攻坚阶段取得的产业发展经验和社会影响力,协调脱贫地区龙头企业对接产业政策,动员产业专家参与企业技术升级和产品研发,衔接金融资源帮助企业解决资金难题。发挥行业协会的积极作用,按照公开、透明、规范要求,帮助企业规范运行,自我约束,健康发展。

四、组织实施

(一)规范运行

在促进会的统一领导下,项目组和项目工作组根据职责分工,努力推进9个特色优势产业培育工程实施。项目组要根据产业特点组织制定专家库、重点帮扶企业库的建设与管理办法、产业发展培育项目管理办法,包括金融支持、消费帮扶、评估评价等办法,做好项目具体实施工作。

(二)宣传发动

以全媒体宣传为主,充分发挥新媒体优势,不断为特色优势产业培育工程实施营造良好的政策环境、舆论环境、市场环境,让企业家专心生产经营。宣传动员社会各方力量，为特色优势产业培育工程建言献策。

（三）评估评价

发动市场主体进行自我评价，通过第三方调查等办法进行社会评价。特色优势产业培育工程项目组组织有关专家、行业协会、企业代表，对9个特色优势产业发展情况、市场主体进行专项评价。在此基础上，进行评估评价，形成特色优势产业发展年度评价报告。

CONTENTS | 目录

第二章

牦牛产业市场情况分析 /095

第三章

牦牛产业科技创新发展分析 / 115

第四章

牦牛产业典型发展模式与代表性企业分析 / 147

第五章

产业发展预测（至2025年）及投资机会分析 / 199

第六章

牦牛产业发展建议 / 229

牦牛产业现状

第一节　牦牛基本情况

一、起源与进化

牦牛的起源问题，一直是牦牛科学研究的热点之一。对于牦牛原始祖产生和发育的相关知识及其进化历史、现代牦牛的驯化年代及其系统发育过程，国内外学者开展了多方面研究，也获得了相对被认可的考证数据。结合考古学、生物学及史料记载，在我国华北、东西伯利亚、阿拉斯加和中亚北部等地区发现了距今200多万年前的更新世野牦牛化石，说明牦牛起源于欧亚大陆东北部。新近纪的野原牛很可能是现代家牦牛和现代野牦牛的共同原始祖。现今的家牦牛与野牦牛都是同一祖先的后代，它们之间不存在先代后代的关系，现今的野牦牛也不是家牦牛的始祖或起源。由于第四纪冰川影响，为寻找适宜的生存环境，野原牛南迁进入青藏高原腹地，该地区也成为现代野牦牛的主要分布区域，而留在欧亚大陆东北部的牦牛因环境因素逐渐灭绝。

野生动物的驯化史，总是与人类进化，民族形成的历史有关。在距今大约5000年前，在藏北羌塘地区的古羌人，不仅将捕获的野牦牛用作食物和存储，还借鉴驯养绵羊和山羊的经验和方法，成功将剩余的野牦牛驯化。随着古羌人游牧、迁徙以及最初物品原始交换贸易的兴起，其经济得到一定发展，牦牛的饲养及分布区域也逐渐扩大，进一步扩散到西藏周围适宜牦牛生存的其他高寒草原地带，形成了最初的牦牛饲养业，也逐渐形成了当今世界牦牛的主要分布格局。其可能的传播路线主要为：一是由藏南到藏北，再翻过昆仑山而进入新疆；二是由西藏向东，越过金沙江而到四川西北部，再由川西北向东移动到青海、甘肃等省区。古羌人成功驯养野牦牛后，不断改进饲养管理条件，并从养育的牦牛中选出符合他们要求的个体作为种用，繁殖后代。经过许多代的原始繁育，才逐渐把野牦牛驯化为真正的家牦牛。这一阶段用了1000~2000年的时间。据《尔雅》《吕氏春秋》《史记》《汉书》等古籍记载，远在2000多年以前，我国牦牛饲养业在现今四川西部及甘肃临洮以西等地区已很发达，西周时期西部诸国已用牦牛尾作为贡品敬献。且在我国殷周时期即开始用牦牛与普通牛、瘤牛进行杂交，现今沿青藏高原边缘还有一个广阔的接触地带，它们之间通过能育的母犏牛进行基因交流。可以这样认为，现存的牦牛在其起源和形成的过程中一定程度上吸收了普通牛及瘤牛种的一些基因。

在我国青海柴达木境内的诺木洪、西藏昌都市的卡若遗址以及四川康定地区出土了新旧石器时代的牦牛化石，牦牛皮、毛等制作的各种生活用品，还发现有饲养牲畜的围栏和牦牛遗骸，这说明我国牦牛的驯养历史与藏族的形成时期不可分割。在距今10000～5000年前，我国就有关于牦牛记载的文字出现。因此，可以说我国青藏高原的羌塘地区是我国也是世界牦牛的发源地和主产区，中国是家牦牛的主要起源国。

二、生物学特征

牦牛是分布于青藏高原及其毗邻地区的特有畜种资源，为当地人们提供肉、乳、皮、毛、燃料等生产生活必需品。牦牛虽经人类驯养已有几千年的历史，但由于驯养条件与其野生时的生活条件改变不大，因而人工选择的作用并未因人类驯养而加强，自然选择仍然在牦牛的生存方面不断发挥重要作用，因此现今家养牦牛仍然具有部分野生的习性。牦牛经过长期的自然选择和人工选择，表现出对高原环境的适应性特征，其体型外貌、部分组织、器官也发生了特定的适应性变化。

（一）牦牛的体质外貌

牦牛的体质外貌因分布地区自然经济条件的差异而不同，但不同地区之间牦牛具有许多共同的特征。牦牛被人类驯养后未经专门培育，体型、体质、外貌等的改变也不显著，至今仍具备许多野生性状和外貌特征。

牦牛具有粗野的外貌，不论其经济用途如何，其体质均偏向于粗糙紧凑体质或偏向于结实型。

牦牛外貌：头中等大，前视自鼻梁中部以上近似方形，侧视如楔，嘴筒稍长，嘴裂宽，唇较薄齿大，额宽而凸出，面稍凹，眼圈大稍凸，耳较小外伸。一般公、母都有角（97%以上），其角形以角基向外折向上，角尖稍向前者为多，或角尖相对，角较细小，无角者少（3%左右）。颈较短，细薄无肉垂，鬐甲高耸，肩长，背腰平直，间见凹背；尻短而斜，自尾根至尾尖毛长，丛生如帚，尾毛纤维细软，胸宽而深，肋骨弓圆，腹部较大，四肢较短，蹄大短宽，蹄质坚实。全身头顶、额部、鬐甲、上膊、前膊、腹侧下部、腹部、胫部被有长毛，毛长40厘米左右，腹部之被毛长者可及地面，其余各部之被毛较短，毛色不一，以黑色、褐色为多，其次为黑白，少有其他颜色，全身黑褐毛的牦牛，其嘴唇往往为灰白色。

（二）牦牛的生物学特性

牦牛被人类驯养后，由于驯养地区社会经济发展长期相对缓慢，饲养管理粗放，牦牛仍然保留着许多野生习性，具体表现在以下方面：具有粗野的外貌，性情暴躁，生产力全面而低下，对高寒草原地区的气候适应力极强，觅食能力强，合群性及母性强等。家养牦牛较野生牦牛，不像其他畜种具有较显著的变异。

1.合群性强

牦牛性情较为粗暴，但经挤奶、驮运等调教后会逐渐失去野性，能很好地听从人类指挥。公牦牛比母牦牛更具有野性，好斗。它们的合群性较强，仅次于绵羊，数十以至一两百头牦牛成群游走于草原，彼此间距离不大，很少发现个别离群而走，若是一两头反而不易驱赶。经阉割的驮牛，在驮运过程中，四五十头一群也不难管理。

2.耐寒性高

青藏高原生态环境恶劣，气候寒冷，昼夜温差大。牦牛具有极强的御寒能力，得益于它一身结构特异的被毛。它的被毛又长又密，由不同的毛纤维类型组成，严寒时粗毛下还长出细软的绒毛，具有很好的保暖性能。加之牦牛的汗腺机能很不发达，在进化过程中逐渐形成不发达的散热机制，全身不排汗。牦牛还有一层较发达的皮下组织，体热不易发散，有利于在严寒环境下维持正常的体温。此外，牦牛在躯体结构上尽可能缩小体表面积以减少机体散热，也是其耐寒的重要原因。

3. 耐低氧

牦牛能适应高海拔低气压、空气含氧量低的高原环境,主要靠其发达的心血管系统和肺脏结构。牦牛血液里红细胞数量多,血红蛋白含量高而稳定,即使不增加心跳频率,也可满足机体新陈代谢对氧的需要。牦牛的肺泡组织十分发达,气管短而粗大,气管的环状骨狭窄,两游离端间距大,可高频率地呼吸,这也是其他牛种所不具备的特有组织学特征。

4. 采食能力极强

牦牛能很好地适应半年青草半年枯,牧草生长季节短,植株矮小等高山草地的环境条件。牦牛鼻镜小而善动,嘴唇薄而灵活,能拱开积雪,采食牧草。齿质坚硬,门齿宽而平坦,可啃食矮草。它舌面覆有坚实的角质化乳头,舌端宽,钝圆,有利于舔食和卷食牧草,连草根都能拱啃舔食,采食能力极强。草地解冻牧草返青,牦牛即可采食而长膘,且补偿生长的饲草转换效率高于其他牛种。牦牛有强健的四肢,蹄小而蹄质坚实,蹄缘坚硬,蹄尖狭窄锐利,足掌有柔软的角质,能翻越马匹难以越过的高山陡坡,可走沼泽也可踏冰前进,不摔不滑,即使在雨、雪、冰雹交加时仍能正常采食。

5. 母性强

牦牛母性极强,母牛分娩时人类可不予照护,随地可产,且极少见脐带炎等仔畜疾病。母仔间感情的建立,主要靠母牦牛对娩出犊牦牛的嗅闻和舔舐。犊牦牛依靠母牦牛的舔舐,几分钟内即可站立而吮乳。如果在娩出后10分钟内不给母牦牛嗅闻和舔舐,那么要建立起母仔感情就比较困难,尤其当分娩过程中发生难产、分娩时间过长时,母牦牛受到不良刺激,母仔感情的建立受到损害。当幼畜随群放牧而追赶不上畜群就地卧息时,其母牛随即停下,宁可离群而决不丢弃仔畜。牦牛母性强烈,这也是一种野生习性,是自然选择的产物,经人类驯养后人类并未对其仔畜给予任何有效的照护,保留了其野生时对仔畜护养的习性。

6.行动敏捷

牦牛的躯体庞大、粗笨，但当其饱食饮足欢兴之时，会举尾奔跳轻如雀跃。备鞍骑乘，举步奔跑，可与马匹比高下。如果驮物过重或鞍具不适，它会拼命跳跃，直至摔下鞍具货物才罢休，行动十分敏捷。它也能像马一样在草地上翻身打滚，消除疲劳。

7.嗅觉敏锐

牦牛的嗅觉极其敏锐。母牦牛可以在数十头犊牦牛中辨别出它的幼犊；公牦牛可在数千米外，嗅及发情母牦牛追逐而去。尤其是顺风的时候，它们都能远远地发现人类的动静，除了挤奶员外，旁人很难接近，要捕捉它们要花很大的力气和技巧才行。

第二节　牦牛产业基本情况

青藏高原具有丰富的生物多样性，生活着能适应其特殊自然生态环境的不同物种。牦牛主要分布于青藏高原的高山及亚高山地区，我国青藏高原的羌塘地区是中国乃至世界牦牛的主要起源地和主产区，以此为中心，西起昆仑山脉、天山山脉、帕米尔高原，东至雪域岷山，南达喜马拉雅山脉，北抵阿尔泰山脉，海拔2000～4500米的高原地区均有牦牛的自然分布。

一、世界牦牛产业基本情况

在国外，牦牛均以藏语发音而命名，称为"雅克"，英文"Yak"。大约1万年以前，牦牛以青藏高原为中心向外扩展。国外牦牛主要分布地均与我国接壤，其牦牛养殖区生态环境、民族风情和风俗习惯与我国牦牛饲养地民族文化联系密切。中国是牦牛的发源地和主产国，与我国毗邻的蒙古国、吉尔吉斯斯坦、俄罗斯、塔吉克斯坦、印度、尼泊尔、哈萨克斯坦、不丹、阿富汗、巴基斯坦等国家和地区均有少量分布，近些年欧美一些国家也引入牦牛饲养。国外牦牛的主要品种或类群包括蒙古牦牛、吉尔吉斯牦牛、俄罗斯牦牛、塔吉克牦牛、印度牦牛、尼泊尔牦牛等,以蒙古牦牛数量最多。目前,国外其他国家牦牛存栏量无法获取最新且准确的数据。

表1-1　世界牦牛主要分布

牦牛品种	数量(万头)
蒙古牦牛	80
吉尔吉斯牦牛	2
俄罗斯牦牛	5.1
塔吉克牦牛	1
印度牦牛	3.8
尼泊尔牦牛	2
巴基斯坦牦牛	1.49
不丹牦牛	3
阿富汗牦牛	0.2
合计	98.59

资料来源:阎萍、梁春年:《中国牦牛》,中国农业科学技术出版社2019年版

(一)蒙古牦牛

蒙古国是世界上第二大牦牛饲养国,现存栏80万头。蒙古牦牛主要分布于乌兰巴托以西的阿尔泰山脉、杭爱山脉、库苏古尔山脉,中北部肯特山地区有少量分布。牦牛数量以杭爱山脉及周围地区牦牛数量最多,其次为阿尔泰山及周围地区。关于蒙古牦牛的起源,学者普遍认为是由古羌人驯化的青藏高原牦牛,随着古羌人的游牧和迁徙,最终到达阿尔泰山和杭爱山脉地区,并逐渐形成适应当地气候条件的品种。蒙古牦牛主要包括阿尔泰型和杭爱山型2个品种。

蒙古牦牛的毛色以黑色为主,其次为黑白花、红褐及白色。公、母牦牛多数无角。体型中等大小,颈短,前躯发育良好,胸宽深,后躯发育较差。成年公牦牛体重380~400千克,母牦牛体重200~300千克;成年公牦牛体高117~130厘米,母牦牛106~109厘米。母牦牛年产乳量230~300千克,乳脂率6%~8%;牦牛屠宰

率45%~50%；年产毛量1.25~1.50千克；成年阉牦牛可驮载50~70千克货物，日行15千米。蒙古国除饲养牦牛外还有较多的犏牛。成年公犏牛体重600千克以上，母犏牛300~400千克；母犏牛年产乳量达1000千克以上，乳脂率5.5%。

（二）苏联牦牛

苏联牦牛从天山山脉东端，经阿尔泰山脉、萨彦岭延伸至贝加尔湖的边境地区均有分布，主要分布于帕米尔高原东部的塔吉克斯坦、吉尔吉斯斯坦，阿尔泰山脉的俄罗斯联邦、贝加尔湖西北部的图瓦共和国和布里亚特共和国，其中吉尔吉斯斯坦是苏联牦牛的主要产地。20世纪70年代初，帕米尔的牦牛引入高加索山脉（车臣－印古什）、乌兹别克斯坦（费尔干纳州），布里亚特的牦牛引入雅库特驯养。苏联牦牛主要包括吉尔吉斯牦牛、俄罗斯牦牛、塔吉克牦牛。

吉尔吉斯牦牛主要分布于吉尔吉斯斯坦南部的纳伦州、奥什州和伊塞克湖州等地，由于育种和疾病防控不完善，牦牛数量锐减。吉尔吉斯牦牛的毛色以黑色为主，棕色和浅黄色次之。公、母牦牛多数有角。成年公牦牛体重为400~500千克，体高120~130厘米；母牦牛体重为285~330千克，体高105~115厘米。吉尔吉斯牦牛以产肉为主，体格较大。牦牛屠宰率50%~55%；年产乳量400~500千克，乳脂率6%~7%；年产毛量0.2~1.5千克。除向肉用方向选育外，还长期引入西门塔尔牛、短角牛、安格斯牛、瑞士褐牛等普通牛品种，使之与吉尔吉斯牦牛进行种间杂交，以期提高其肉用性能，其中以短角公牛与母牦牛的杂交一代产肉性能最高。

俄罗斯牦牛主要分布于西伯利亚南部，与蒙古国接壤地带的阿尔泰山和布里亚特地区。俄罗斯牦牛以黑色为主，黑白花和棕灰色次之。体型中等。公、母牦牛以有角者为主。成年公牦牛体重311~324千克，体高115~125厘米；成年母牦牛体重200~250千克，体高105~110厘米，牦牛屠宰率48%~55%；年产毛量0.5~1.5千克。俄罗斯牦牛以乳、肉兼用为主。年产乳量为200~300千克，乳脂率6%~8%；俄罗斯牦牛长期以来和普通牛作正、反种间杂交，繁殖真、假犏牛，以提高乳、肉产量。

塔吉克牦牛主要分布在塔吉克斯坦的帕米尔地区。塔吉克牦牛以黑色为主，黑白花和棕灰色次之。体格较小。公、母牦牛多数有角。成年公牦牛体重为400~480千克，体高115~125厘米；母牦牛体重270~320千克，体高100~105厘米。塔吉克牦牛以产乳为主，年产乳量230~300千克，乳脂率5.3%~8.6%；屠宰率50%~55%。塔吉克牦牛受普通牛品种的影响较大。

（三）印度牦牛

印度牦牛是青藏高原牦牛被驯化后，翻过喜马拉雅山脉的一些山口，进入南坡高山草地后形成的，与我国西藏的牦牛有较近的亲缘关系。印度牦牛与当地普通牛种大规模杂交，导致纯种牦牛群体数量急剧下降。印度牦牛分为普通型、野生型和白牦牛三个类型。

印度牦牛以黑色为主，其次为灰色、白色、黑白花。公、母牦牛多数有角，公牦牛角大而开张，向外、向上伸出。体型中等大小。成年牦牛体重平均为250~370千克，公牦牛体高平均128厘米，母牦牛115厘米。印度牦牛的生产性能与我国西藏牦牛相似。年产乳量130~250千克，乳脂率6.5%~10.9%；年产毛量0.5~3千克；阉牦牛可驮载100千克货物，日行20千米。印度政府对发展牦牛业较为重视，成立了隶属于印度农业部的印度牦牛研究中心，致力于牦牛科学研究和牦牛育种工作。

（四）尼泊尔牦牛

尼泊尔牦牛主要分布于尼泊尔北部与我国西藏自治区接壤的高山草原地区，为当地尼泊尔人提供主要的生产生活资料。当地牧民现在还经常与我国西藏地区的牧民友好往来，交换种公牦牛。在尼泊尔北部的18个高山地区大约有2万头牦牛和4万头犏牛，由于政府限制尼泊尔国家公园的牦牛数量和活动，加之当地旅游业的逐渐发展及其他谋生方式的多样化，牦牛种群数量持续下降。尼泊尔当地人饲养牦牛主要用于经济杂交，利用犏牛提供奶制品以及运输货品。

尼泊尔牦牛毛色较杂，以黑色为主，有黑色、黑白花、黑褐色、褐色、白花和白色等。公、母牦牛多数有角。体型较我国的西藏牦牛小，发育较差。成年公牦牛体重300~400千克，母牦牛240千克；公牦牛体高117~132厘米，母牦牛

106厘米。年产乳量200~300千克，乳脂率6.5%。尼泊尔牦牛生产性能在群体间差异较大。尼泊尔牦牛除产乳和产肉外，也是北部山区的重要役畜。

（五）巴基斯坦牦牛

巴基斯坦牦牛主要分布于喀喇昆仑和喜马拉雅地区的星峡尔、帕苏、瓦罕和巴尔蒂斯坦，巴基斯坦、吉尔吉特东北部与中国接壤的红其拉甫国家公园的星峡尔山谷牦牛数量较多。在巴基斯坦北部的牦牛养殖区，其牦牛养殖存在区域特点，在其西部主要是群牧，不进行杂交，而在东部，特别是在巴尔蒂斯坦和南加帕尔巴特地区，主要将牦牛与当地牛进行经济杂交生产犏牛。

（六）不丹牦牛

不丹牦牛集中分布在哈阿宗、帕罗宗、加萨宗、廷布宗、通萨宗、布姆唐宗、伦奇宗、扎西岗宗和旺度波德朗宗9个地区海拔3300~5000米的高山草原。牦牛是布鲁克巴牧民主要的肉类来源和出行工具，牧民完全依赖牦牛进行游牧生活。相关研究显示，不丹牦牛分为中西部不丹牦牛和东部不丹牦牛。

（七）阿富汗牦牛

阿富汗牦牛集中分布于阿富汗兴都库什山脉的瓦罕地区及帕米尔高原的格雷特和小帕米尔地区，饲养规模较小。柯尔克孜牧民以之为日常肉食主要来源，并与邻近地区的巴基斯坦商人从事小规模牦牛贸易。

二、我国牦牛产业基本情况

全世界现有牦牛约1800万头，中国是牦牛主产国和发源地，在西藏、青海、四川、甘肃、云南和新疆等地均有牦牛分布，其数量达1690余万头，占世界牦牛总数的95%以上。其中青海省牦牛数量最多，分布最广，其次是西藏自治区、四川省和甘肃省，牦牛数量均达到百万数量级。因分布区域地质特征及生态环境差异形成了不同地方品种或类群，也使我国成为世界上拥有牦牛数量和类群最多的国家。

（一）牦牛的分布及数量

我国牦牛分布地区十分辽阔。牦牛是青藏高原民族地区重要的经济畜种。

我国西藏自治区、青海省以及四川省西北部的阿坝藏族羌族自治州。西部的甘孜藏族自治州为牦牛主区，凉山州的木里藏族自治县亦以畜养牦牛为主。在云南省，牦牛主要分布于迪庆藏族自治州、宁蒗彝族自治县，以及海拔3000米以上的部分山区。在新疆维吾尔自治区，牦牛主要分布于中部巴音郭楞蒙古自治州、西部的克孜勒苏柯尔克孜自治州、南部的塔什库尔干塔吉克自治县以及阿克苏莎车县，北疆伊犁哈萨克自治州也有少量牦牛分布。甘肃省中部及西南部和内蒙古部分地区亦有牦牛分布。

表1-2　牦牛数量及分布

省（区、市）	数量（万头）	分布	数据来源
青海	608	全省	2021年国家肉牛牦牛产业技术体系藏族地区综合试验站调查数据
西藏	521.9	全区	
四川	400	西北部高原及其高山区	
甘肃	127.65	南部草原及其祁连山区	
新疆	22.5	天山中部、西部和南部	
云南	8.5	西北部高山区	
内蒙古	2.2	贺兰山及阿尔泰山区	内蒙古自治区农牧厅
河北	1.6	北部山区	河北省畜牧局
北京	0.5	西北山区寒冷区	北京市畜牧局
合计	1692.85		

（二）中国牦牛类型划分

1. 野牦牛类型的划分

野牦牛（*Bos mutus*）是青藏高原珍贵的野生畜种资源，是家牦牛的近缘种，属国家一级保护动物。对青藏高原恶劣生态环境条件具有极强的适应能力，是家牦牛改良复壮的重要遗传资源之一。

历史上野牦牛曾广泛分布于中国至亚洲北部，由于自然地理条件和气候变化以及人类活动的影响，目前野牦牛的分布仅限于中国。主要分布于南至西藏的冈底斯山，北至与新疆接壤的昆仑山（包括支脉阿尔金山和可可西里山）和甘肃西北的祁连山，东达青海境内远离青藏公路的海拔4000米以上的山间盆地、湖盆四周以及山麓缓坡区。估计世界上现有野牦牛总数15000头左右（西藏约8000～8500头，青海约3200～3700头，新疆、甘肃等地约2000～2500头）。在国外，野牦牛曾见于印度和尼泊尔，但20世纪80年代后已见不到野牦牛的踪迹。根据野牦牛身体结构的大小、颅骨、牛角形状、野牦牛的行为以及不同地理分布情况，可将野牦牛划分为祁连山型、昆仑山型。

目前，野牦牛的主要保护区包括羌塘自然保护区、可可西里自然保护区、三江源自然保护区、阿尔金山自然保护区、中昆仑自然保护区、祁连山国家级自然保护区、盐池湾自然保护区、贡嘎山自然保护区。其中羌塘、可可西里和阿尔金山三个保护区是为野牦牛生存提供长期保障和关键的核心领域。

（1）祁连山型

祁连山型野牦牛主要分布于祁连山西端，阿尔金山东部的高山草原、高寒荒漠草原。公牛体重可达500～600千克，肩峰隆起，四肢较高，颜面较长。公、母均有角，公牛角较母牛角长，两角相距大于70厘米。角基为椭圆形，角由顶骨面出生后向外再向上生长，略向后弯，近末端稍向内向上，尖端有向后趋势。毛色为褐黑色，鼻吻部、眼睑为灰白色，脊背中央有一条明显可见的灰白色背中线。性格不太凶悍，一般情况下不主动攻击人或畜。

（2）昆仑山型

昆仑山型野牦牛主要分布于雅鲁藏布江上游，昆仑山脉和藏北广大高寒草原及寒漠地带。公牛较祁连山型硕大，体重可达1200千克。肩峰隆起突出，头粗重、额宽、颜面略短、四肢粗壮，角粗而开阔。公牛两角相距更远，可达100厘米开外，角形更为开阔，内弯前挺趋势明显。毛色为黑色或黑棕色。鼻吻部、眼圈为灰白色，背线为灰白色或棕色。昆仑山型野牦牛性格极为凶悍，遇人或畜往往有主动攻击行为，有很强的防守能力去保护它们的幼崽。

此外，人们在西藏阿里地区和那曲市西北部发现存量极少的金丝野牦牛，也称为"金色野牦牛"，全身被毛为金色或者金黄色，其外形特征与其他色系的野牦牛无异。群居生活，不与其他色系的野牦牛集群生活、繁殖。目前，金丝野牦牛尚未被证实为野牦牛的亚种,有学者分析它可能是野牦牛的色型变异,而认为其是野牦牛的特有种。目前,金丝野牦牛的种群数量不足200头。由于该野牦牛种群被发现的时间短,且生活在海拔5000米左右的无人区内,目前关于金丝野牦牛的相关研究报道较少。

2. 家牦牛类型的划分

我国牦牛主要分布于青海、西藏、四川、甘肃、云南、新疆等地,由于分布区自然生态环境的差异、驯养历史的不同,以及人文、经济发展水平的差异,牦牛间仍存在一定差别,牦牛"类型"的划分也成为牦牛"种"内一个重要的分类单位。自20世纪80年代初以来,出于编写我国畜禽品种资源志及图谱工作的需要,学者们对牦牛品种资源开展了多次实地调查研究,初步对中国牦牛品种的分类提出了几种意见,主要有3种:①中国家牦牛类型划分考察组在对青海、甘肃、四川、云南四省的牦牛主要产区进行实地考察后,依据主产区的自然生态条件、牦牛的种质特性特征,将中国牦牛划分为:横断高山型和青藏高原型2个类型,这也是目前多数学者以及相关研究结果认为较合理的牦牛类型划分。②陆仲璘收集了青海、西藏、四川、甘肃、云南5省区共25个地区的牦牛资料,根据牦牛产区的生态环境、牦牛的体貌特征、发展历史等方面的差异,将中国牦牛分为:西南高山峡谷型、青藏高原型、祁连山型3个类型。③在《中国牦牛学》一书中,编者根据牦牛产区的地形地貌特点将中国牦牛划分为:青藏高原型、横断高山型和羌塘型3个类型。近年来,随着生物技术的发展及其在牦牛科学中的广泛应用,许多学者利用生化遗传、细胞遗传和分子遗传标记技术,结合牦牛的形态学标记,并利用高通量测序技术的大通量和高效性,对不同牦牛品种和类群进行了研究,验证了以上牦牛类型划分方法的合理性,也从遗传物质(基因)的差异上为牦牛品种的划分提供了可靠和有效的方法。

三、我国牦牛品种及遗传资源

我国牦牛遗传资源十分丰富,因分布区自然生态环境、特定生产方式以及驯养和人文历史等的不同,形成了生态适应性、体型外貌及生产性能各异的地方品种及类群。我国主要分布于青海、西藏、四川、甘肃、云南、新疆等牦牛饲养区。

表1-3　中国地方牦牛品种及遗传资源

省（区、市）	地方品种/培育品种	分布
青海	青海高原牦牛	玉树州6县，果洛州6县，海南州兴海县西部，黄南州泽库、河南2县，海西州格尔木的唐古拉山镇
	环湖牦牛	海北州的海晏、刚察，海南州的共和、同德、和兴海东部4乡，东部农业区湟源、湟中、大通、互助、化隆、循化
	雪多牦牛	河南蒙古族自治县优干宁镇、宁木特镇、赛尔龙乡、托叶玛乡、多松乡、柯生乡
	玉树牦牛	玉树州曲麻莱、治多、杂多3县
	大通牦牛（培育品种）	青海省大通种牛场
	阿什旦牦牛（培育品种）	青海省大通种牛场
西藏	西藏高山牦牛	雅鲁藏布江中上游及其支流的中下游和东部三江中游的山地草场
	斯布牦牛	拉萨市墨竹工卡县及周边地区，主产于墨竹工卡县扎西岗乡斯布沟
	帕里牦牛	日喀则市亚东县帕里镇和康布乡
	娘亚牦牛	那曲市嘉黎县
	类乌齐牦牛	昌都市类乌齐县
	查吾拉牦牛	那曲市聂荣县
四川	九龙牦牛	甘孜藏族自治州九龙县及康定市
	麦洼牦牛	阿坝藏族羌族自治州红原县麦洼乡、瓦切镇及若尔盖县
	金川牦牛	阿坝藏族羌族自治州金川县的毛日、阿科里、观音桥、俄热、二嘎里、撒瓦脚、卡拉脚等乡镇
	昌台牦牛	甘孜藏族自治州白玉县境内的纳塔乡、阿察镇、安孜乡、辽西乡、麻邛乡及昌台种畜场
	木里牦牛	凉山彝族自治州木里藏族自治县
	亚丁牦牛	甘孜藏族自治州稻城县，凉山彝族自治州木里藏族自治县，云南省香格里拉市
甘肃	甘南牦牛	甘南藏族自治州玛曲县、碌曲县、夏河县
	天祝白牦牛	天祝藏族自治县松山、东大滩、抓喜秀龙、西大滩、华藏寺

续表

省 (区、市)	地方品种/培育品种	分布
新疆	巴州牦牛	巴音郭楞蒙古自治州和静县、和硕县以及阿尔金山、昆仑山山区
	帕米尔牦牛	克孜勒苏柯尔克孜自治州阿克陶县、阿合奇县、阿图什市和喀什地区的塔什库尔干县
云南	中甸牦牛	香格里拉市、大理白族自治州剑川县老君山

（一）地方品种

1.青海高原牦牛

青海高原牦牛是青海牦牛的主体,属肉用型地方品种,主要包括高原型和环湖型两种类群,1984年被列入《青海省畜禽品种志》,2000年被列入国家畜禽品种保护名录。

（1）分布区与自然生态环境

青海高原牦牛主要分布在祁连山系和昆仑山系纵横交错、西南围绕唐古拉山脉海拔3700米以上的高寒草原地区。主要分布于青海省玉树藏族自治州杂多县、治多县、曲麻莱县,果洛藏族自治州玛多县西部,海西蒙古族藏族自治州天峻县、都兰县、格尔木市的唐古拉山镇及海北藏族自治州祁连县野牛沟乡。该地区年平均气温−5.7～−3℃,年降水量282~774毫米,相对湿度大,一般在50%以上;冷季长,日温差大,无绝对无霜期。主要为高山草甸草场,以莎草科和禾本科的矮生牧草为主,牧草生长期短,枯草期长,青草期4个月。

（2）品种来源与发展

青海高原牦牛是一个古老的畜种,主要来源于当地的野牦牛。在青海都兰县诺木洪塔里他里哈遗址出土了牦牛毛织物,牦牛皮革履、陶牦牛等物品,经考证,在3000年前的殷周时期,这里便已饲养牦牛,说明古羌人早在3000年前就已驯化了位于青海省南部、西部和北部现今仍有野牦牛分布的祁连山、昆仑山和唐古拉山中的野牦牛,经过长期的自然选择和人工选育形成了如今的青海高原牦牛。

（3）体貌特征

青海高原牦牛由野牦牛驯化而来，且因其分布区与野牦牛分布区交汇，在牦牛繁殖季节常有野牦牛混入牛群与其交配，使本品种中不断有野牦牛基因渗入，故体型、外貌、生理特性方面均与野牦牛有相似之处，带有野牦牛的部分特征，极耐艰苦，性情较粗野。毛色多为黑褐色，嘴唇、眼眶周围和背线处的短毛为灰白色或污白色。体型紧凑，前躯发达，后躯发育较差，头大，额宽，多数有角，角粗，向后向上伸出，鬐甲高长宽，背腰平直，腹大而不垂，前肢短而端正，后肢呈刀状；体侧下部密生粗长毛，尾短并生蓬松长毛。公牦牛头粗重，呈长方形，颈短厚且深，睾丸较小，接近腹部、不下垂；母牦牛头长，眼大而圆，额宽、有角、颈长而薄，乳房小、呈碗碟状，乳头短小，乳静脉不明显。

图1-1　青海高原牦牛公牛

图1-2　青海高原牦牛母牛

（4）生产性能

青海高原牦牛公牛宰前活重339.4±69.05千克，胴体重179.0±39.43千克，净肉重137.08±29.04千克，屠宰率53.95%，骨骼重41.92±11.68千克。

青海高原牦牛初产母牛日挤奶两次，平均日挤奶量1.3千克，泌乳期一般为150天，挤乳量195千克；经产母牛平均日挤奶量1.8千克，泌乳期挤乳量为274千克，乳脂率6.4%~7.2%。

青海高原牦牛性成熟在2周岁以上，4~6岁配种能力最强，之后逐渐减弱。公、母牦牛利用年限10年左右。母牦牛一般2~2.5岁开始发情初配，一年一产者达60%以上，两年一产者占30%~40%左右或以上。母牦牛季节性发情，一般在

6月中下旬开始发情,7—8月为盛期。发情周期一般为21天左右,个体差异大,发情持续期为41.6~51小时,妊娠期250~260天。

青海高原牦牛年剪毛一次,成年牦牛年产毛量为1~3千克,幼龄牛为1~1.3千克,其中粗毛和绒毛各占一半。粗毛直径为64~73微米,两型毛直径为34~39微米,绒毛直径为16~20微米;粗毛长度为18~34厘米,绒毛长度为4~5厘米。

2. 西藏高山牦牛

西藏高山牦牛属乳、肉、役兼用型优良地方牦牛品种,于1995年全国畜禽品种遗传资源补充调查后命名,是较早收录于《中国畜禽遗传资源志·牛志》的牦牛品种。

（1）分布区与自然生态环境

西藏高山牦牛主要分布在海拔4200米以下的雅鲁藏布江中上游及其支流的中下游和东部三江中游的山地草场。主产于西藏自治区东部和南部高山深谷地区的高山草场,海拔4000米以上的高寒湿润草原地区也有少量分布。山高谷深,地势陡峻,气候与植被呈垂直分布。此分布区全年无夏,年平均气温0℃,年降水量694毫米,降水多集中在7—8月,相对湿度60%,无绝对无霜期。天然草场主要由高山草甸、灌丛草场构成,植被覆盖度大,可食牧草产量较高,草质较好。

（2）品种来源与发展

在距今4000~5000年的昌都卡若遗址出土了十多种兽类骨骼标本,其中以偶蹄目和老幼个体最多,说明大约在4000年前藏族已在此定居并从事畜牧业生产活动和狩猎活动。西藏野牦牛分布数量最多,也是目前家牦牛驯养的主要牛种来源,驯养历史较早,西藏也成为野牦牛驯化为家牦牛最早的地区。目前,在西藏的高山寒漠地带仍有相当数量的野牦牛。西藏高山牦牛的中心产区之一嘉黎县,当地牧民诱使野牦牛公牛入群配种,并利用异地公牛进行本品种选育,提高了西藏高山牦牛整体的生产性能,嘉黎县牦牛为西藏高山牦牛的一个优良类群。

（3）体貌特征

西藏高山牦牛可分为藏东南的山地牦牛和藏西北的草地牦牛两个类群。西藏高山牦牛毛色以黑色为主，其次为黑白花，少数为纯白色。西藏高山牦牛具有野牦牛的体型外貌。山地型公、母牦牛多数有角，公牦牛角基粗，角形向外，角尖向后，角间距大；母牦牛角形大部分相似于公牦牛，但角较细。公牦牛头大中等，雄相明显，母牛面部清秀。嘴唇薄而灵活，眼大有神。颈较薄，无肉垂，前胸较开阔，胸深，鬐甲高，肋弓开张，绝大部分背平直，尻斜长，腹大而不下垂，四肢相对短，但肢蹄型正，前肢直立，后肢弯曲有力，蹄小而圆，蹄裂紧。草地牦牛公、母牦牛多数有角，角基粗，角向外向上开张。体型较小，体躯略长，前躯发育良好，后躯较前躯略高，尻窄斜，蹄小质坚。

图1-3　西藏高山牦牛公牛　　　　图1-4　西藏高山牦牛母牛

（4）生产性能

西藏高山牦牛进行屠宰性能测定，结果成年公牦牛宰前活重379.1千克，胴体重208.5千克，净肉重177.3千克，屠宰率55%，净肉率46.8%，眼肌面积50.6平方厘米。成年母牦牛宰前活重253.1千克，胴体重128.3千克，净肉重111.7千克，屠宰率50.69%，净肉率43.11%，眼肌面积43.3平方厘米。

西藏高山牦牛母牛挤奶期150天左右，挤奶量138~230千克。对41头当年产犊母牦牛于8—10月进行产奶性能测定，平均月挤奶量分别为34千克、29千克和22千克，3个月试验期平均每头牛总产奶量85千克、日挤奶量0.9千克。产奶高峰期为7—8月牧草茂盛期，9月以后开始下降，产奶量最高为2胎，其次为4胎、

3胎,头胎最低。乳脂率因季节不同而有所差异,并随产乳量下降而增加。在嘉黎县测定,8—11月的乳脂率分别为5.8%、6.6%、6.8%、7.5%。

西藏高山牦牛晚熟,母牦牛3.5岁初配,个别发育好的2.5岁配种。公牦牛3.5岁初配,以4.5～6.5岁的配种效率最高。母牦牛属于季节性发情,7—8月上旬是配种旺季,10月初结束。当年产犊母牦牛在9月中旬开始发情,带犊母牦牛发情期可延续到11月上旬。妊娠期约9个月,3月底开始产犊,5月为产犊旺季。

西藏高山牦牛母牦牛两年剪毛一次,当年产犊母牦牛不剪毛。公、阉牦牛每年剪毛一次,每年6—7月剪毛,剪毛时,裙毛和腿毛只剪三分之二,尾毛两年剪一次。公牦牛最大剪毛量3.625千克,最小剪毛量0.65千克;母牦牛最大剪毛量0.71千克,最小剪毛量0.34千克;阉牦牛最大剪毛量2.46千克,最小剪毛量1.285千克。

3. 斯布牦牛

斯布牦牛属肉乳兼用型地方品种,于1995年全国畜禽品种遗传资源补充调查后命名,是西藏四大优良牦牛品种之一。

(1)分布区与自然生态环境

斯布牦牛主要分布在西藏自治区拉萨市墨竹工卡县及周边地区,主产于墨竹工卡县扎西岗乡斯布沟,海拔4200米。斯布地处拉萨河流域,南靠山南市,东邻工布江达县,西连拉萨市区,北抵那曲市嘉黎县。气候温润潮湿,年平均气温5.5℃,年降水量450～500毫米,主要集中于6—10月,相对湿度52%。属于半农半牧区,草场类型属于高山草甸草地和灌木丛草甸草地,草地植被稀疏,植被覆盖度低,一般在50%以下。

(2)品种来源与发展

西藏自治区境内的雅鲁藏布江中游谷地是著名的吐蕃文化的主要孕育和发源地,藏民族早在4000年前就已驯化了野牦牛,该地区也是重要的牦牛再驯化中心。斯布牦牛也是该区域内形成的一个古老的优良地方品种。"斯布"为地名,原系历代班禅额尔德尼的牧场,高山峡谷、水草繁茂,该地区三四十年前频有野牦牛群出没,斯布牦牛含有部分野牦牛血统,经过当地农牧民长期选育形成。

（3）体貌特征

斯布牦牛被毛多为黑褐色，部分牛躯体和头部有白毛，少数有棕色和灰色毛。公、母牦牛头均粗重，鬐甲高，颈较短而粗，角开张向两侧展开再向上向后，公牛角较母牛角粗壮。体格大，体躯呈矩形，背腰较平直，腹大而不下垂。母牛面部清秀，嘴唇薄而灵活。

图1-5　斯布牦牛公牛　　　　　图1-6　斯布牦牛母牛

（4）生产性能

1998年，以牦牛产地斯布村购6头（公牛3头、母牛3头）中等膘情牦牛为例，运回拉萨适应1周后进行了屠宰实验。公牦牛平均宰前活重254.65千克，胴体重114.13千克，净肉重88.67千克，屠宰率44.82%，净肉率34.82%，眼肌面积45.97平方厘米；母牦牛平均宰前活重205.94千克，胴体重101.29千克，净肉重82.62千克，屠宰率49.18%，净肉率40.12%，眼肌面积44.84平方厘米。

斯布牦牛母牛泌乳期5—10月，共6个月，总挤乳量216千克，乳脂率7.05%，乳蛋白率5.27%，乳糖率3.48%。

斯布牦牛母牦牛一般3岁性成熟，4.5岁初配，公牦牛3.5岁开始配种，但此时其受精率很低。母牦牛一般7—9月为发情期，发情持续期一般1~2天，发情周期为14~18天。

斯布牦牛平均剪毛量0.63千克，净毛率较高，达93%，产绒量0.2千克左右，含绒率较高。

4. 帕里牦牛

帕里牦牛属乳、肉、役兼用型优良地方品种,于2006年收录于国家畜禽遗传资源保护名录。

(1)分布区与自然生态环境

帕里牦牛主产于西藏自治区日喀则市亚东县帕里镇和康布乡海拔4300米以上的高寒草甸草场。主产区帕里镇位于西藏自治区南部,喜马拉雅山脉中段南麓,亚东县北部,平均海拔4360米,素有"世界高原第一镇"之称。帕里属于高原温带季风半湿润气候,年平均气温1℃左右,雨水较充沛,年平均降水量442.6毫米,降水集中在6—9月,地处喜马拉雅山脉,冰雪融水资源丰富,草场肥沃,具有发展牧业得天独厚的生态资源和物质资源,属于半农半牧区,以牧业为主。

(2)品种来源与发展

据敦煌古典文史资料记载,在6世纪后半期,现今日喀则东部由于种植业对耕畜的需求,邻近牧区盛行养殖牦牛、繁殖犏牛以提供优良耕畜,牦牛由此逐渐适应帕里地区的气候和环境,最终经过长期的自然选择和人工选育逐渐形成了该品种。

(3)体貌特征

帕里牦牛毛色以黑色为主,部分为深灰、黄褐、花斑,还有少数纯白个体。帕里牦牛体格较大,头宽,额平,颜面稍下凹。眼圆大、有神。角从基部向外伸展,开张,角间距大,有的可达50厘米,这是帕里牦牛不同于其他牦牛品种的主要特征之一。无角牦牛占总头数的8%。公牦牛体格雄壮,颈部短粗而紧凑,鬐甲高而宽厚,前胸深广。背腰平直,尻部紧凑结实。四肢强健较短,蹄质结实。母牛劲薄清秀,鬐甲相对较低、较薄,前躯较后躯发达。胸背稍凹,四肢相对稍细。

图1-7　帕里牦牛公牛　　　　　　　图1-8　帕里牦牛母牛

（4）生产性能

以中心产区中等膘情的成年公、母牦牛各3头为例进行屠宰测定。公牦牛平均宰前活重380.97千克，胴体重164.58±61.37千克，屠宰率43.20%，净肉率42.91%，骨肉比为1∶4.91，眼肌面积74.45平方厘米；母牦牛的平均宰前活重287.41千克，胴体重106.58±14.88千克，屠宰率48.51%，净肉率39.08%，骨肉比1∶4.16，眼肌面积47.72平方厘米。

帕里牦牛120天平均挤奶量200千克，日均挤奶1.68千克（8月），乳脂率为5.95%，乳糖率3.77%。

帕里牦牛性成熟早，一般在2~3岁，大部分母牛3.5岁初配，一般可利用到12岁，少数到14岁；公牛初配年龄4.5岁，种公牛一般可利用到14岁，个别到16岁。7月下旬至10月中旬为发情配种期，发情持续30小时左右。大多数两年一胎，终生可产5~6胎。

帕里牦牛每年6—7月剪毛一次，公牛平均剪毛量为0.7千克，母牛为0.2千克。

5. 娘亚牦牛

娘亚牦牛又称嘉黎牦牛，属肉用型地方品种。

（1）分布区与自然生态环境

娘亚牦牛主要分布于西藏自治区那曲市嘉黎县海拔4497米的高寒草原草场。主产区山峦重叠陡险，气候寒冷，属高原大陆性气候，年平均气温0℃，年降水量694毫米，降水多集中在7—8月，相对湿度60%，无绝对无霜期。冬春漫长、干燥多风，降雪频繁。嘉黎县属纯牧业区，主要放牧草地为高寒草甸、高寒草甸草原、高山草甸等。牧草生长期为120天，牧草以莎草科和禾本科草为主，覆盖度可达50%～80%。种植的饲草主要包括披碱草、青稞、豌豆。

（2）品种来源与发展

早在4000～5000年前，西藏境内生活的古羌人就已驯化了野牦牛，1900年前古羌人陆续大规模南迁，1200年前部分羌人部落融入吐蕃社会，是现代藏民族的重要组成部分。嘉黎县地势高峻，不宜农耕，草原广阔，牧业发达，当地原住居民善于驯养和选育牦牛，娘亚牦牛就是在长期自然选择和人工选育条件下形成的古老品种。

（3）体貌特征

娘亚牦牛毛色较杂，以黑色及黑白花为多，也有少数纯白、纯褐、纯灰色。公牦牛头大中等，雄相明显，角基粗壮，角形向外折向上，角尖向后，颈部粗壮，无肉垂，鬐甲高而尖峰隆起，雄性特征明显，背腰平直至十字部，体格高大，体质结实，结构紧凑，前胸开阔，后躯股部发育欠佳，四肢较短且粗壮。睾丸较小，紧缩悬在后腹下，不下垂。体侧下部密生粗毛，体躯夹生绒毛和两型毛，群毛密长，尾毛长而蓬松。母牦牛大部分有角，角形向外向上，头长而清秀，嘴唇薄而灵活，背腰至十字部平直，腹部紧凑不下垂，乳房紧凑呈半圆状，乳头短细，乳静脉不明显，四肢结实。

图1-9　娘亚牦牛公牛　　　　　图1-10　娘亚牦牛母牛

（4）生产性能

在中心产区对娘亚牦牛进行屠宰测定。公牦牛平均宰前活重314.5千克，胴体重157.9千克，屠宰率50.2%，净肉率45.0%，眼肌面积82.3平方厘米；母牦牛平均宰前活重203.5千克，胴体重103.2千克，屠宰率50.7%，净肉率41.1%，眼肌面积46.9平方厘米。

娘亚牦牛母牛泌乳期180天，年挤奶量192千克，乳脂率6.8%，乳糖率3.7%，乳蛋白5.0%。

娘亚牦牛公牛性成熟年龄为3.5岁，最长使用年限12年。母牛性成熟年龄为2岁，初配年龄为2.5~3.5岁。每年6月中旬开始发情，7—8月为配种旺季，10月初发情基本结束。妊娠期250天左右，能繁母牛多数为两年一胎，利用年限15年。

娘亚牦牛公牛产毛量平均0.69千克，母牛产毛量平均0.18千克。

6. 九龙牦牛

九龙牦牛属以产肉为主肉乳兼用型牦牛优良地方品种，于2000年列入国家畜禽品种资源保护名录。

（1）分布区与自然生态环境

九龙牦牛主要分布于四川省甘孜藏族自治州九龙县及康定市南郊沙德区海拔3000米以上的高寒山区、灌丛草地和高山草甸。中心产区位于九龙县斜卡和洪坝乡，邻近九龙县的凉山彝族自治州的木里藏族自治县、盐源县和冕宁县，以及雅安地区的石棉县等的高山草场也有分布。九龙牦牛主产区地处横断山脉以东，大雪山西南面，雅砻江东北部，属大陆性季风高原型气候，年平均气温8.9℃，年降水量903毫米，主要集中在5—9月。半农半牧区的河谷地带一年两熟，农作物以玉米、水稻、小麦、马铃薯、豆类为主；高山地区除有放牧草场外还有种植业，作物以青稞、马铃薯、小麦为主，一年一熟。

（2）品种来源与发展

九龙牦牛主产区牦牛饲养业，早在公元前2世纪至公元前1世纪已很兴盛，今康定、九龙以及雅砻江流域的雅江等地，是汉代"古旄牛国"的所在地，盛产牦牛。现今，九龙县境内的洪坝、湾坝等地未遭破坏的高山草场上所残留的许多古代"牛棚"遗迹，亦证明九龙牦牛养殖业的悠久历史及规模。到19世纪60年代至20世纪初，由于疫病流行、盗匪猖獗，加之部落争斗等原因，九龙牦牛濒于灭绝。据有关史料记载，九龙地区清道光年间牛瘟大流行，所有牦牛几乎绝迹。据九龙县档案馆史料记载，1937年全县仅有牦牛3000头，现今的九龙牦牛均是在此基础上发展而来。

（3）体貌特征

九龙牦牛被毛基础毛色为黑色，少数黑白相间，有白头、白背、白腹。公、母牛均有角，公牛头大额宽，角间距大，角形粗大，角形开张，颈粗短，肩峰较大；母牛头小狭长，角较细，不如公牛粗大、开张，颈部较长，母牛肩峰较小。额毛丛生卷曲，长者遮眼。体躯呈矩形，较长，背腰平直，腹大不下垂。前躯发达，胸深，肋开张，后躯丰满，尻欠宽略斜。四肢较短而粗壮，蹄质结实。公牦牛头部粗重，体型高大。母牦牛头部清秀、后躯发达、骨盆较宽。

图1-11　九龙牦牛公牛　　　　　图1-12　九龙牦牛母牛

（4）生产性能

2006年10月，四川省畜牧总站对5头九龙牦牛成年公牛、4头成年母牛进行了屠宰测定。成年公牛宰前活重351.93±18.99千克，胴体重186.30±11.09千克，净肉重150.07±7.06千克，屠宰率53.64%，净肉率43.38%；成年母牛宰前活重249.87±38.43千克，胴体重145.80±11.35千克，净肉重120.25±20.73千克，屠宰率48.06%，净肉率37.84%。

在自然放牧条件下5—9月，九龙牦牛经产母牛153天的挤奶量为350千克以上。

九龙牦牛公牛初配年龄为3.5岁，5~10岁为繁殖旺盛期；母牛初配年龄为2.5岁，发情季节为每年的6—9月，7—8月为发情旺季，发情周期为19~21天，发情持续期为48~72小时，妊娠期一般为255天，利用年限最长可达到12年。

九龙牦牛每年5—6月剪毛一次，平均剪毛量1.7千克。产毛量根据个体、年龄、性别及产地不同而异，公牦牛产毛绒量随年龄的增长而增加，母牦牛1~2岁产毛绒量最高，3岁以上随年龄增长而减少。

7. 麦洼牦牛

麦洼牦牛属乳、肉兼用型牦牛品种，系草地型地方优良品种。

（1）分布区与自然生态环境

麦洼牦牛中心产区位于四川省阿坝藏族羌族自治州红原县麦洼乡、瓦切镇及若尔盖县的包座乡一带，分布于川西北牧区的红原、若尔盖、阿坝、松潘、壤塘、黑水、理县、金川、马尔康、小金、九寨沟、茂县等县市。主产区红原县位于四川省西北部，阿坝藏族羌族自治州中部，属大陆性高原寒温带季风气候，无明显四季之分，春秋短促，长冬无夏，年均气温1.4℃，极端最低气温36℃，无绝对无霜期。年均降水量753毫米，主要集中在5—10月。草地以高寒草甸和亚高寒草甸为主，其次为高寒沼泽草地、亚高山林缘草甸、高寒灌木草地，以禾本科及少量的豆科、菊科、蓼科为主要牧草。

（2）品种来源与发展

20世纪初，以游牧为主要生活方式的康北麦巴部落，为了避免部落间械斗和寻找优良牧场而搬迁，途经壤塘、阿坝、青海班玛、久治等地，辗转到现在红原境内的北部地区，统辖了该地区的南木洛部落，并定名为麦洼。牧群在辗转迁徙过程中，混入了沿途各地的牦牛，到达麦洼地区后又混入野牦牛血脉，在一定程度上改进了麦洼牦牛的品质，加之部落定居麦洼地区后，当地草原辽阔、水草丰茂，部分母牛不挤奶或日挤奶1次，犊牛生长发育好，使麦洼牦牛的生产性能日益提高，表现出肉、乳产量高，品质好等优势生产性能。

（3）体貌特征

麦洼牦牛毛色多为黑色，部分为黑带白斑、青色、褐色。全身被毛丰厚、有光泽，被毛为长覆毛、有底绒。体格较大，体躯较长，前胸发达，胸深，肋张开，背腰较平，腹大不下垂，后躯发育较差。四肢较短，蹄小，蹄质坚实。头大适中，绝大多数有角，额宽平，额毛丛生而卷曲。公牦牛头粗重，角粗大，向两侧平伸而向上，角尖向后、向内弯曲；相貌雄悍，颈粗短，鬐甲高而丰满。母牦牛头清秀，角尖细、短、尖，角形不一，颈长短适中，鬐甲较低。

图1-13　麦洼牦牛公牛　　　　　　　图1-14　麦洼牦牛母牛

（4）生产性能

麦洼牦牛3.5岁成年公牛宰前活重171.00±18.93千克，胴体重70.23±10.31千克，净肉重51.85±8.56千克，屠宰率41.07%，净肉率30.32%。

麦洼牦牛母牛泌乳期为153天，年产乳量为244千克，3胎以上年产奶量400千克以上，日均产乳1.5千克左右，乳脂率6%~7%。

麦洼牦牛公牛初配年龄为2.5岁，6~9岁为配种旺盛期。母牛初配年龄为3岁，每年6—9月为发情季节，7—8月为发情旺季。

8. 金川牦牛

金川牦牛属肉乳兼用型优良地方牦牛遗传资源。

（1）分布区与自然生态环境

金川牦牛产区主要分布在青藏高原东南缘，四川省阿坝州金川县境内海拔3500米以上的高山草甸牧场。中心产区为阿坝藏族羌族自治州金川县的毛日、阿科里、观音桥、俄热、二嘎里、撒瓦脚、卡拉脚等乡镇。中心产区有52%以上的牦牛为15对肋骨，分布区有30%以上牦牛为15对肋骨。产区属温带高原季风区，气候寒冷、湿润，无绝对无霜期。草地类型具有多样性和复杂性，植物种类十分丰富，可食牧草占60%以上。

（2）品种来源与发展

据产区藏族先祖们在祭祀活动时留下的刻有文字的石板记载，当地藏族人民饲养牦牛有上百年的悠久历史。从当地饲养牦牛开始到现在，金川县热它地区的牦牛只有输出而无引进、输入，金川牦牛是一闭锁群体，是在当地生态条件下形成的特有畜种。

（3）体貌特征

金川牦牛基础毛色为黑色，头、胸、背、四肢、尾部白色花斑个体占60%以上，被毛呈束、卷曲，前胸、体侧及尾部着生长毛，尾毛呈帚状，白色较多。体躯较长，呈矩形；公、母牛有角；鬐甲较高，颈肩结合良好；前胸发达，胸深，肋开张；背腰平直，腹大不下垂；后躯丰满、肌肉发达，尻部较宽、平；四肢较短而粗壮，蹄质结实。公牦牛头部粗重，体型高大，雄壮彪悍。母牦牛头部清秀、后躯发达、骨盆较宽，乳房丰满，性情温和。

图1-15　金川牦牛公牛　　　　图1-16　金川牦牛母牛

（4）生产性能

金川牦牛资源调查组对16头金川牦牛（15对肋骨）成年公、母牛（公牛11

头, 母牛5头) 进行了屠宰测定。成年公牛宰前活重401.23±48.12千克, 胴体重216.03±34.56千克, 净肉重168.54±24.95千克, 屠宰率53.64%; 成年母牛宰前活重303.5±82.36千克, 胴体重158.49±44.57千克, 净肉重129.80±38.12千克, 屠宰率52.09%。

金川牦牛15肋个体初产和经产153天产奶量分别达到496.00±92.28千克和506.43±96.42千克, 乳脂率分别达到6.83%和7.59%。

金川牦牛每年剪毛1次, 成年公牛平均剪毛量1.5千克, 成年母牛平均剪毛量1.2千克。尾毛每两年剪毛1次, 公牛尾毛平均剪毛量0.5千克, 母牛尾毛平均剪毛量0.3千克。

9. 昌台牦牛

昌台牦牛属以肉为主, 肉、乳、役兼用的草地型牦牛资源。

（1）分布区与自然生态环境

昌台牦牛中心产区位于四川省甘孜藏族自治州白玉县境内的纳塔乡、阿察镇、安孜乡、辽西乡、麻邛乡及昌台种畜场。主产区分布在德格县, 白玉县的其余乡镇, 甘孜县的南多乡、生康乡、卡攻乡、来马镇、仁果乡, 新龙县的银多乡和理塘县、巴塘县的部分乡镇。中心产区平均海拔3800米以上, 属大陆性高原寒带季风气候, 四季不分明, 年平均气温7.7℃; 无绝对无霜期, 全年长冬无夏。放牧草地主要类型为高寒草甸草地、高寒沼泽草地及山地灌丛草地, 生长的牧草种类繁多, 有禾本科、莎草科、豆科等40多种。

（2）品种来源与发展

根据《甘孜州畜种资源调查》等文献记载, 昌台牦牛是由野牦牛逐步驯养而成。东汉时期纳西族在四川省境内建立白狼国, 其属地包括今天的四川雅砻江以西的白玉县等地区, 据《后汉书·南蛮西南夷列传》, 白狼国饲养有大量牦牛。元代时期, 昌台牦牛远近闻名, 周边的新龙、理塘、白玉、德格、甘孜等县把昌台牦牛称为"最佳"。中华人民共和国成立后, 地方政府在昌台县建立了昌台牦牛种畜, 主要开展昌台牦牛的繁育和改良工作。

（3）体貌特征

昌台牦牛被毛全黑。头大小适中，90%有角，额宽平，颈细长，胸深，背腰略凹陷，腹稍大而下垂，胸腹线呈弧形，近似长方形。公牦牛头粗短，角根粗大，向两侧平伸而向上，角尖略向后、向内弯曲；眼大有神，鬐甲高而丰满，体躯略前高后低。母牦牛面部清秀，角较细而尖，角形一致；颈较薄，鬐甲较低而单薄；胸深，肋开张，尻部较窄略斜；体躯较长，四肢短，蹄小，蹄质坚实；前胸、体侧及尾着生长毛，尾毛帚状。

图1-17 昌台牦牛公牛　　　　　　图1-18 昌台牦牛母牛

（4）生产性能

甘孜州畜牧站联合四川省草原科学研究院开展昌台牦牛屠宰测定。4.5岁公牦牛宰前活重232.04±34.92千克，胴体重109.60±18.02千克，净肉重79.08±11.85千克，屠宰率47.19%，净肉率34.10%，骨肉比1∶3.46；6.5岁母牦牛宰前活重266.83±3.21千克，胴体重125.67±1.76千克，净肉重100.83±1.44千克，屠宰率49.34%，净肉率37.66%。

昌台经产母牦牛（2~3胎次）6—10月挤奶量平均182.53千克，平均产奶量357.76千克，8月产奶量最高，10月最低，6—8月有不断升高的趋势。

昌台牦牛公牦牛初配年龄为3.5岁，6~9岁为配种盛期，以自然交配为主。母牦牛为季节性发情，发情季节为每年的7—9月，其中7—8月为发情旺季。发情周期18.2±4.4天，发情持续时间12~72小时，妊娠期255±5天，繁殖年限为10~12年，一般3年2胎。

昌台牦牛每年6月初剪毛一次，其产毛量因个体、性别、年龄而异，平均产毛量(绒)为0.5~1.5千克。

10. 木里牦牛

木里牦牛属肉用型牦牛地方品种。

(1) 分布区与自然生态环境

木里牦牛主要分布于四川省凉山彝族自治州木里藏族自治县海拔2800~3500米的高寒草地。中心产区位于木里县东孜、沙湾、博窝、倮波、麦日、东朗、唐央等乡镇,在冕宁、西昌、美姑、普格等县市也有分布。木里县地处青藏高原横断山脉东南边缘,长江上游金沙江南岸,与云南省的宁蒗县、四川省甘孜藏族自治州的稻城县和九龙县相邻,地势起伏较大,地貌复杂多样,垂直分布明显,受印度洋气候和大陆性气候交替影响,干雨季分明,年平均气温11℃,年降水量800~1000毫米,雨季多集中在7—9月。分布区主要以高山灌丛草甸草场为主,牧草多以杂类草菊科、藜科、蓼科和灌木为主。

(2) 品种来源与发展

木里牦牛的饲养历史悠久且具有一定规模,据西昌出土文物和古西番人文字记载,从唐朝起木里地区就开始大量驯养牦牛,且在唐朝出土古墓葬群中装骨灰土罐上亦有牦牛的浮雕图案。在元朝时期,该地区属大理国管辖,古称牦牛羌,此外在西昌到昭觉的老路上仍可在山崖上看到清晰的牦牛图像。木里盐源县志记载"夷以多畜为富,村落繁庶者,晨牧之顷,牛羊弥山谷,喇嘛畜牦牛牧于高山,数百为群,犷猛不可近,惟牧者能驯之",说明当时饲养牦牛已初具规模。据考证,木里藏族属古西番族的一支,多由邻近九龙县一代迁入,木里土司家谱中还记载有带九龙牦牛迁入的原始资料,加之两县近邻,木里牦牛和九龙牦牛的分布在地理上一致,在放牧和生活习惯上亦相同,木里历来就从九龙引种公牛,木里和九龙牦牛可能有共同的祖先。

(3) 体貌特征

木里牦牛毛色以黑色为多,黑白相间(额、四肢、尾尖有白色斑点)次之,全黑较少。公、母牛均有角,角基两侧外伸向上向后,额宽、平直,眼稍突、圆大。耳较小而伸张。鼻孔大小中等,鼻翼大,鼻镜略宽大。唇薄、门齿大而锋利。无垂肉，背腰稍宽平直，肩稍斜，尾粗短而高，四肢粗短，蹄质结实。公牛角粗大，母牛角细长。公牛颈粗、无垂肉，肩峰高耸而圆突；母牛颈薄、鬐甲低而薄。

图1-19　木里牦牛公牛　　　　　　　图1-20　木里牦牛母牛

（4）生产性能

成年公牛屠宰率53.4%，净肉率45.6%；成年母牛屠宰率50.9%，净肉率40.7%。

木里牦牛产乳期196天，泌乳量300千克。

木里牦牛公牛性成熟年龄为2岁，3～4岁开始作为种牛用，利用年限6～8年；母牛性成熟年龄为1.5岁，初配年龄为3岁，最长利用年限13年。

木里牦牛平均产毛量0.5千克。

11. 甘南牦牛

甘南牦牛属肉用型牦牛地方品种，于2014年列入国家级畜禽遗传资源保护名录。

（1）分布区与自然生态环境

甘南牦牛主产区位于青藏高原、黄土高原和陇南山地的过渡地带，属青藏高原亚寒带的半湿润地区，海拔3300～4806米，具有典型的大陆性气候特点，寒冷多雨，长冬无夏，年平均气温0.38℃，无绝对无霜期。草地类型主要有高山草甸、亚高山草甸、灌丛草甸、盐生草甸、林间草甸、沼泽草甸和山地草甸。天然牧草主要以禾本科、莎草科为主，主要有披碱草属、鹅观草属、短柄草属、剪股颖属、风毛菊属、蓼属等。

（2）品种来源与发展

甘南藏族自治州自古以来繁育牦牛，是牦牛的原产区之一。依据地域分布关系以及国内外学者对牦牛的类型划分，甘南牦牛与分布于青海省玉树藏族自治州、果洛藏族自治州的青海高原牦牛来源相同，是经长期自然选择和人工培育而形成的能适应当地高寒牧区的牦牛地方品种。

（3）体貌特征

甘南牦牛毛色以黑色为主，其次为黑白花、灰褐、黄褐。体质结实，结构紧凑，头较大，额短而宽并稍显突起。鼻孔开张，鼻镜小，唇薄灵活，眼圆突出有神，耳小灵活。母牛多数有角，角细长；公牛有角且粗长，角距较宽，角基部先向外伸，然后向后内弯曲呈弧形，角尖向后。颈短而薄，无赘皮，脊椎的棘突较高，背稍凹，前躯发育良好。尻斜，腹大，四肢较短，粗壮有力，后肢多呈刀状，两飞节靠近。蹄小坚实，蹄裂紧靠。母牦牛乳房小，乳头短小，乳静脉不发达。公牦牛睾丸圆小而不下垂。尾较短，尾毛长而蓬松，形如帚状。

图1-21　甘南牦牛公牛

图1-22　甘南牦牛母牛

（4）生产性能

据2007年10月甘南藏族自治州畜牧科学研究所在玛曲县阿万仓乡分别对7头成年公牦牛、9头成年母牦牛屠宰测定，甘南牦牛成年公牛宰前活重333.4±21.7千克，胴体重168.5±14.8千克，净肉重129.3±10.5千克，屠宰率50.5%；成年母牛宰前活重219.8±19.0千克，胴体重107.1±10.0千克，净肉重

86.4±7.4千克，屠宰率48.7%。

甘南牦牛当年产犊母牛1个泌乳期（150天）可产奶315～335千克，日产奶1.35～2.20千克，7—8月产奶量最高，乳脂率6.9%。

甘南牦牛公牛初配年龄为2.5～3岁，一般利用年限为5年左右。母牦牛呈季节性发情，3岁开始配种，利用年限10年左右。发情周期18～24天，发情旺季在7—9月，发情持续期10～36小时，妊娠期250～260天。一般为两年一胎或三年两胎。

甘南牦牛每年6月中旬抓绒剪毛一次，剪毛量因地域、抓绒方式或剪毛方法以及个体情况而异。成年公牦牛产毛1.1千克左右，其中绒毛0.34千克；成年母牦牛产毛0.709千克，其中绒毛0.21～0.27千克。尾毛每两年剪毛一次，尾毛产量公牛0.5千克，母牛0.1～0.39千克。

12. 天祝白牦牛

天祝白牦牛属肉毛兼用型牦牛地方品种。

（1）分布区与自然生态环境

天祝白牦牛中心产区天祝藏族自治县地处青藏高原北缘，位于祁连山东端，南邻甘肃永登县，北邻甘肃古浪、武威，东邻甘肃景泰县，西与青海省毗邻，海拔2040～4847米。全县除南部一些河谷属温带半干旱气候外，其余大部分地区属寒冷半干旱气候。土质为黑钙土和高山草甸土等，呈中性或微酸性，富含植物腐殖质，适宜天然牧草生长，植被类型丰富多样，草场类型主要包括草原草场、山地草甸草场、灌丛草甸草场、疏林草甸草场、高寒草甸草场，牧草主要以莎草科和禾本科为主。

（2）品种来源与发展

1972年在天祝县哈溪镇出土的铜牦牛，经考古学家考证，为汉代依天祝白牦牛原型铸造而成，说明天祝饲养白牦牛的历史可追溯到汉代，距今已有1000多年的历史。清嘉庆年间著名学者张澍在《凉州府志备考·物产卷一》中记载："白牛食雪山肥草，饮雪山清水，其粪微细，可合旃檀。"可知当时白牦牛的饲养情况。因白牦牛的毛易于染色，常用来制作古典戏装的胡须、假发、蝇拂及刀剑缨穗,粗毛染色可加工地毯,经济价值较高,也促使当地牧民从经济和传统习惯上注意选留纯白牦牛。

(3)体貌特征

天祝白牦牛被毛纯白色。体态结构紧凑,有角(角形较杂)或无角。鬐甲隆起,前躯发育良好,荐部较高。体侧各部位以及项脊至颈峰,下颌和垂皮等部位,着生长而光泽的粗毛(或称裙毛),同尾毛一起似筒裙围于体侧。后躯发育较差,荐高,尻部窄而倾斜。四肢较短,骨骼粗而结实。公牦牛头大,额宽,头心毛卷曲。角基粗且长,角向外向上弯曲,角尖锋利。颈粗,无垂肉,鬐甲显著隆起,前躯宽阔,胸宽而深。母牦牛头小,额较窄,角细长,颈细薄,腹较大,不下垂,乳房小而乳头短。

图1-23　天祝白牦牛公牛　　　　图1-24　天祝白牦牛母牛

(4)生产性能

天祝白牦牛成年公牛宰前活重264.1±18.30千克,屠宰率为52%以上;成年母牛宰前活重189.7±20.8千克,屠宰率52%。

天祝白牦牛150天泌乳量不低于400千克,6—9月为挤乳期,一般挤乳期为105~120天,日挤乳一次,日挤乳量0.5~4.0千克,乳脂率6.8%。

天祝白牦牛公牛初配年龄为3岁,母牦牛初配年龄为2~3岁,发情季节为6—11月,7—9月为发情旺季,妊娠期为270天。

天祝白牦牛每年6月中旬剪毛一次,一般采用先抓绒后剪毛形式,公牦牛平均产毛量达3.62千克,抓绒量达0.40千克;成年母牦牛产毛量为1.18千克,抓绒量为0.75千克。

13. 中甸牦牛

中甸牦牛又称香格里拉牦牛，属肉用型牦牛地方品种。

（1）分布区与自然生态环境

中甸牦牛主产于云南省迪庆藏族自治州境内海拔3000米以上的高寒草原。主要分布于云南省香格里拉北部地区的格咱、尼汝、东旺等地，以及周边的乡城、得荣、稻城及大理白族自治州剑川县老君山，邻近德钦和维西，在海拔2500~2800米的中山温带区的山地也有零星分布。中甸牦牛也因主产于云南省中甸县（现香格里拉市）而得名。主产区暖季短，冷季长，年平均气温5.4℃。草场属于高山草甸草场，牧草种类繁多，主要为禾本科、莎草科、蓼科、豆科、蔷薇科和菊科等。

（2）品种来源与发展

中甸牦牛以驯养野牦牛为主要种群来源。1939年《中甸县志》记载"其大、小中甸之古宗，尼西、格咱之龙巴……以耕种放牧为生……身穿牛羊毛布衣"，说明当时牦牛为当地牧民提供了可利用的生产生活资料。该地区与四川、西藏部分地区接壤，历史上就有混群放牧及交换种牦牛的习惯，因此中甸牦牛与稻城及昌都市牦牛类群有着密切的血缘关系。

（3）体貌特征

中甸牦牛毛色以全身黑毛者居多，黑白花次之。公母牛均有角，角间距离大，角基粗大，角向上向前开张呈弧形。头大小中等，眼圆大，耳小，额稍显穹隆，鼻长微陷，唇薄而灵活，颈薄无垂肉，公牦牛较母牦牛粗宽。体格粗短结实，体型大小在群体间差异较大。前躯发育良好，胸宽深，背腰平直，腹大而不下垂，尻窄略斜。公牦牛较母牦牛发达开阔，鬐甲稍耸后倾，十字部微隆起，肋骨开张，尻部略倾斜，体躯较粗厚。四肢坚实，蹄大钝圆质坚韧。尾较短，尾毛蓬生如帚状。母牦牛面目清秀，额较公牦牛窄，角细长，角尖多数略向后开张。乳房较小，乳头短小，乳静脉不发达。

图1-25　中甸牦牛公牛

图1-26　中甸牦牛母牛

（4）生产性能

中甸牦牛成年阉牛宰前活重273.9千克，屠宰率55.1%，净肉率43.6%；成年母牦牛宰前活重202.7千克，屠宰率45.5%，净肉率32.3%。

中甸牦牛泌乳期为210～220天，每年7—9月为产乳高峰，10—12月次之，平均每头带犊母牦牛挤乳量为201.6～216千克。母牦牛产乳量和乳脂率随季节草场情况而变化，年泌乳量200～400千克，乳脂率为6%～8%。

中甸牦牛属晚熟种，一般3～4岁性成熟初配。公牛性成熟年龄为2～3岁，母牛为2.5～3.5岁。公牛初配年龄为2.5岁，母牛为3岁。发情产犊季节性较强，每年6—10月发情配种，7—8月是发情配种旺季，发情周期为19天左右，发情持续24～28小时，妊娠期255天左右。一般两年一胎。

中甸牦牛每年5—6月剪毛一次，成年公牦牛平均剪毛量3.55±0.34千克，成年母牦牛平均剪毛量1.32±0.33千克。

14. 巴州牦牛

巴州牦牛属肉乳兼用型牦牛地方品种。

（1）分布区与自然生态环境

巴州牦牛主要分布在北部天山山脉，新疆维吾尔自治区巴音郭楞蒙古自治州和静县的巴仑台镇，以及和硕县的北部山区，在南部阿尔金山、昆仑山山区也有少量分布。主产区位于新疆东南部，天山屏障于北，阿尔金山绵延在南，平均海拔2500米。分布区自然生态条件差异很大，气候类型多样，属典型的大陆性气候特点。草原辽阔，四周群山环抱，高山常年积雪，水源丰富，牧草主要以禾本科和莎草科为主，包括针茅、狐茅、冰草等高寒草种，种植有小麦、水稻、玉米、油料和棉花。

（2）品种来源与发展

巴州牦牛的饲养历史较短，仅近百年时间。据文献记载，1920年和静县蒙古王爷的弟弟森勤活佛到西藏朝庙取经，返程时从西藏购买公牦牛6头，母牦牛200头，经长途赶运损失30余头，其余的放养在当时的巴音部落，并进行自群繁育，且数量不断增加，饲养范围也不断扩大。因主要分布在巴音郭楞蒙古自治州而命名为巴州牦牛。

（3）体貌特征

巴州牦牛被毛以黑色、褐色、灰色为主，黑白花色少见，偶可见白色。全身披长毛，腹毛下垂呈裙状，不及地。头较粗，额宽短，眼圆大，稍突出。额毛密长而卷曲，但不遮住双眼。鼻孔大，唇薄。角形有无角和有角两种类型，以有角者居多，角细长，向外、向上前方或后方张开，角轮明显，耳小稍垂。体格大，体躯长方，鬐甲高耸，前躯发育良好。胸深，腹大，背稍凹，后躯发育中等，尻略斜，尾短而毛密长，呈扫帚状。四肢粗短有力，关节圆大，蹄小而圆，质地坚实。公牦牛睾丸小，母牦牛乳房、乳头小，乳静脉不发达。

图1-27 巴州牦牛公牛　　　　　图1-28 巴州牦牛母牛

（4）生产性能

成年公牛屠宰率48.30%，成年母牛屠宰率47.30%，净肉率为31.97%。

成年母牛泌乳期年平均为8个月左右，一般挤乳期为6—9月，共120天，日挤乳两次，早晚各挤一次，平均日产奶2.6千克（不包括犊牛自然哺食量），年产奶量约300千克，乳脂率5.6%，每100千克奶产酥油为8~12千克。

公牦牛2.5岁进行初配，4~8岁配种力最强，10岁后配种力下降，可淘汰。母牦牛初配年龄为3岁，且发情具有周期性，平均为17~19天；发情持续周期平均为32小时（16~48小时），妊娠期为224~284天，平均为257天。

每年5—6月剪毛和抓绒，年均产毛量为1.34千克，平均产绒量为0.43千克。

（二）培育品种

1. 大通牦牛

大通牦牛属肉用型牦牛培育品种，是世界上人工培育的第一个牦牛新品种。

（1）分布区与自然生态环境

大通牦牛主要分布在青海省大通种牛场，该场位于青海省大通县西北部，海拔2900~4600米。属典型的温凉、半湿润高原大陆性气候，年均气温0.5℃，无绝对无霜期。草场属于高山和亚高山灌木草地草原类型，以高寒草甸和山地草甸为主，牧场以禾本科为主，主要有垂穗披碱草、鹅观草、早熟禾等。

（2）培育素材

大通牦牛培育是以捕获后驯化的野牦牛为父本，以在大通种牛场适龄母牛群中，挑选的体壮、被毛为黑色的母牦牛组成的基础母牛群为母本，应用低代牛（F_1）横交理论建立育种核心群，强化选择与淘汰，适度利用近交、闭锁繁育等技术手段，育成的含1/2野牦牛基因的肉用型牦牛新品种。

（3）体貌特征

大通牦牛外貌具有野牦牛特征，被毛黑褐色，背线、嘴唇、眼睑为灰白色或乳白色。体格高大，体质结实，结构紧凑，发育良好，头大角粗；鬐甲高而较长宽，前肢短而端正，后肢呈刀状；体侧下部密生粗毛或裙毛密长，尾短，尾毛长而蓬松。公牦牛头粗重，呈长方形，颈短厚且深，睾丸较小，接近腹部，不下垂；母牦牛头长，眼大而圆，额宽，大部分有角，颈长而薄，乳房小，呈碗状，乳头短小，乳静脉不明显。

图1-29　大通牦牛公牛　　　　　图1-30　大通牦牛母牛

（4）生产性能

大通牦牛2.5岁牦牛宰前活重328.33±18.93千克，胴体重159.67±9.29千克，净肉重120.33±13.65千克，屠宰率48.63%，骨肉比3.17∶1。

大通母牦牛泌乳年龄一般为4~16岁，泌乳期4~6个月，最长可达8个月，其产乳量和乳脂率随季节的不同而变化，7月为泌乳高峰期，一胎母牦牛日挤乳量达0.88千克，乳脂率4.52%。

大通公牦牛初配年龄为3岁，最适利用年限为6~10年，大通牦牛精液品质高于家牦牛。母牦牛性成熟较晚，一般3岁性成熟，发情周期平均为21.3天，妊娠期较普通牛短，一般为两年一胎或三年两胎，利用年限3.5~14年。

大通牦牛每年剪毛一次，成年公牦牛年均产毛量为1.99千克，成年母牦牛年均产毛量1.02千克，幼年牦牛年均产毛量为1.07~1.19千克。

2. 阿什旦牦牛

阿什旦牦牛属肉用型牦牛培育品种，是全球首个无角牦牛。

（1）分布区与自然生态环境

阿什旦牦牛育种核心区位于青海省大通种牛场阿什旦山脚下，场区主要为狭长的山谷地带，属典型高原山地类型。夏季气候凉爽，适合放牧，是良好的夏秋草场。河谷阶地及中山地带，冬季避风温暖，是理想的冬春草场，适合冬春季放牧。

（2）培育素材

阿什旦牦牛是以青海高原牦牛为育种素材，采用群体继代选育法，针对牦牛的无角性状和生长性能，以无角牦牛为父母本，应用测交和控制近交方式，通过建立育种核心群、自群繁育、严格淘汰、选育提高和推广验证等主要阶段，集成开放式核心群育种、分子辅助标记选择技术等现代先进育种技术培育而成的一个具有生长发育快、产肉性能高、无角及体型外貌高度一致、遗传稳定等特征的牦牛新品种。

（3）体貌特征

阿什旦牦牛以被毛黑褐色和无角为其重要特征，体质结实，结构匀称，发育良好，体型呈长方形。头部轮廓清晰，顶部稍隆，额毛卷曲，鼻孔开张，嘴宽阔，鼻镜、嘴唇多为灰白色。体躯结构紧凑，背腰平直，前躯、后躯发育良好。四肢端正，左右两肢间宽，蹄圆缝紧，蹄质坚实。被毛丰厚有光泽，背腰及尻部绒毛厚，各关节突出处、体侧及腹部粗毛密而长，尾毛密长、蓬松。公牛雄相明显，头粗重，颈粗短，鬐甲隆起，腹部紧凑；睾丸匀称，无多余垂皮。母牛清秀，脸颊稍凹，颈长适中，鬐甲稍隆起；腹稍大、不下垂，乳房发育好，乳头分布匀称。

图1-31　阿什旦牦牛公牛

图1-32　阿什旦牦牛母牛

（4）生产性能

中国农业科学院兰州畜牧与兽药研究所分别对30头成年公牛和45头成年母牛进行了屠宰性能测定。成年公牛平均宰前活重383.6±12.24千克，胴体重195.0±7.52千克，屠宰率50.82%，眼肌面积56.21±3.41平方厘米；成年母牛平均宰前活重232.2±8.65千克，胴体重110.5±5.56千克，屠宰率47.38%，眼肌面积45.00±3.49平方厘米。

阿什旦牦牛泌乳期为150天，年平均挤乳量为237.89±34.68千克（不包含犊牛吮食的部分），6月乳脂率为5.8%。

阿什旦公牦牛3岁时达到性成熟，初配年龄为4岁，利用年限8年左右。母牦牛初情期1.5~2.5岁，初配年龄3岁，发情持续期1~2天，妊娠期250~260天，利用年限10年左右。

阿什旦牦牛成年公牛产毛量2.10±0.43千克，母牛产毛量0.67±0.24千克。

（三）新挖掘遗传资源

1. 环湖牦牛

青海环湖牦牛属以产肉为主的肉乳兼用型牦牛，于2018年列入国家畜禽遗传资源名录。

（1）分布区与自然生态环境

青海环湖牦牛主要分布于青海省海北藏族自治州、海南藏族自治州、海西蒙古族藏族自治州境内的半干旱草原草场和草甸草场，中心产区为海北州海晏县、刚察县，海南州贵南县、共和县、同德县。该地区属于高原大陆性气候，寒冷期长，温凉期短，无明显四季之分，干燥，日温差大，无绝对无霜期。年平均气温0.1~5.1℃，属次暖区，年降水量14.9~774.3毫米。主要为半干旱草原草场和草甸草场，以莎草、禾草为优势种，常见高山嵩草、矮生嵩草、线叶嵩草、紫花针茅和羊茅等。

（2）品种来源及发展

青海环湖牦牛是青海牦牛中固有的一支，是距今万年前后由青藏高原藏族的前身羌族、吐蕃族驯化的野牦牛，随民族变迁而逐渐形成的牦牛品种。大约在公元310年，吐谷浑族从内蒙古迁到甘肃，后分支从敦煌进入乌兰、都兰一带，在迁徙途中驯化祁连山牦牛、昆仑山野牦牛，同时与随迁蒙古黄牛杂交，环湖牦牛与黄牛发生基因交流，使环湖牦牛在体型外貌、生产性能等方面与青海其他牦牛品种存在一定差异。

（3）体貌特征

环湖牦牛的形成，除受产区生态条件的影响外，还受普通牛遗传基因的影响，含有较多的普通牛血统。被毛以黑色为主，其次为黄褐色或带有白斑。体格较小，体型紧凑；体躯健壮，头部近似楔形、大小适中，部分无角，有角者角细而尖；背腰微凹、胸围大、宽而深；四肢粗短、蹄质结实；公牦牛头型短宽，肩峰较小，尻短，母牦牛头型长窄，略有肩峰，背腰微凹，后躯发育较好。胸廓发达；被毛属于混型毛，下层密生绒毛，并伴随粗毛生长，体躯下部着生密而厚的绒毛和粗毛。

图1-33 环湖牦牛公牛　　　　　图1-34 环湖牦牛母牛

（4）生产性能

环湖牦牛成年公牛宰前活重276.68±14.32千克，胴体重145.92±9.7千克，净肉重108.68±10.64千克，骨骼重37.24±1.36千克，屠宰率52.71%。成年母牦牛宰前活重202.50±18.7千克，胴体重97.50±14.1千克，净肉重79.58±7.6千克，屠宰率48.10%。

青海省畜牧总站在海晏和同仁两地对20头初产、50头经产牦牛进行日挤奶1次150天挤奶量测定。初产母牛挤奶量为102±4.5千克，日均挤奶0.68±0.12千克；经产母牛挤奶量为188.5±5.1千克，日均挤奶1.26±0.31千克，乳脂率为

6%~7.5%。

环湖牦牛公牛一般1岁左右有性行为，2岁性成熟，3~3.5岁初配，使用年限10年。母牛一般3~3.5岁初配，6月中下旬开始发情，7—8月为发情盛期，每年4—7月产犊，发情周期14~28天；妊娠期250~260天，一般两年一胎，使用年限10年。

环湖牦牛每年抓绒剪毛1次，成年公牛毛绒产量平均为2.0千克，成年母牛平均为1.0千克。

2.雪多牦牛

雪多牦牛属肉用型牦牛地方品种，于2018年列入国家畜禽品种保护名录。

（1）分布区与自然生态环境

雪多牦牛主要分布在青海省黄南州河南蒙古族自治县（以下简称河南县）境内海拔3400~3800米的高寒草地草甸地区，中心产区位于河南县赛尔龙乡兰龙牧，是河南蒙旗海拔最高的地区之一，主要分布在河南县赛尔龙乡和周边相邻村镇。该地区属高原亚寒带温湿气候区，冬季漫长，寒冷干燥；夏季短暂，温湿无酷暑，降雨多且集中；四季不分明，无霜期短。年平均气温9.6~14.6℃，属典型的高寒气候，年降水量597.3~615.5毫米，为全省多雨地区之一。天然草地以高寒草甸类为主，分为高山嵩草型、矮生嵩草型、线叶嵩草型，优势牧草分别为高山嵩草、矮生嵩草和线叶嵩草。

（2）品种来源与发展

雪多牦牛是由青海省河南县赛尔龙乡境内野牦牛经过长期自然选择和人工驯化逐渐形成的能适应当地生态环境的优良牦牛遗传资源。20世纪50年代末期，当地农牧民将雪多牦牛称为"黑帐篷黑牦牛"，随着牲畜交易的开始及日趋频繁，青海省内其他地区及甘肃、新疆等地的牛贩频繁来往于省内各地牧区，为了便于记忆和买卖，他们常以各地区牦牛生活的地名命名并加以区分各地牦牛，"雪多牦牛"的名称即由此产生并沿用至今。

（3）体貌特征

雪多牦牛毛色较一致，以黑褐色为主，部分黄褐色、青色，也有极少个体为白色。被毛略粗、垂顺、亮泽，其鬃毛短、裙毛四季均有分界线且清晰。体型深长，骨粗壮，结构紧凑，体质结实。前躯发育良好，中躯次之，后躯较差。头较粗重显长，额宽而短，鼻梁窄而微凹，侧视呈楔形。眼眶大、眼珠略外突，嘴唇宽厚。鼻镜鼻孔略小，耳小较短，壳中密生绒毛。角略窄而细长，角间距宽、角基处较粗，群体中无角者约30%，无角牛颅顶隆突，公牛角茎粗圆，母牛角茎细小，角形多为茎尖内屈，呈双弧环扣不密闭圆形，少数角尖后张，呈对称开张形。公牛颈粗，短厚而深，母牛颈细，偏长而浅，无垂片。鬐甲高耸，略显宽长，腰背微凹，宽度中等。尻窄短而斜，后躯发育较差。前肢粗短端正，后肢多呈弓状，筋腱坚韧、肢势较正。蹄圆而坚实，蹄缝紧合，蹄周具有马掌形锐利角质，两悬蹄较分开，稍远。母牛乳房小，乳静脉深而不显，乳头短小且发育不够匀称。公牛睾丸偏小而紧贴腹壁。

图1-35 雪多牦牛公牛　　　　　　　　图1-36 雪多牦牛母牛

（4）生产性能

对4~5岁的雪多牦牛成年公、母牦牛各6头进行屠宰性能测定，成年公牦牛宰前活重249.9±39.7千克，胴体重130.0±12.8千克，净肉重105.1±10.4千克，骨骼重24.9±1.8千克，屠宰率52.4%，净肉率42.3%。成年母牦牛宰前活重216.9±38.8千克，胴体重108.0±22.4千克，净肉重90.1±18.9千克，骨骼重17.9±4.0千克，屠宰率49.9%，净肉率41.7%。

雪多牦牛5月进入产仔期，开始挤奶，9月底结束，产奶高峰期为5月上旬至9月底，其中产奶量以7月最多。初产牛全期产奶122.35千克，日均0.90千克，乳脂率7.4%；经产牛最高全期产奶211.17千克，日均1.44千克；隔产牛全期产奶119.82千克，日均0.81千克。

雪多牦牛公牛2岁初配，2~6岁为配种力旺盛阶段，一头公牛自然本交15~20头母牛，最多可达30头，使用年限为10年。母牛一般初配在2~2.5岁，个别在3~3.5岁。

河南县由于冷季较长，每年均在5月下旬至6月中旬进行抓绒、剪毛。绒毛单产很低，成年公牛平均1.64千克，去势牛1.08千克，母牛0.95千克，成年去势牛绒毛比为1∶1.74。

3. 玉树牦牛

玉树牦牛属肉乳兼用型牦牛，通过国家畜禽遗传资源委员会审定，于2021年列入国家畜禽遗传资源品种名录。

（1）分布区与自然生态环境

玉树牦牛主要分布在青海省玉树藏族自治州境内海拔4200米以上的高寒草甸草场地区，核心产区为曲麻莱、治多、杂多3县（昆仑山区）。该地区属典型的高原高寒半湿润气候，冷季长达7~8个月，暖季仅有4~5个月，长冬无夏，春秋相连，寒冷干湿；无明显四季之分，年平均气温−5.6℃至3.8℃，年降水量500~600毫米。天然草地以高寒草甸为主，以莎草科的嵩草和苔草、禾本科的羊茅和细柄茅为主，主要有小嵩草、毛状叶嵩草、贝氏嵩草、水嵩草等。

（2）品种来源与发展

玉树牦牛是由昆仑山的野牦牛在相对封闭环境中经过长期自然选育形成的能适应当地特殊气候条件的优良牦牛遗传资源，其来源与青藏高原的民族变迁密切相关。玉树牦牛豢养历史悠久，2011年在玉树通天河流域发现2000多年前的岩画，其中数量最多最具代表性的就是牦牛岩画，玉树古为羌地，是青藏高原羌人先民和藏民族世代居住的地方。民国周希武在《玉树调查记》中记载："番族十九皆从事畜牧""而牛最多，羊次之，马又次之，问人之富数畜以对""耕牛亦可运载，丰毛大尾，锐角高蹄，日行五六十里，所谓牦牛者是也"等。玉树牦牛也因饲养及买卖需要以地名命名，并一直沿用至今。

（3）体貌特征

玉树牦牛被毛以全黑、黑褐色为主，背线、嘴唇、眼眶周围短毛多为灰白色或污白色，前胸、体侧及尾部长毛长达20~28厘米；绝大多数有角，角粗壮，皮松厚，偏粗糙型，颈部结合良好，额宽平，胸宽而深、前躯发达，腰背平直，四肢较短而粗壮、蹄质结实。公牛头粗大、鬐甲高而丰满，体躯略前高后低，角略向后向上、向外开展，再向内合围呈环抱状，角尖略向后弯曲；眼大而圆，眼球略突而有神。母牛头部较轻，面部清秀，角细而尖，角形一致；鬐甲较低而单薄；体躯长，后躯发育较好，肌肉丰满，乳房较小，呈盆碟状，乳头短而细，乳静脉外露不明显。整个体形外貌更接近野牦牛。

图1-37　玉树牦牛公牛　　　　　　　图1-38　玉树牦牛母牛

（4）生产性能

青海省畜牧总站在海晏县对玉树牦牛成年公牦牛和成年母牛各5头进行了屠宰测定，成年公牛宰前活重324.4±23.8千克，胴体重167.9±16.6千克，屠宰率51.7%，净肉率41.2%；成年母牛宰前活重206.1±26.7千克，胴体重103.0±13.0千克，屠宰率49.9%，净肉率40.1%。

玉树牦牛母牛泌乳期约150天，日均挤奶量0.6~0.8千克（不含犊牛吮吸部分），日挤奶量最高2.65千克，乳脂率为6.29%~9.53%。母牦牛胎次不同产奶量亦有不同，以第三胎日产奶量为最高，第六胎以后不断降低。

玉树牦牛公牛一般3.5岁开始配种，4.5~8岁为最佳配种利用期，以自然交配为主。母牛一般3.5岁初配，季节性发情，发情季节为每年7—10月，其中7—8月为发情旺季，发情周期18~22天，平均21天，发情持续时间1~4天，妊娠期250~270天，平均256天，繁殖年限为10~12年，一般为两年一胎。

玉树牦牛每年抓绒剪毛1次，成年公牛毛绒产量平均为1.8千克，成年母牛平均为1.0千克。

4. 类乌齐牦牛

类乌齐牦牛属肉乳兼用型牦牛优良遗传资源，于2018年列入国家畜禽遗传资源名录。

（1）分布区与自然生态环境

类乌齐牦牛产区位于青藏高原三江流域西南部、横断山脉上段的高山峡谷之间，受念青唐古拉山余脉伯舒拉岭和他念他翁山控制形成相对封闭的地理单元，主要分布在西藏自治区东部的昌都市类乌齐县境内海拔4500米以上的高山草甸草原地区。中心产区为类乌齐镇、卡玛多乡、长毛岭乡和吉多乡等乡镇，其中主产区类乌齐县位于西藏自治区东北部，北与青海省囊谦县相连，西邻丁青县，南与八宿县、洛隆县接壤，东与昌都市卡若区毗邻。

（2）品种来源与发展

类乌齐牦牛形成历史悠久，据敦煌藏文史料载，在类乌齐、工布等森林地区，出现了"森林人"的氏族部落，在森林里饲养家畜。在西藏昌都市卡若遗址中发现了距今4000年左右的牛遗骨，说明已从事农业生产的卡若人也经常从事狩猎。在卡若遗址发现的建筑房屋中出现了井干式建筑，已不光是人的居住场所，它同时可以用于圈养家畜。到秦汉时期，类乌齐牦牛饲养就有了一定规模。血统来源相同和清楚，经长期自群繁育，具有基本一致的外貌特征、繁殖性能和生产性能。

（3）体貌特征

类乌齐牦牛被毛以黑色为主，部分个体为黄褐色或带有白斑，少数有灰色；被毛为长覆毛，有底绒；额头毛短，无卷毛；前胸、体侧及尾部着生长毛，尾毛长而密、丛生如帚，尾长过飞节，绝大部分达后管。体型略矮，体躯健壮，头部近似楔形、大小适中，一般都有角，呈小圆环，角细尖，嘴筒稍长，鼻镜多为黑褐色，部分为粉色，四肢粗短，蹄质结实。公牦牛头型短宽，肩峰较小，前胸深宽，颈较短，无颈垂、胸垂及脐垂，尻形短；母牦牛头型长窄，颈薄，略有肩峰，背腰微凹，后躯发育较好，四肢相对较短。

图1-39 类乌齐牦牛公牛

图1-40 类乌齐牦牛母牛

（4）生产性能

西藏自治区农牧科学院畜牧兽医研究所对成年类乌齐牦牛10头（公、母各5头）进行屠宰测定。公牦牛宰前活重343.90千克，胴体重177.70千克，净肉重146.30千克，屠宰率51.67%，净肉率42.54%，骨肉比1:4.67；母牦牛宰前活重197.40千克，胴体重95.80千克，净肉重84.34千克，屠宰率48.53%，净肉率42.73%，骨肉比1:7.36。

类乌齐牦牛产犊后即开始泌乳，产奶期主要集中在青草季节的5—10月，全产牛（当年产犊母牛）全年平均产奶250千克，乳脂率6.96%；半产牛（上年产犊母牛）全年平均产奶130千克，乳脂率7.50%。

类乌齐牦牛公牛2.5岁性成熟，一般3.5岁开始配种，6～9岁为配种盛期，以自然交配为主。母牦牛初配年龄3～3.5岁，为季节性发情，发情周期为21天，发情持续时间为24～26小时，妊娠期270～280天，翌年5—6月为产犊盛期；成年母牛一般两年一胎或三年两胎，一年一胎的比例不高，占适龄母牛的15%～20%；一般出生率为95%，繁殖年限为10～12年。

年抓绒剪毛一次，尾毛不剪。成年公牛每头年均产毛绒1.40千克，其中毛0.86千克、绒0.54千克；成年母牛每头年均产毛绒0.88千克，其中毛0.48千克、绒0.40千克。

5.查吾拉牦牛

查吾拉牦牛属肉乳兼用型牦牛地方品种,于2021年通过国家畜禽遗传资源委员会审定、鉴定。

（1）分布区与自然生态环境

查吾拉牦牛主要分布于青藏高原腹地的西藏那曲市聂荣县平均海拔4700米的高原地区,中心产区位于聂荣县查当乡、永曲乡、桑荣乡、索雄乡和当木江乡。聂荣县地处西藏自治区北部、唐古拉山南麓,位于青藏高原太湖盆区,地势西北高东南低。与青海省交界,境内山峦起伏,沟壑纵横,低山丘陵与谷地错落相间。属高原亚寒带半干旱季风气候区,长冬无夏,无绝对无霜期。聂荣县是西藏的纯牧业区,草场均属高寒草原和高原草甸草原类,植被以紫花针茅为主,伴生有羊茅、苔草、火绒草等。

（2）品种来源与发展

据考古学证实,从大约七八千年前的新石器时代起,青藏高原上的先民就开始驯养捕获的野牦牛,通过不断地捕捉与驯化,原始牦牛逐渐进化成牦牛而定居。元明时期,聂荣境内出现了历史上著名的"霍尔三十九族",根据历史记载,当时历史文化背景下,在聂荣境内以游牧和自然放牧的牦牛饲养生产方式极为普遍且分布广泛。查吾拉牦牛是经过长期自然与人工选择形成的能适应当地高海拔环境的高寒牧区牦牛地方品种。

（3）体貌特征

毛色以黑色为主,间有白斑,少数有褐色、极少青色。公牦牛头短宽,型似楔形、面宽平、眼大有神,角基粗壮,耳型平伸,耳端钝厚;颈粗短,鬐甲高耸、背腰微凹、前胸开阔发达、四肢粗短健壮;睾丸大小适中紧贴腹部。母牦牛头型长窄,面部清秀,耳型平伸,耳端钝,大部分有角,角形为小环角,颈短薄,无颈垂;肩峰相对明显,无胸垂及脐垂,背腰微凹,后躯相对欠发育,尻斜形短,尾帚大,尾长达飞节处;乳房呈碗碟状,乳头细小而紧凑。

图1-41　查吾拉牦牛公牛　　　　　　　图1-42　查吾拉牦牛母牛

（4）生产性能

西藏自治区农牧科学院畜牧兽医研究所、青海市华测检测有限公司对5头查吾拉成年公牛和5头成年母牛进行屠宰测定。成年公牛宰前活重363.80±30.50千克，胴体重176.60±3.04千克，屠宰率48.41%，净肉率38.70%；成年母牛宰前活重234.20±18.76千克，胴体重117.60±9.76千克，屠宰率50.21%，净肉率41.68%。

查吾拉牦牛产奶期主要集中在青草季节的6—10月，年平均产奶量为290千克。7月平均日产乳量为3.47±1.13千克，8月平均日产乳量为3.32±1.16千克，9月平均日产乳量为2.25±0.99千克，7—9月平均日产乳量为3.14±1.08千克，乳脂率6.61%、非脂乳固体9.30%、乳糖含量5.95%、蛋白质含量3.40%、pH为6.53。

查吾拉牦牛母牛初配年龄3.5岁，每年7—10月是发情配种旺季。母牛一般两年一产或三年两胎，一般繁殖率为58%，犊牛成活率为90%，繁殖情况与母牛膘情成正比，也与草地载畜利用程度和年度牧草产量有较大关系。母牛发情周期一般为21天，发情持续时间为24～26小时，妊娠期265～270天，翌年4—5月为产犊盛期。

查吾拉牦牛成年公牛每头年均毛绒产量为1.40千克，其中毛0.86千克、绒0.54千克；成年母牛每头年均产毛绒0.88千克，其中毛0.48千克、绒0.40千克。

6. 帕米尔牦牛

帕米尔牦牛属乳、肉、毛兼用型牦牛地方品种，于2021年列入国家畜禽品种遗传资源目录。

（1）分布区与自然生态环境

帕米尔牦牛中心产区位于新疆维吾尔自治区克孜勒苏柯尔克孜自治州阿克陶县、阿合奇县、阿图什市和喀什地区的塔什库尔干县，主要分布在东帕米尔高原海拔4000米以上的高寒山区。喀喇昆仑-帕米尔高原境内平均海拔3600米，年平均气温低于-6℃，绝对最低气温可达-50℃，年平均降水量低于75毫米，属典型的大陆性高原干旱荒漠气候，植被类型以高山稀疏植被和荒漠植被为主。

（2）品种来源与发展

帕米尔牦牛是一个原始的牦牛品种，因帕米尔高原得名，当地俗称"塔县牦牛"或"克州牦牛"。对高原荒漠、极端干燥环境适应性强，是经长期自然选择和当地农牧民选育形成的能适应高原荒漠草原的地方优良牦牛资源。因帕米尔地区的牦牛与国内其他地区的牦牛基因交流较少，形成了相对独立的地理分布群体。相关研究显示，帕米尔牦牛与巴州牦牛的亲缘关系较远，与野牦牛的亲缘关系较近，有独立的进化来源。由于受帕米尔高原地区干旱、寒冷、自然灾害等自然因素的影响，先前帕米尔牦牛个体整体偏小。2008年以来，主产区相继从青海、西藏和新疆巴音郭楞蒙古自治州和静县引进青海高原牦牛、西藏高山牦牛和巴州牦牛对帕米尔牦牛进行遗传改良，杂交改良效果显著。

（3）体貌特征

帕米尔牦牛毛色较杂，以黑色、灰黑色为主，面部白、头白、躯体黑毛次之，还有灰、青、褐色等毛色。体质结实，结构紧凑，头粗重，额宽平稍突。公牛角粗长，角距较宽，头心毛有卷曲，角基部向外伸，然后向内弯曲呈弧形，角尖向后；母牛有角，角细长。颈短，无垂皮，鬐甲隆起，前躯发育良好，荐部较高，背稍凹。尻斜，腹大，尾根低，尾短，尾毛丛生呈帚状。四肢粗壮有力，蹄小坚实，肢势端正。全身毛绒较长，尤其是腹侧、股侧毛绒长而密。

图1-43 帕米尔牦牛公牛

图1-44 帕米尔牦牛母牛

（4）生产性能

在克州阿克陶县布伦口乡布伦口村和恰热克村分别对3头公牦牛、3头母牦牛进行屠宰测定。成年公牛宰前活重281千克，胴体重145.35千克，净肉重115.20千克，屠宰率51.73%，净肉率41%，骨肉比1∶3.82。成年母牛宰前活重171.5千克，胴体重80.23千克，净肉重62.63千克，屠宰率46.78%，净肉率36.52%，骨肉比1∶3.56。

在高原草甸全年放牧条件下，一般6—9月挤奶，挤奶期120天左右，日均挤奶1.5千克，年挤奶量约200千克。

帕米尔牦牛公牛3岁性成熟，3.5～4岁参加配种，利用年限达10年左右。母牦牛2.5岁性成熟，一般3岁初配，每年7—9月为发情季节，发情周期平均21天，持续发情时间24～48小时。妊娠期250～260天，第二年3—5月产犊。

7. 亚丁牦牛

亚丁牦牛属肉乳兼用型牦牛地方品种，于2022年列入国家畜禽遗传资源品种目录。

（1）分布区与自然生态环境

亚丁牦牛中心产区位于四川省甘孜藏族自治州稻城县，在稻城县各卡乡、吉呷乡、俄牙同乡及乡城县的部分乡镇，邻近接壤的四川省凉山彝族自治州木里藏族自治县、云南省香格里拉市也有少量分布。主产区地处青藏高原东南部，横断山脉东侧的峡谷地带，海拔在2000～6000米，属高原季风气候，年降水量在600~750毫米，产区草场以山地灌丛草场、高寒草甸草场和高寒沼泽草场为主。

（2）品种来源与发展

亚丁牦牛饲养历史悠久，据《四川省凉山彝族自治州木里藏族自治县历史沿革》和《云南省香格里拉市概况及历史沿革》记载，公元619—786年，藏王将巴塘、理塘（含稻城）、建塘（今云南省香格里拉市）作为吐蕃王朝管辖领地，牦牛也随之迁徙，其中稻城东义片区（今亚丁），山高谷深，地形起伏很大，自然气候条件垂直差异十分显著，呈现明显的立体气候。在这里饲养的牦牛经自然选择形成了肉用性能较好的原始品种。

（3）体貌特征

亚丁牦牛毛色以黑色为主，黑白花次之，其他还有额心、肢端、尾部有白斑或白毛者。体质结实，体躯粗短，背腰平直，腹部大而不下垂，尻斜，四肢结实，蹄大钝圆，尾较短。公、母牦牛均有角，额宽，颜面部稍凹。公牦牛头大，额毛丛生卷曲，角基粗，两角间距离大，角尖多向上向前开张呈弧形，颈较粗，鬐甲稍耸立，向后渐倾，显得前躯发达，后躯较短。母牦牛头较轻，角细长，角尖多数略向后开张呈弧形。颈薄而窄，鬐甲不显著。乳房小，乳头短，乳静脉不发达。

图1-45　亚丁牦牛公牛

图1-46　亚丁牦牛母牛

（4）生产性能

对6头成年亚丁牦牛（公、母各3头）进行屠宰测定。公牦牛宰前活重384.3±51.21千克，胴体重196.88±16.25千克，净肉重165±13.14千克，屠宰率

51.53%，骨肉比1：6.2；母牦牛宰前活重265.9±28.94千克，胴体重122.38±10.1千克，净肉重102.57±8.72千克，屠宰率46.12%，骨肉比1：6.19。

亚丁牦牛泌乳期为6—10月。2016年6—10月，对木拉乡的高山牧场5头经产母牛和5头初产母牛产奶量及乳脂率进行了跟踪测定，经产母牛平均每头每天产奶量2.84千克，153天平均每头产奶量434.52千克。初产母牦牛平均每头每天产奶量为2.56千克，153天平均每头产奶量391.68千克。经产母牦牛乳脂率平均为7.5%，初产母牦牛乳脂率平均为6.45%。

亚丁牦牛公牛初配年龄为3~4岁，配种使用年限为8~10年；母牛初配年龄为2~3岁，一般是三年两胎，配种使用年限为12年。亚丁牦牛为季节性发情，7—10月为发情期，发情周期为18~22天，妊娠期为250~260天。

四、牦牛产业现状

青藏高原的牦牛产业在全国乃至亚洲的畜牧业生产和生态安全中具有重要的战略地位，近几十年来得到了较快的发展。可以说，牦牛产业的发展现状是青藏高原畜牧业发展现状的一个缩影，但目前仍存在着较多的问题，产业发展水平仍处于低水平，明显落后于其他家畜的产业发展，今后提高发展的潜力巨大。

（一）草地资源及放牧利用

草地资源不仅是畜牧业的生产基地，还是保持水土、防风固沙、调节气候、保护生物多样性等方面的生态屏障。我国是草地资源大国，全国共有草地26427.2万公顷，其中天然牧草地21329.4万公顷，人工牧草地58.8万公顷，其他草地5039万公顷。集中分布于西藏、内蒙古、新疆、青海、四川、甘肃、黑龙江以及云南等地，占全国草地总面积的80%以上。其中西藏天然草地面积最大，为8006.50万公顷，占全国草地面积的30.29%，主要为高寒草原和高寒草甸。其次为内蒙古、新疆和青海，分别为4792.20万公顷、3666.39万公顷和3959.80万公顷，其中内蒙古草原以温性草原和荒漠草原为主，青海主要以高寒草甸和高寒草原为主，新疆盐生草甸、高寒草原、荒漠草原、温性草原和高寒草甸则均有分布，此外四川、甘肃、黑龙江和云南则处于第三梯队，天然草地面积也较大，分别为943.49万公顷、656.62万公顷、56.88万公顷和12.25万公顷，其中四川的草地资源80%以上为高寒草甸，云南的草地资源86%以上为热带亚热带草原。

作为我国草地资源分布的特殊地理单元，青藏高原被誉为"世界屋脊""地球第三极"，其草地资源十分丰富，饲用植物种类多样。青藏高原草地连片，拥有天然草地12834.9万公顷，约占全国草地总面积的48.57%，其中可利用草地11187.5万公顷。地带性草地为各类高寒草地，由东南向西北依次为高寒草甸草原、高寒荒漠草原、高寒荒漠更替分布。东部、东南部是以几种小型嵩草、紫羊茅、藏北嵩草高寒草甸为主形成的阿坝草地、甘孜草地、甘南草地和环青海湖草地4片牧区草地；中部是以紫花针茅为主的高寒草原；西北部逐渐过渡为高寒荒漠，该地区草地水热条件差，生产力低，目前仍有12%的草地难以利用。

青藏高原草场大多位于海拔3500米以上，气候寒冷，生长期短（无霜期90~120天），产草能力极低。据统计每公顷产草能力在1875千克以上的面积不足10%；产草能力在375~1875千克的约占40%；一半以上草场产草能力在375千克以下。且由于气候变暖、虫害、鼠害频繁等自然因素，以及超载过牧、盲目垦殖、砍挖植被及矿产资源开发及基础设施建设等人为活动，草场退化严重，草场载畜量远远超过承载能力，草畜矛盾严重。近年来，随着国家对青藏高原生态环境保护力度的加大及相关法规的出台，青藏高原各省区因地制宜，统计草场面积并根据牲畜数量实行冬春草地轮转制。青藏高原气候环境特殊，无明显四季之分，只有冷暖季之差，将海拔较高的丘原山地划分为暖季牧场，海拔较低的平坝河谷为冷季牧场。暖季草地放牧时间为5月中旬至10月中旬，轮牧周期一般为35~45天；冷季草地放牧时间为10月中旬至来年4月下旬。4月下旬至5月中旬为牧草返青期，进行舍饲或小范围放牧，以减少敏感期放牧对草地的破坏。牦牛在冷暖季均正常放牧，且牦牛在暖季采取"早出晚归"，冷季"晚出早归"的放牧措施。极大缓解和改善了草畜供需矛盾，也使青藏高原草地资源和生态环境得到改善。同时，各省区也集结了高校及科研院所人才和科研力量，挖掘并培育出许多适应青藏高原高寒环境的牧草类型,并在牧区广泛推广种植,为缓解冬季牲畜采食困难起到非常重要的作用。

(二)牦牛选育及繁育

目前,牦牛育种主要还是利用本品种选育及杂交改良,除了青海牦牛导入野牦牛血缘进行杂交培育,培育成大通牦牛外,常规的本品种选育,至今未有成熟的育种方法可参考。近年来,大量育种工作者根据青藏高原不同区域特点及牦牛种质资源特点,探索"因地制宜""因种制宜"的牦牛本品种选育方法。虽然牦牛本品种选育因牦牛品种特性特征、选育目标与措施均存在一定差异,但一些基本的原则是一致的。主要根据不同牦牛品种的种质特性及与其他类群的遗传进化关系、分布地区和适应性、品种结构等,开展资源调查评价;确定选育目标,并且根据种质资源特色性状确定选育方向和主选性状(如产奶或肉质),制订选育计划,包括选育经济性状、选育基础群及配套繁育技术和饲养管理技术的建立等。探索并制定合适的牦牛本品种选育方案及技术规范,是解决品种退化问题、提升品种、加快畜群周转、减轻放牧草场压力等的必要选择。

同时,牦牛本品种选育技术中对种公牛和种母牛的选择也至关重要。选择种公牦牛主要是选择体型健硕的优秀牦牛进行个体繁殖,提升后代群体中的优秀基因概率,优化牦牛质量和生产性能。因此,养殖户需要选择优良的种公牦牛进行繁殖。首先,根据生产性能、个体大小、体型以及体重,从2~4胎犊牛中进行初选,这是牦牛选育的重要方式。其次,当牦牛2~3岁时,要根据公牦牛的生产性能、外貌特征及体重进行选择。在选择种母牦牛过程中,养殖户需要在优良族群中选择,选择质量好、生产性能高以及血缘好的母牦牛进行交配。同时,不同类型牦牛间的交配,例如家牦牛与野牦牛交配,可以提升犊牛的生产性能和体质,起到优化品种的作用。但是这种交配方式下的犊牛,具有野性大、顶牲畜和顶人的缺点,需要从小就加强驯化。

牦牛是培育程度很低的原始牛种,终年放牧,管理粗放,繁殖方式一般都是自然交配。随着畜牧科学技术的发展,特别是家畜繁殖技术的发展,这些技术在牦牛生产中已经被广泛采用。近年来，人工授精技术在牦牛产区得到广泛推广应用，使优良种公牛的配种潜力得到充分的发挥，大大地加速了品种改良的进程，充分利用牦牛杂种优势。采用冷冻精液配种，一头公牛的精液可为数千乃至数万头母牛授精。而且，冷冻精液可以长期保存，便于长途运输，因而使用上可不受时空的限制，可在任何时间和地点为母牛授精，也省去购买公牛、修建牛舍和饲养等费用，同时也减少了因其他牛种不适应高原环境而出现死亡的损失。目前，在四川、青海、甘肃和新疆等地，都已开展了应用普通牛的冷冻精液进行牦牛的杂交改良工作。另外，还对野牦牛进行驯化并采精利用，对牦牛进行本品种选育，并在选育的基础上导入野牦牛基因，对家养牦牛提纯复壮，进而培育牦牛新品种。

随着科研投入力度的加大及育种技术的产生，牦牛繁育新技术也得到了长足的发展，牦牛同期发情技术、牦牛超速排卵技术、牦牛胚胎移植等技术均在各牦牛养殖区及不同品种中得到探索发展及应用，并根据不同牦牛品种特点及区域生态环境特点做了相关技术改良。随着分子遗传学的发展，DNA分子标记技术也为开展牦牛遗传育种研究提供了强有力的手段，为牦牛育种及高效繁育提供了新的思路。

（三）牦牛营养与饲料

牦牛的生长和肥育均需要能量、蛋白质、矿物质、维生素及微量元素等，缺乏任何一种或是相互之间配比不恰当，都会造成牦牛的生长或育肥受阻。牦牛属天然放牧的原始畜种，依靠天然草地营养供给仍存在明显的地区性差异和季节性变化，自然采食牧草还是无法满足牦牛对营养物质的需求，由于青藏高原恶劣的自然生态环境、社会、历史条件等因素的影响，牦牛生产长期处于落后状态，较少进行补饲。结合青藏高原牦牛营养需要及草地营养供应的特殊情况，广大动物营养专家经过大量试验发现，补充饲草、精料以及营养舔砖，可以满足牦牛在特殊环境中的营养需求，并有效提高牦牛的生产性能和日增重量。

（四）牦牛疾病防控

牦牛疾病种类多，病原复杂。牦牛主要传染病有20多种，其中人畜共患病主要有13种，包括口蹄疫、炭疽、轮状病毒病、布鲁氏菌病、巴氏杆菌病、大肠杆菌病、沙门氏菌病、钩端螺旋体病、结核病、弯曲菌病、嗜皮菌病、皮霉菌病和肉毒梭菌中毒病。发生在牦牛身上的其他传染性疾病还有传染性胸膜肺炎、传染性鼻气管炎、黏膜病、狂犬病、传染性角膜结膜炎、传染性脓疱口膜炎、牛瘟等。其中病毒性腹泻（黏膜病）是低温环境中常见的病毒之一，牦牛感染后会出现病毒性腹泻、咳嗽以及溃烂和流产等症状，是威胁牦牛健康，造成牦牛犊牛死亡的主要接触性传染病。

牦牛常见普通性疾病主要包括内科病、外科病、产科病等，常发性疾病包括犊牛肺炎和消化不良、犊牛脐炎及脐带异常病、有毒牧草中毒症、水疱性口炎、瘤胃积食、子宫脱垂、胎衣不下以及牦牛外创伤等各类疾病。随着牧区兽医技术人员队伍的扩大及技术水平的不断提高，牦牛常见疾病均能得到及时且很好的治疗，减少了犊牛和牦牛的死亡。

近年来，随着畜牧业生产规模不断扩大，养殖密度不断增加，一些重要疫病，如布鲁氏菌病、包虫病等呈明显上升趋势，局部地区甚至出现流行暴发现象，严重危害牦牛生产，造成牦牛大批死亡和畜产品的损失，人畜共患病也给人体健康造成了极大危害。因此，牧区的疫病防治也成为畜牧产业发展中重要的一个环节。由于牦牛饲养和主产区普遍以传统放牧为主，以至于科学、合理的防疫制度及措施在牧区均难以得到广泛实施及推广；同时，基层防疫体系不健全，疫苗接种配套设施不足，牦牛免疫效价低，加之基层防疫队伍实操人员较少等因素，极大妨碍了牦牛疾病防控的有效性。

目前，主要采用的牦牛疫病防控措施还是抓住疫病发生和流行的3个必要因素，即传染源、传播途径和易感家畜。首先，建立牛群检疫制度，查明和消灭传染源；其次，建立定期消毒制度，切断传播途径，加强饲养管理及完善免疫程序，科学预防接种，提高牦牛群体的抗病能力。同时，积极贯彻"预防为主，防重于治"的防疫方针，树立防病意识，健全防疫卫生制度，减少和控制牦牛疫病的发生和流行。

（五）牦牛养殖设施设备与环境控制

牦牛圈舍是牦牛舍饲育肥工作的关键和基础，当前牦牛育肥场和圈舍建设技术水平参差不齐，缺乏科学的技术标准指导，造成生产适用性低、疫病多发、粪污处理难等突出问题，因此按照经济实用、科学合理、便捷高效原则，制定标准，是保证牦牛标准化育肥场建设的重要技术支撑。2022年，四川省已经开展地方标准文本和编制说明的技术审查，并通过了《牦牛标准化育肥场布局和圈舍建设规范》，为牦牛圈舍地方标准化建立提供了技术参考。

牦牛养殖仍采用原始的放牧方式，且牦牛存在一定攻击性，因此牦牛生产性能测定及育肥等过程均需相应的配套设施设备进行辅助。相关科研人员及当地技术人员根据牦牛养殖特点及养殖需要，开发了大量符合牦牛生物学习性，功能完善，经济耐用，使用方便、高效的实用性设施设备。例如牦牛多功能巷道圈、牦牛自动保定装置、人工辅助配种架、牦牛装卸台、牦牛犏牛移动式挤奶机、牦牛养殖用智能饲料装置、牦牛舍饲养殖用栏舍、牦牛牛舍智能通风设备，以及牦牛发情期信息测定方法、系统、存储介质、程序、终端设备，为牦牛养殖提供了极大的便利。牦牛养殖辅助设施设备实用性强，但在牦牛养殖区推广应用率还是较低。

"夏饱、秋肥、冬瘦、春死"是牦牛生产中长期存在的问题，对生产影响较大。为了帮助当地牧民有效地解决此问题，研究人员积极开发了智慧化牧场管理及智能化养殖技术，这些技术也成为近年牦牛养殖水平提升的关键。智慧牧场的建设可以实现牦牛养殖管理科学性，它是以服务牧场主为根本，以大数据云平台为基准点，以提升牧场管理水平为导向的现代智慧牧场，可以提升牦牛优良种质资源利用水平、牧场效益，节约成本，降低劳动强度，实现产品生产全程可追溯；实现了牦牛生产、生理、生境、运动数据的自动采集、记录并上传的自动化管理模式。同时在智慧牧场建设过程中，针对牦牛的放牧特点，搭建冬季保温设施，可以实时监测其内部二氧化碳、氨气的含量。

第三节 牦牛产品加工及利用情况

牦牛是青藏高原特色物种资源和藏族地区人民的重要生产、生活资料。牦牛肉、乳等畜产品加工是生态畜牧业生产体系的重要组成部分,是现代畜牧业商品生产必不可少的环节,发展牦牛产品加工是保障"三生"和谐发展、农业供给侧结构性改革的重要途径和实现乡村振兴的战略抉择。

一、牦牛肉产品

国家肉牛牦牛产业技术体系2021年度调查显示,当前牦牛肉以满足藏族地区消费为主(占80%以上),少量销往周边省区,牦牛肉干等产品销往全国。牦牛出栏量和牦牛肉产量总体上逐年递增(2017年出栏总量除外),牦牛肉产量由2016年的48万吨增加到2020年的57万吨,年均增长3.75%。牦牛出栏率也逐年上升,从2016年的25.6%增长到2020年的30.2%,全国牦牛商品率平均为21.3%。

表1-4 2016—2020年牦牛生产情况

明细＼年份	2016年	2017年	2018年	2019年	2020年
出栏量(万头)	402	373	443	455	510
产量(万吨)	48	49	53	54	57

数据来源:国家肉牛牦牛产业技术体系拉萨综合试验站

牦牛肉是青藏高原农牧民重要的动物性蛋白质来源,牦牛肉消费呈现以藏族地区为主的格局特点。受养殖技术水平和自然条件限制,传统放牧牦牛屠宰季节较为集中,大部分生鲜肉在9—11月销售,其余时间以冻肉销售为主(鲜肉消费和冻肉消费占比分别为20%和80%)。近年来,随着舍饲育肥技术的发展,青海、甘肃等省份的部分企业可以初步实现全年屠宰,但相比牦牛总体屠宰量而言,屠宰数量和所占比例还相对较低。

牦牛肉具有无重金属、农兽药残留，高蛋白低脂肪的特点，符合当代消费者对健康肉类的需求。不过由于以下几点突出问题致使牦牛肉无法将特点转化为优势而占领国内中高端消费市场，制约了牦牛产业高质量发展。

首先，屠宰工艺粗放，影响了牦牛肉食用和安全品质提升。由于藏族地区牦牛养殖分散度大，屠宰季节性强，藏族地区标准化屠宰加工企业较少且规模不大，造成屠宰加工从业人员流动性大，企业员工技术培训效果不佳，一线工人职业素养普遍不高；屠宰操作不规范，工艺粗放落后，牦牛肉中有害微生物含量超标现象普遍，安全隐患大，无法满足冷鲜肉等高端市场牦牛肉产品开发需求问题突出。

其次，牦牛肉质相对老韧、粗硬，严重制约了加工用途和区域外市场拓展。市售牦牛肉屠宰年龄普遍在3~5岁，甚至更大，牦牛肉质老韧，不能满足区域外高端消费的品质需求。加之牦牛肉初始污染严重，无法开展长时间成熟等嫩化处理，只适于酱卤、炖煮或肉干类等初级加工，限制了牦牛肉消费层级的提升。

再次，加工体系不健全，加工理念滞后问题突出。目前牦牛加工产业发展还处在初级加工阶段，牦牛产品结构单一，制约了牦牛产业链的有效延长。

最后，品牌培育能力不足。藏文化是中华文化的重要组成部分，牦牛是青藏高原的象征，具有强大的品牌溢价潜力。受传统思想和经济发展水平的影响，藏族地区企业对自身品牌构建普遍缺乏系统的顶层设计能力，对牦牛肉的绿色生产方式和营养价值宣传力度不够，缺乏牦牛肉生态和营养价值系统研究，对功能性、特色性的挖掘欠缺，造成牦牛肉产品区域外消费者接受度差，特色、高附加值产品少。牦牛肉在市场上与普通牛肉受到同等对待，与普通牛肉同价销售，尚未创造出与其相匹配的经济和社会效益，使青藏高原牦牛产品长期处于"区内安全保障难、区外品质增值难、内外特色彰显难"的尴尬境地，严重制约了牦牛产业的高质量发展。

二、牦牛乳产品

2019年，我国牦牛存栏量1620多万头（国家肉牛牦牛产业体系藏族地区综合试验站数据），能繁母牛占牦牛总数的42%，产奶母牛占能繁母牛的60%（按牦牛有的三年两胎，两年一胎，一年一胎）。泌乳期平均150天，泌乳期泌乳量450~500千克，产奶量180~240千克，70%以上为犊牛及牧民自食。牦牛常乳中干物质含量为18%，牦牛乳蛋白质含量约为5.6%，乳糖5%，乳脂6.5%。除遗传因素外，与牦牛的饲养管理模式相关，牦牛常年放牧于天然草原，牧草生长期短，枯草期长达7个月，冷季营养供给水平低，呈现夏壮、秋肥、冬瘦、春乏的规律，制约着产业化发展和效率。牦牛的产奶分季节性，产犊高峰在4—5月，产奶盛期在7—8月，牦牛放牧于海拔4000米左右的夏季牧场。2019年，牦牛乳年产量为84.5万吨，牦牛乳制品企业收购奶约占15%，牦牛奶商品化收购量约为12万吨，主要产品有液态奶、酸奶、干酪素、奶粉等，奶产品市场规模从2014年的4亿元增长至2019年的14.5亿元左右，牦牛奶的商品化开发成为近年来农牧民扩展收入来源的重要渠道之一。

（一）牦牛鲜乳奶粉制品

牦牛乳是一种原生态、无污染的优质特色乳资源，我国具备全面开发牦牛乳制品的先天资源优势和基础条件，尤其是在西藏自治区全区、青海省藏族地区、四川省藏族地区、甘肃省藏族地区、云南省藏族地区等地。相对于来自牦牛的其他产品，牦牛鲜乳和乳粉具有较为可观的经济价值。以乳制品为代表的产品加工是牦牛畜牧业发展的重要环节，也是畜牧业经济效益的最终体现，但目前牦牛鲜乳及乳粉的产业发展还处在初级加工阶段，精加工技术落后，因此牦牛鲜乳及乳粉的实际经济转化率还有待提高。牦牛产地处于我国青藏高原，远离我国人口密集区，交通大多不便，生产季节性强，企业生产成本高，牦牛乳生产企业大多聚集在牦牛产地，以地方品牌为主，如红原（阿坝藏族羌族自治州）、燎原（甘南藏族自治州）。以当地龙头企业为平台，着力攻克影响牦牛鲜乳及乳粉发展的重大关键技术难题、突破制约因素和瓶颈、提高实际经济转化率是当前的主要议题。

（二）牦牛发酵乳制品（酸乳）

酸牦牛乳、开菲尔、马奶酒等传统的自然发酵乳制品是经野生发酵培养物在自然条件下发酵得到的，而商业化的发酵乳制品是由传统的自然发酵乳制品发展而来。经过多年的发展，我国依托先天资源优势和基础条件，已建成国家级牦牛乳系列产品技术研发中心和牦牛乳产业园，各地方的牦牛乳品企业也初具规模。但牦牛发酵乳制品的加工一直停留在初级阶段，大量研究者对影响发酵牦牛乳品质的因素进行探究并改进了发酵工艺，研究表明一些稳定剂、发酵剂可以优化牦牛酸奶品质。此外，有研究优化了牦牛酸奶生产过程的杀菌、接种量、发酵温度等重要工艺参数；基于酸度、质构和风味成分的变化规律，优化牦牛发酵乳制品。但目前牦牛发酵乳制品多以家庭式手工作坊为主，工业化生产能力比较薄弱，主要存在几个问题。

最主要的问题是奶源不足。如前所述，牦牛中能繁母牛占牦牛总数的42%，产奶母牛占能繁母牛60%。牦牛也是季节性繁殖生产，6—9月是牦牛的产奶期，每头泌乳量在450~500千克，牧民自食量达到70%以上，而牦牛乳制品企业收购奶量仅占约15%，因此奶源不足成为牦牛乳制品生产最为突出的问题。经济效益低也是不容忽视的一个问题。牦牛一般4—5月产犊，到7—9月青草生长繁茂时达到泌乳高峰期，但此时大多牦牛生活在偏远的高海拔地方，交通运输成为难题，这直接导致原料乳收购成本变高。此外，牦牛以人工挤奶方式为主，卫生问题、奶源分散、规模小等问题也较为突出。因此牦牛发酵乳制品的生产和开发极具挑战。

（三）牦牛干酪类乳制品（奶渣、奶酪）

曲拉（又称奶渣）是生产酥油时的副产品，奶酪是牦牛奶经过浓缩发酵得到的发酵乳制品，曲拉和奶酪同为干酪类乳制品，是藏族地区牧民的传统食品。干酪是一种重要的乳制品类型，全球每年约有35%的原料乳被加工成干酪。干酪类乳制品具有较长的货架期，能够一定程度吸纳新冠疫情冲击下过剩的原料乳，在后疫情时代对乳制品的综合利用起到了较大的作用。我国作为世界上牦牛数量最多的国家，拥有优越的草地资源和奶源，但受地域影响，我国牦牛乳制品加工企业都建在牦牛数量多的几个省区，如西藏、青海、甘肃、四川。由于这些牦牛奶产区特殊的地理环境和气候，以及乳制品企业大部分设备和技术落后，产品的品质和生产效率低下，企业自主创新能力缺乏。加之牦牛干酪类乳制品来源没有固定的菌种，质量差异较大，口感和口味不同，影响大众接受程度，且目前对其的宣传力度不够，使得市场极其不稳定，直接制约了牦牛干酪类乳制品的发展。

（四）牦牛奶油制品（酥油）

牦牛酥油是藏族人民的食品瑰宝，也是藏族人民日常生活中必不可少的食物。夏季或秋季从牦牛乳中提炼出的牦牛酥油呈鲜黄色，冬季提炼的牦牛酥油则呈奶白色。牦牛酥油味道香甜，营养价值很高，是藏族人民特别钟爱的食物。酥油主要由脂肪、水和蛋白质组成，含有丰富的微量元素和不饱和脂肪酸。藏族地区特殊的高寒气候赋予了牦牛乳较普通牛乳高的营养价值。牦牛酥油除具有人体必需的营养物质之外，还具有养生和保健的功能。牦牛酥油的主要成分是乳脂肪，质量分数达87.58%。但牦牛酥油的应用范围仅限于牦牛生长地区，用法单一，利用程度不高。传统藏族酥油制作是将新鲜牦牛乳转移至酥油打制的专用桶内，用力上下抽打直至上层浮现一层淡黄色固体，冷却后即为酥油。但传统的提取方法使得酥油水分含量较高，易发生水解变质，即使在高原缺氧地区的保质期也只有3个月。对酥油的加工依然停留在原始水平，未来应以获得更高的利用率、更广的应用范围和更多的应用途径为重点，进行准确的市场定位，创造更多经济价值和社会效益。

三、牦牛绒产品

我国具有丰富的牦牛毛纤维资源，将废弃的牦牛毛纤维加工制成毛毡等各类产品，为农牧民收入和地区的发展提供了一种新的途径和商业模式。根据牦牛原绒的含绒率及牦牛绒的性质特点，可将牦牛毛（绒）分为一、二、三等，二等为标准等，低于三等为等外品。牦牛毛（绒）由绒毛、两型毛和粗毛组成，牦牛绒纤维弹性好，光泽柔和，不易起毛、起球，保暖性和羊绒相近，纯纺或混纺都有很高的经济价值，而牦牛毛纤维具有较为粗长、刚直硬挺、卷曲较少和抱合力较差等特点，不适于纺纱，主要用于做假发、绳索等。随着拉伸细化技术、剥鳞技术和低温等离子改性技术等在纺织工业中的广泛应用，牦牛毛、绒的用途越来越广，产品档次也越来越高，牦牛毛、绒的开发前景将十分广阔。

在牦牛绒分梳行业，细度较小的毛绒可进行纺纱制造；细度较大的（直径80微米以上）的粗毛可用于制作牦牛帐篷、绳索等。全国每年牦牛绒产量约4000吨左右，按照洗净绒的含量为28%计算，在牦牛绒分梳行业每年被废弃的牦牛毛高达2880多吨，除去少量粗毛可加工生产，其他的毛纤维均被废弃。

在纺织机械技术领域，使用新型牦牛毛梳理方法及其梳理机，可将牦牛毛按照不同的长度进行分离并将牦牛毛表面的皮屑和杂物抽出，提高了牦牛毛的使用价值。

在牦牛毛针刺成毡工艺方面，毛毡原料主要是羊毛纤维、羊毛混合纤维或者化学纤维。使用牦牛毛制毡仍停滞在湿法制毡的基础上，缺乏适用于牦牛毛成毡的针刺工艺。

牦牛毛毡具有很好的耐磨性，但抗起毛、起球性能较差，若能改善其起毛起球状况，凭借其优异的耐磨性可直接作为保暖材料使用。此外，还可通过表面超疏水改性制备形成一种表面改性的耐磨牦牛毛面料，该面料是一种天然材料，无毒，人体接触感觉舒适，透气性能好，可有效提高牦牛制品的经济价值。同时，牦牛毛毛毡具有很好的抗紫外能力，UVB（户外紫外线）透射比基本为零，在高原寒冷地区有广泛的利用价值。牦牛毛毡的保温性能和吸水率仅次于羊毛毡，机械强度最优，具有很好的抗弯抗折性能，相较于其他的保温材料更适于作为保温被芯层材料。采用化学纤维与牦牛毛组合可以改善牦牛毛的缠结效果、增强抗撕裂能力和强度，并有利于降低成本。

四、牦牛副产物

随着牦牛屠宰量的增加，屠宰加工副产物也大量增加，屠宰后产生的骨、血、内脏等一部分作为原材料直接上市，一部分初加工成饲料、肥料，剩余的都排放或丢弃。牦牛脏器的合理开发利用既可延长产业链带来经济效益，又能实现无渣无害化处理,避免了环境污染,具有较好的市场前景。近年来,随着肉类加工、生物分离等技术的发展和循环经济政策的实施,以牦牛副产物为原料,开发食品、食品添加剂、饲料添加剂以及生化制品等已成为动物源性产品的主流趋势和新兴产业,也是时下食品界和医药界的研究热点之一,部分牦牛肉类企业相继开展了牦牛副产物的整理、分割及加工,还进一步研发生产了牛排、骨汤、肝酱、火锅料等多类产品。

(一)牦牛骨加工及利用情况

牦牛生活在高寒缺氧富含多种中草药的青藏高原上,其骨密度大,骨质优良,富含氨基酸、维生素以及钙、磷、镁、锌等,还含有胶原蛋白、硫酸软骨素等有益的生物活性物质。研发新的牦牛骨利用技术及方法可使牦牛骨在食品、医药、工业等领域发挥出更大的价值,具有广阔的市场前景。

在食用产品方面:主要有牦牛骨汤、牦牛发酵食品或将牦牛骨粉作为辅料添加至其他食品中。牦牛骨汤营养价值丰富,含有容易被人体吸收利用的短肽、游离氨基酸、维生素和矿物质元素等营养成分,并且含有磷蛋白、硫酸软骨素等生物活性物质,开发潜力巨大。牦牛骨粉是将干净的鲜牦牛骨通过清洗、预煮、冷却、脱脂、粗研磨、细研磨等工艺加工而制成。牦牛骨粉是一种优质的有机钙源,还含有骨胶、氨基酸等营养物质,食用牦牛骨粉在相同计量条件下比食用碳酸钙有更高的钙吸收率,可增加骨密度。此外,牦牛骨在发酵产品中也有广泛的应用,牦牛骨泥经过乳酸菌发酵还可以制成营养丰富、风味独特的香肠。

在功能性食品方面:骨胶原多肽营养价值丰富,易于被人体吸收,牦牛骨经过酶解工艺可获得牦牛骨多肽。研究表明,酶解动物骨蛋白得到的胶原多肽具有生物活性功能,如降血压活性、抗肿瘤活性、抗氧化活性、预防与治疗骨关节炎和骨质疏松活性等,且具有良好的食品加工特性,常被用于功能性食品的加工中。

在医疗和制药方面:使用牦牛骨粉制成的药剂可驱寒、去湿、通气血和治疗骨关节病,改善膝关节功能。此外,从牦牛胸骨上提取到纯度为92.5%的硫酸软骨素,可以缓解关节疼痛、防止冠心病发作。

在感光材料方面:牦牛骨明胶是制备感光材料用量最大、性能最复杂的一种原料,在感光材料中发挥着重要作用。

在制作工艺品方面:牦牛骨自身含油量丰富、硬度较高,用其加工成工艺品后,工艺品色泽光亮、质地光滑且不容易开裂,因此牦牛骨是制作工艺品的优质选材。

（二）牦牛血加工及利用情况

牦牛生活于高寒缺氧的高原地区,其血液的携氧和营养储备功能远优于其他牛种,牦牛血液中含有丰富的超氧化物歧化酶（superoxide dismutase,SOD）,其含量是普通牛血的3倍,血红素含量也比普通牛血高1倍多。此外,牦牛血液中蛋白质含量高达18.5%,含有丰富的钠、钴、锰等多种无机盐,携氧能力强。因此,提高牦牛血液的资源化利用水平,具有重要的社会意义和经济价值。由于牦牛血液有较重的血腥味,消化性和适口性差,色泽感官不佳,且原料血液具有极难保存等特点,只有少量粗加工成食品和动物饲料,大量遭到丢弃,严重制约了牦牛血资源的综合利用。近年来,虽然对牦牛血的开发有一定的进展,主要集中在食用、医药等方面,但是总体对牦牛血的利用率还是很低。

在食用产品方面,主要是将牦牛血初加工后进行食用,如加工成血肠、血块。牦牛血相较于其他动物血,蛋白含量高、营养丰富,是一种优质的动物血资源。在肉制品中加入适量的血液蛋白不仅可以降低脂肪含量,提高乳化性及保水性,还可以作为微量元素和维生素的营养补给。牦牛血制备的发酵牦牛血肠,质地口感适中、色泽良好、香味浓郁纯正、综合品质较好。除了制成可食用产品,牦牛血还可制成亚硝基血红蛋白来替代亚硝酸盐。相较于亚硝酸盐,牦牛亚硝基血红蛋白具有以下优点:一是使产品具有鲜艳的玫瑰色;二是可以增加产品中铁、蛋白质等物质的含量;三是可以减少残留在产品中的亚硝酸盐含量。但亚硝基血红蛋白的结构不稳定,易使产品发生降解褪色。因此,可以通过美拉德反应使牦牛亚硝基血红蛋白与多糖反应,生成糖基化亚硝基血红蛋白,从而提高亚硝基血红蛋白各方面的功能特性,解决产品降解褪色的问题。此外,利用木瓜蛋白酶酶解牦牛血红蛋白制得的氯化血红素可作为一种食用色素,应用于食品加工行业。在医药方面,从牦牛血液中分离医药成分,可开发药物或保健品。采用分步酶解法分解牦牛血红蛋白,制得一种低苦味血红素多肽产物,可作为一种补血营养品应用于医药行业。此外,牦牛血清中转铁蛋白含量较高,具有良好的促进细胞生长和分化的功能,可作为无血清细胞培养基的添加蛋白。

(三)牦牛脏器加工及利用情况

牦牛脏器是重要的副产物资源,具有很高的利用价值。以牦牛脏器为原料,可开发生产食品、食品添加剂、饲料以及生化制品等各类产品。这些动物源性产品与化学合成制品相比,具有天然、副作用小、易于人体吸收、效价活性高等优点,是食品、医药、饲料工业的研究热点之一,目前正在成为产业技术发展的新趋势。

在食品工业领域:目前,牦牛脏器作为原料应用到生鲜类食品、火锅底料、涮制品、腌腊类食品(腊制牦牛心、腊制牦牛肝等)及肠制品等食品的加工生产中,也可作为肉馅饼的原料。其他如胃、肠可作为香肠原料,牦牛舌也可以进行加工腌制、熏制等。

在食品添加剂方面:可利用牦牛心制备细胞色素C、柠檬酸合成酶、谷草转氨酶、磷酸肌酸激酶、乳酸脱氢酶等制品,将其用作营养强化剂,起到提高食品的营养价值,简化膳食配方,方便摄食和防病保健等作用。此外,用牦牛肝粉作为固定化酶的载体,把β-半乳糖苷酶和淀粉酶固定于牦牛肝粉上生产糖浆,具有非常好的效果。

在医疗与制药领域:牦牛脏器已成为医药制造的重要原料,作为一种新型而经济的材料在制药行业占重要地位。牦牛心脏作为动物药,其主要组成成分为蛋白质,而氨基酸是构成蛋白质的物质基础。已有研究证明氨基酸对疾病的预防和治疗有重要的作用,其中精氨酸、甘氨酸、酪氨酸和苯丙氨酸与心血管系统功能有着密切的关系。研究发现,在牦牛心脏中,上述四种氨基酸的含量占总氨基酸量的比重最高，从氨基酸层面为牦牛心入药提供了理论依据。牦牛肺中含有丰富的微量元素及维生素，有助于钙的吸收利用，促进骨质代谢，还是一种天然抗凝血物质。利用牦牛肺可以制备肝素钠、血管紧张素酶等物质。目前已有医药公司从牦牛肝中提取并制备肝浸膏、水解肝素和肝宁注射液等。

（四）牦牛头蹄皮加工及利用情况

头、蹄、皮是牦牛屠宰之后的副产物，具有丰富的胶原蛋白和重要营养价值。牦牛蹄富含各类蛋白质、氨基酸、钙、磷及微量元素，蹄筋中蛋白质含量高达30%，具有高蛋白低脂肪的特点。此外，牦牛皮还包含人体所必需的矿物质，主要包括钙、钠、镁、钾、铁、锰、铜和锌等，其中常量元素钙、钠、镁、钾等具有促进骨骼生长和加快人体新陈代谢等积极作用，微量元素铁、锰、铜、锌等是维持人体生命活动所不能缺少的重要元素，具有促进人体生长发育和细胞合成等功能特性。牦牛的头、蹄、皮作为食品市场的一大潜在资源，目前在加工利用上并没有得到重视和深度开发，造成了其营养价值的损失和资源浪费。

食用产品开发方面：主要以牦牛头红肉和皮层为原料，开发肉灌肠类食品，或以牦牛头肉为主料，枸杞、红枣、党参、当归为辅料开发养生汤。目前，针对牦牛蹄产品的开发，主要集中于牦牛蹄罐头、牛蹄筋罐头和酱卤牦牛蹄等食用产品。牦牛皮作为一种胶原蛋白含量极高的食品原料，可用于加工油炸食品、皮冻产品。还可以从原料调味方面入手，将牦牛皮加工为不同风味的特色食品，如泡椒牦牛皮、麻辣牦牛皮、卤牦牛皮以及椒盐牦牛皮等。

营养与保健食品方面：胶原蛋白是牦牛皮的主要组成成分，是生产胶原蛋白类营养保健品的最佳原料之一。在保健食品领域中，牦牛皮可应用的产品种类繁多，形态多样，其中包括牦牛皮胶、胶原蛋白粉、胶原蛋白胶囊、胶原蛋白口服液及水解胶原蛋白等。此外，以牦牛皮胶原蛋白为原料，利用生物酶解技术制备抗氧化多肽，可增加天然抗氧化物质的来源，促进抗氧化肽在功能性食品领域的开发应用。由此可见，牦牛皮在保健食品领域的应用，可以增加保健食品种类，使保健食品功能多样化，从而提升牦牛皮附加值和利用效益。

食品添加剂方面：明胶依据用途和质量可分为食用、药用以及工业明胶。其中食用明胶通常是以动物体内胶原蛋白为原料，经热变性、部分水解和一系列精细加工工艺制得的可溶性蛋白质，是一种具有良好凝胶性的食品增稠剂。牦牛皮作为高胶原蛋白的食品原料，是明胶提取的最佳原料之一，而且经热变性和水解等工艺制备的明胶保留了牦牛皮原有的营养成分，含有丰富的氨基酸，包括甘氨酸和酪氨酸等，能够补充人体所必需的营养物质。此外，牦牛皮中的胶原蛋白还可通过酸水解或酶促水解反应制备水解胶原蛋白，可将其用作营养强化剂，补充食品中营养素的不足，提高食品的营养价值，还兼有简化膳食处理、方便摄食和防病保健等作用。因此，将牦牛皮开发为食品明胶具有重要价值和深远意义。

可食性包装膜方面：牦牛皮因内含丰富的胶原蛋白，可将其制备成胶原蛋白浆料，通过添加可食性的成型剂、交联剂或增塑剂，制得具备机械性能强、降解无污染、渗透性好、抗微生物及抗氧化等优点的可食性包装膜。将牦牛皮应用于可食性包装膜领域，不仅可以解决产品包装问题，还能起到保护环境，推动食品产业发展的关键作用。

五、牦牛产品价格变动指数分析

（一）牦牛肉消费价格变动指数

牦牛肉消费价格指数波动上升。如图1-47所示，自2016年以来，各省区牦牛肉价格指数总体呈现波动上升的趋势，说明消费者在购买牦牛肉时所需的花销逐渐增加。可能是受国内肉牛整体呈现供不应求状况、养殖成本逐年上升、限养禁养政策等影响，牦牛价格上涨，进而使居民消费价格指数上升。其中西藏、甘肃、青海3地居民购买牦牛肉的总消费分别从2016年的2244亿元、413亿元、1099亿元上升至2019年的2794亿元、797亿元和1586亿元（见表1-5）。

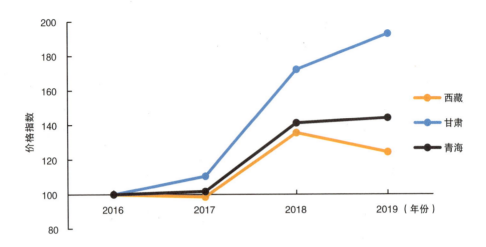

图1-47　2016—2019年各省区牦牛肉消费价格变动指数（以2016年为基年）

表1-5　2016—2019年各省区牦牛肉总消费

（亿元）

时间（年）	西藏	甘肃	青海
2016	2244	413	1099
2017	2213	457	1119
2018	3044	711	1553
2019	2794	797	1586

资料来源：我国牦牛产业市场调查和分析预警报告（2021）

总消费计算方法：牦牛肉总消费=牦牛肉产量×商品率×当年牦牛单价（结果保留整数）

（二）牦牛生产资料价格变动指数

农业生产资料价格指数，反映一定时期内农业生产资料价格变动趋势和程度的相对数。

环保政策力度加大、科学养殖方式推广、养殖规模增大使牦牛养殖总成本波动上升。如图1-48所示，2015—2019年，西藏、甘肃和青海3地的牦牛生产资料价格指数变动形式相似，均为波动上升形式。西藏牦牛养殖平均成本为6146.8元，明显高于甘肃2281元和青海3590.8元，且西藏的平均养殖成本有上升趋势，而甘肃和青海平均养殖成本则保持稳定（见图1-49）。西藏、甘肃和青海3地牦牛养殖规模逐渐增大,分别从2015年的455万头、132.63万头和474.77万头增加至2019年的499万头、161.05万头和510万头,年均增长率分别为2.33%、4.97%和1.81%(见表1-6)。同时,近年来随着国家环保政策力度加大、科学养殖方法推广力度加大,牧民逐渐变传统放牧模式为"放牧+圈养"模式,圈舍等物质成本和人工成本的上升推高了单位养殖成本。单位养殖成本和养殖规模的升高使牦牛生产资料指数逐渐升高,养殖总成本升高。

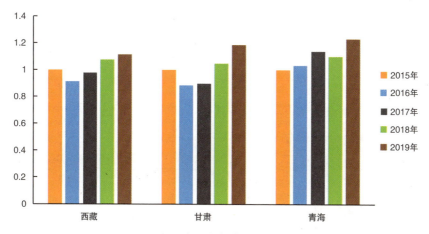

图1-48 牦牛生产资料价格变动指数

资料来源:1. 布瑞克数据库;国家肉牛牦牛产业技术体系藏族地区综合试验站
　　　　　2. 牦牛生产资料价格变动指数计算方法:①牦牛生产资料总费用=平均每头养殖总成本×当年饲养头数;②指数=本期总费用/基期总费用

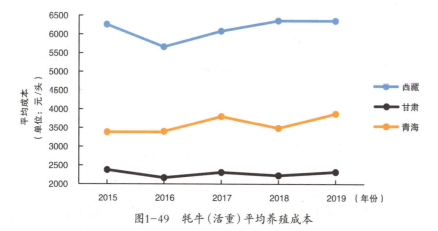

图1-49 牦牛(活重)平均养殖成本

数据来源:布瑞克数据库

表1-6　各省区牦牛养殖规模

（万头）

年份 省区	2015年	2016年	2017年	2018年	2019年	年均增长率（%）
西藏	455	460	458	481.8	499	2.33
甘肃	132.63	128.86	122.62	148.26	161.05	4.97
青海	474.77	488.4	480.98	506.57	510	1.81

数据来源：国家肉牛牦牛产业技术体系藏族地区综合试验站

（三）牦牛头均净收益

如图1-50所示，甘肃和青海的牦牛头均净收益与全国水平相近，且自2017年逐年上升；而西藏牦牛头均净收益则明显高于全国水平，但自2016年逐年下降，并且西藏牦牛的销售链呈现出"高成本—高售价—高效益"模式。这种模式会无形中增加消费者购买压力，应逐步使西藏牦牛销售链趋向全国平均水平。

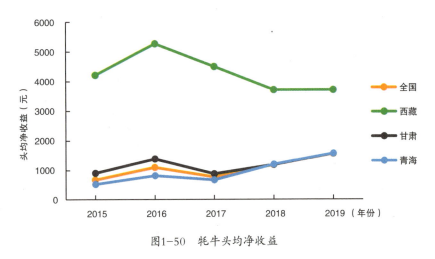

图1-50　牦牛头均净收益

数据来源：1. 布瑞克数据库
　　　　　2. 头均净收益=平均每头出售价格—平均每头养殖成本

牦牛肉是藏族地区人民基本生活物品，肉类具有丰富的营养物质，是中国居民平衡膳食宝塔中必不可少的部分。当购买牦牛肉的支出占据居民生活支出较大比例时，尤其是对于交通不便利、肉类选择较少的藏族地区居民而言，生活水平会受到严重影响，因此需及时减少牦牛肉销售环节、降低牦牛饲养成本等，以减少消费者购买牦牛肉时的花销，也保证牧民的净收益。

第四节　牦牛产业对乡村振兴的影响

一、生态的影响

青藏高原，是我国大江大河的发源地和重要的生态屏障，其最大的价值在生态、最大的责任在生态，最大的潜力也在生态。藏族地区肩负着重大的生态环境保护责任和压力，处理好保护与发展的关系，发挥好牦牛和高寒草地组成的草畜系统对维持高原生态平衡的特殊作用，在保护中求得发展，是青藏高原生态保护和畜牧业稳步发展的基本准则。在牦牛产业发展过程中，要将生态保护放在第一位，建立草畜平衡机制，推广舍饲半舍饲、划区轮牧、高效养殖等适用技术，对天然草地合理放牧利用和保护，推进畜牧业绿色发展。加快牦牛适时出栏技术的完善和应用，减少草场载畜压力，做到减畜不减收，采用牦牛异地育肥技术，合理利用草地，建立草畜平衡。全面推进"粮改饲"工作，挖掘饲草料潜力，丰富优质饲草种类，调整种植结构，稳定饲草料种植面积。结合地域特色，大力推广饲草青贮技术、禾豆混播技术，保障牦牛养殖饲草料供应，为生态畜牧业发展奠定基础。

二、生产的影响

牦牛产业是藏族地区的特色产业、支柱产业、最有潜力产业。牦牛既是牧民群众赖以生存的物质资源，更是稳定增收的主要来源。如何引导牧民群众通过学习新技术、新方法、新观念，提高生产技能，增强致富本领；如何发挥政府职能作用培育新型经营主体，转变牦牛生产经营方式，并通过新型经营主体建设让更多脱贫人口充分享受资源资产收益权，实现增收致富，是牦牛产业发展面临的重大挑战。牦牛产业发展模式应该由个体户向合作社和集约化发展，采取"公司+合作社+牧户"的整体养殖和产业发展模式。

三、生活的影响

加大力度实施畜牧业良种工程项目，不断提高牦牛个体生产性能，推进畜牧业增长方式和经营方式的变革，使养殖业尽快从追求数量转向质量、效益和生态并重的方向，走高产、优质、高效、生态、安全的可持续发展道路，将天然无污染的牦牛资源真正变为资源优势，提高产业经济效益，形成"牦牛经济"。在促进藏族地区经济发展的同时，也要推动产业管理方式由传统向现代化的发展，由传统的骑摩托放牧转变为利用手机、无人机等现代通信设备实现智能放牧，将人解放出来。建立电商平台，建立线上线下联动机制，加强牦牛产品宣传，建立品牌效应，为实现牦牛产业增效、牧民增收提供更多平台和机遇。

第五节　牦牛产业存在的问题分析

一、牦牛养殖存在的问题分析

（一）草地放牧利用存在的问题

青藏高原是我国天然高寒草地分布面积最大的一个区域，天然草地面积12834.9万公顷，以畜牧业生产为主。在高寒草地放牧系统中，牦牛是以青藏高原为起源地的特有家畜，是唯一能充分利用青藏高原牧草资源进行动物性生产的家畜。青藏高原生态环境极其重要，也极为脆弱，近年来由于放牧强度和放牧制度的不合理，导致草地退化、沙化严重，使草地生产力下降，优良牧草减少，毒杂草比例增加，高原牧草品质降低，从而导致牦牛个体变小、体重下降、畜产品减少、出栏率和商品化率降低、能量转化效率下降等一系列问题，严重影响着牦牛产业的发展和当地畜牧业经济的提高。

1. 草畜矛盾突出

青藏高原牦牛养殖和主产区均存在草地实际载畜量和理论载畜量之间差异较大的情况,牧民实际养殖牲畜数量远远超过理论养殖数量,超载放牧情况频发,影响牧草的正常生长、发育、繁殖及更新,造成草场退化。按照草地类型划分,以高寒荒漠、高寒草甸、高寒草原退化最为严重,影响草场的可持续发展。针对以上情况,各级政府推行了草场禁牧、轮牧、休牧制度,以及围栏封育、建植人工草地等措施,以期实现"草畜平衡"的目标。在制定具体规定及草地恢复措施前,应考察不同草地退化情况,因地制宜,拟定合理有效的治理方案。这一系列制度及治理方案的实施在一定程度上抑制了牧区不断上升的牦牛饲养量,有效缓解了草场放牧的压力。但是这些措施不可能在短期内产生立竿见影的效果,还需要配合地方政策的推行、牧民放牧观念的转变等一系列因素的长期作用。

2. 草地合理载畜量中超载率测算标准不合理

青藏高原各省区因地理位置及草地类型存在差异,高寒草原和高寒草甸每公顷的牦牛年承载数量有一定区别。但天然草地合理载畜量的测算标准并未根据各省区草地类型进行分别测算,由于测算标准不合理,导致天然草地合理载畜量测算下的超载率也缺乏参考性,应按照青藏高原各省区草地类型进行载畜量的差异化标准制定。

(二)牦牛遗传育种与繁殖技术存在的问题

牦牛遗传育种方面存在养殖场(户)不重视选种选配,对种公牛缺乏科学的选择和培育的问题。种公牛不能持续使用,而要进行串换。同时,在亲代群中随意留种现象比较普遍,且大群配种、选种选配技术比较传统,牦牛近亲繁殖较为严重,造成品种退化,严重制约牦牛群体生产力水平的提高。牦牛数量急剧增加,超过了草地的承载能力。牦牛主要以原始品种为主,优良品种占比较少,适龄牦牛比例较低,生产性能低,经济效益不高。此外,牦牛在牧区的占比较大,而在半农半牧区比重低,能繁母畜少,繁殖率低,繁殖成活率较其他牲畜低,应该加强怀孕牛及犊牛的补饲,进一步提高繁活率。

牦牛改良方面，由于受养殖环境、交通条件等条件的限制，牦牛品种改良仍停留在本交层面，人工授精繁殖技术推广应用率极低，控制性配种难度依然较大，需要进一步研发牦牛冻精生产和熟化人工授精技术，加强后裔鉴定。

此外，由于对牦牛种质资源的研究不充分、牦牛群体无系统的生产性能和系谱记录，以及分布地区自然环境条件等因素的限制和影响，在其他家畜中应用的现代育种方法无法在牦牛中推广应用。目前没有一种可以精准鉴定牦牛优良基因、开展牦牛基因组选择或分子育种，快速提高牦牛生产性能的现代育种方法，且依赖于现代分子技术的遗传育种方式仅停留在基础研究的理论阶段，还不能应用到实际中。

（三）牦牛营养与饲草料存在的问题

现阶段牦牛仍采用全放牧少补饲或无补饲，由于产业发展基础薄弱及牧民传统养殖经营观念的影响，牦牛生产科技含量十分低下，基本全靠天然放牧（完全依赖于天然草场的再生产），无补饲（仅在饲草条件最艰苦的春季对老、弱牛少量补饲），无投资。同时，牦牛不同生长阶段的、不同营养需求尚无标准化体系可供参考，这一领域的研究仍有很多空白。应加强牦牛营养与饲草料的基础和应用基础研究，根据牦牛不同生长阶段，结合各地饲草料的特色资源，调配不同的饲料，制定相关饲草标准，为牦牛饲养提供技术支撑和标准体系。

（四）牦牛疾病防控存在的问题

牦牛疾病种类多，部分疾病传染性大，致死率高，严重影响了当地畜牧业经济的发展。究其原因主要为，基层防疫体系基础薄弱，疫病预防不到位，应加强防控力度。牧区基层畜牧兽医人员素质不高，中专学历以下文化程度占比大，技术人员队伍不足，村级兽医防疫员不能满足生产的需求；经费投入不足，防疫员补助低，影响工作积极性等因素均影响牧区牦牛疫病的防控成效。建议加大基础设施建设和人员队伍支持力度。

牧民普遍缺乏疫病防控知识，同时由于牧户瞒报牲畜数量，造成牲畜免疫密度不能达标，时有犊牛腹泻综合征、出血性败血症、炭疽、犊牛副伤寒、犊牛大肠杆菌病等传染病发生。此外,寄生虫病对牛群健康和肉产品安全危害较大。由于天气、草原病虫害以及放牧草场及放牧管理粗放等原因,牦牛肝片吸虫、肺丝虫、蜱、螨等内外寄生虫感染严重。另外,由于牧户缺乏相关疾病防治知识,导致寄生虫及其他疾病对牛群健康和肉产品安全造成隐患,应做好牦牛寄生虫驱虫工作,做到防治结合,标本兼治。

(五)牦牛养殖设施设备与环境控制存在的问题

牦牛养殖设施设备研发品种及数量较多,但均未能在牦牛养殖及主产区进行有效推广应用。目前,牧区急需的基础设施主要是牲畜暖棚、防疫巷道圈、牧道/奶源道等,暖棚建设项目户覆盖率不到25%,暖棚建设缺口较大。牧区群众对牧道、奶源道建设的愿望十分迫切,但缺少支持资金用于牦牛养殖设施设备的更新和改善。

二、牦牛产品加工与利用存在的问题分析

受牦牛养殖分布地域广泛、数量小,传统放牧牦牛屠宰加工季节性强,企业规模化利用难度大、成本高以及科研与产业基础薄弱等因素制约,牦牛加工产业发展整体处于初级阶段,无法实现牦牛肉、乳等原料的全年均衡供应,严重影响了牦牛加工产业的链条形成与有效运转。牦牛肉、乳等原料的均衡供应不足是制约牦牛产品加工与利用健康发展的重要因素,牦牛产业培育艰难。同时,加工方式落后,加工产品品质较差,无法进入高端市场;产品开发能力欠缺,加工产品既不能充分体现地方特色,也不能发挥传统工艺的特色和优势;缺乏科学的质量标准和监管体系,产品质量不稳定,与国际脱轨,没有采用国际标准,产品销路受到一定限制。此外,牦牛肉、乳等产品类型少,同质化严重;牦牛副产品利用率低;牦牛产品的品牌少,品牌效应和品牌号召力低,市场拓展不够。

(一)牦牛产品整体处于初加工阶段

如前所述,牦牛加工产业发展目前还处于粗加工为主体的初级加工阶段。

1. 牦牛肉加工标准化程度低

当前，以四分体为代表的生鲜牦牛肉还是占据了市场主导地位。受藏族地区客观条件限制，很多地区牦牛屠宰以专业户或屠宰点为主，行业准入门槛低，设备条件简陋，从业人员专业素养低下，屠宰操作不规范，宰前检疫、宰中检验形同虚设，致使牦牛肉初始菌落数普遍超标，严重影响了牦牛肉产品的货架期，增加了生鲜牦牛肉跨出藏族地区销售的难度，缩小了牦牛肉产品的销售半径，影响了牦牛加工产业的经济效益提升，同时也存在较高的生物安全隐患风险。

究其问题核心，是牦牛肉加工标准化程度低。标准化是在经济、技术、科学及管理等社会实践中，对重复性事物和概念，通过制定、发布和实施标准，达到统一，以获得最佳秩序和社会效益。标准化是产业现代化发展的基本要求，也是产业发展的必然趋势。受产业规模和基础研究薄弱制约，牦牛屠宰加工领域的标准研究制定工作起步较晚，并缺乏系统性。加之藏族地区规范化、规模化的牦牛屠宰加工企业相对较少，缺乏市场话语主导权，导致牦牛宰前管理、屠宰操作、检疫检验以及胴体分割等普遍缺乏品质控制依据，市场销售的牦牛产品形态混乱，质量难以保障，无法实现优质优价，打击了企业技术提升的积极性，严重阻碍了产业的健康可持续发展。

2. 牦牛乳加工方面

目前牦牛乳产业发展还处在初级加工阶段，部分企业仍处于传统落后的家庭作坊式的初级加工阶段，产品主要为酥油、曲拉、酸奶、奶茶等传统牦牛乳制品。缺乏精深加工、附加值高、技术含量高的拳头产品，市场竞争力较弱。主要存在以下问题：

（1）原料乳收储困难，缺乏标准化小型化收储设备

牦牛属于半驯化畜种，集约化养殖程度低，多数属于放养，并且牦牛乳产量低、奶源分散。目前牦牛的挤乳普遍采用人工挤奶方式，同时在牧场缺乏运输和储存设施，劳动强度较高，乳品质无法保证。急需开发针对牦牛的小型清洁挤奶设备，以及标准化小型化的牦牛乳收储设备，进而提高奶源品质。

（2）生产水平低下，小型化生产设备匮乏

牦牛酸奶以传统工艺生产为主，菌种不固定，缺乏商业化发酵技术，导致产率较低，产品质量稳定性较差，商品化程度偏低；牦牛乳产量低，区域乳品企业无法扩大产能，100~500千克小型乳品加工设备匮乏，导致乳品加工生物安全性差，容易污染，产品安全不能保障，包装形式单一，产品附加值低。

（3）牦牛乳制品合规化运营程度低

牦牛乳产量低，按照乳品SC认证标准衡量，无法达到对乳品企业产量和场地设施规模投资的要求，导致大量小型乳品加工企业无法获得食品SC认证，产品不能走向市场。同时合规牦牛乳制品厂存在生产规模大而乳源不足的问题。牦牛乳作为特种乳制品，要实现合规化生产，企业合规运营是关键。

（4）牦牛特色乳制品标准体系建设落后

青藏高原有众多的牦牛乳制品，其品质特征明显，但缺乏产品标准。一方面，如果套用国标或行业标准就无法显现其特殊品质；另一方面，也造成市场产品混乱，鱼龙混杂，优良产品得不到有效保护。所以开展牦牛产品相关标准的制定工作，对保证传统食品的优良品质和规范销售市场十分必要。

3.牦牛绒粗加工存在产品质量差、无法规模化生产等问题

牦牛绒产品粗加工是指不经分梳，保留少量粗毛，纺织制成手感略扎的基础牦牛绒产品。这类加工大多聚集在牦牛绒产地企业，较精深加工而言，产量更高，但产品质量差，且无法满足规模化、产业化生产需求。牦牛绒的颜色多为黑色、褐色和灰色，白色的绒毛产量较低，因此氧化脱色是牦牛绒加工过程中的重要环节之一。氧化剂双氧水通过释放出活性氧对纤维发色基团的化学键产生作用，从而达到纤维脱色的效果。然而强烈的氧化作用也会导致角朊蛋白的破坏，引起纤维损伤。因此，改进牦牛绒脱色工艺是目前牦牛绒纺织企业需要解决的重要问题。

（二）牦牛产品精深加工能力弱

习近平总书记在参加第十三届全国人民代表大会第四次会议青海代表团审议时强调，要结合青海优势和资源，贯彻创新驱动发展战略，加快建设世界级盐湖产业基地，打造国家清洁能源产业高地、国际生态旅游目的地、绿色有机农畜产品输出地，构建绿色低碳循环发展经济体系，建设体现本地特色的现代化经济体系。这不仅是对青海，也是对青藏高原所有农业工作者提出的要求。打造"有机农畜产品输出地"的核心是针对区域外目标市场消费需求，开展牦牛产品的精深加工，通过"内提品质，外显特色"有效提升牦牛产品的供给质量，实现牦牛加工产业的提质增效。牦牛产业作为青藏高原的重要支柱产业，必将成为推动青藏高原牧业高质量发展、输出高品质畜产品的主要抓手。

1. 牦牛肉对应加工理念缺失

为实现牦牛肉产品的有效输出，应坚持以市场需求为导向，积极开展牦牛肉对应性加工体系建设。当前牦牛加工行业普遍存在照搬肉牛产品加工模式，对牦牛肉品质特色挖掘不足，牦牛产品市场定位不清，市场消费需求对应性不足等问题。具体表现在以下几个方面：

第一，牦牛肉品质特征不清，加工对应性弱。当前，青藏高原对牦牛的宣传基本停留在"牦牛是吃虫草喝山泉长大的"阶段。牦牛肉品质特色表述比较笼统，缺乏系统研究。牦牛肉的稀缺性、安全性以及地域文化特色彰显不足，牦牛肉产品文化内涵的溢价潜力有待挖掘，对目标市场的潜在消费需求针对性差，无法有效引导企业开展对应性的产品研发。因此，应厘清牦牛肉品质特点，构建多层级的牦牛肉对应性加工体系。

例如，经前期系统研究发现，传统放牧牦牛肉具有功能性营养品质结构合理、风味独特、肉质较韧的特点。据此，应指导企业突出牦牛肉的功能性特色，秉承绿色制造理念，在保持传统特色的基础上进一步改善品质。精深加工产品以酱卤、肉干类（手撕、风干）、香肠类为主要开发方向，少数优质部位肉可以通过有机料（调）理等创新工艺开发功能性、方便化预制品。补饲、育肥养殖牦牛肉安全品质高，肉质嫩度良好，风味符合藏族地区外中高档市场消费需求的特点。对此，应引导企业突出文化特色，秉承功能化、差异化、方便化开发理念，研发特色产品，并实现产业化生产。围绕西式煎烤与中式涮制、炒制等烹饪方式需求开展鲜冻产品、预制品等方便化、休闲化料（调）理产品开发。重点开展冷鲜牦牛肉、高值化分割产品生产,破解牦牛肉产品工业化程度低、特色性差难题。

第二,目标市场定位不清,与消费需求对应性差。当前数据显示,牦牛每年的出栏量在500万头左右,产肉量仅50余万吨。屠宰以屠宰户和小型屠宰点为主,产品主要为冷冻肉和肉干类产品。生鲜牦牛肉存在较大的安全隐患,牦牛肉类产品形态、风味和品质难以适应区域外消费者消费习惯,与牦牛的资源稀缺性、文化独特性匹配度差,难以实现牦牛产品的品牌打造和经济效益显著提升。

牦牛作为青藏高原的当家畜种,应首先满足藏族地区人民的消费需求。针对产业现状和藏族地区消费习惯,应重点关注提升牦牛肉安全品质和生鲜牦牛肉的均衡供应问题,满足藏族地区人民日益增长的高品质消费需求。同时,根据藏族地区旅游、餐饮等中高端市场需求,开发冷鲜肉、调理产品,以及发酵类、低温肉制品等特色产品,提升牦牛肉的精深加工产品形态层级和附加值。

牦牛作为藏文化的代表性形象,对于内地消费者极具吸引力,具备很强的品牌溢价能力。但是,传统牦牛肉产品肉质老韧,产品形态和风味口感一般,消费者接受度差。在以市场需求为导向的现代商业领域,为实现牦牛产品的有效输出,应加强目标市场消费需求对应性研究与产品开发。首先应明确目标消费群体。牦牛的稀缺性和文化属性决定了牦牛肉及其产品具备开拓国内外中高端消费市场的潜力。为此,应尽快明确中高端消费群体对牦牛肉产品的潜在消费需求,以及感官嗜好性,确立符合目标市场消费需求和嗜好的产品研发方向。在此基础上,以牦牛肉的品质特色为基础,结合现代加工工艺技术改善牦牛肉品质与风味,丰富产品形态,提升产品层级,引导企业加强牦牛肉产品的消费对应性。

第三,产业链条短。我国牦牛产业中各个生产环节更多地秉承传统农业生产思维,牦牛育种、生产、屠宰加工、流通销售各环节的发展目标呈现分散性和相对封闭性较强的特点,行业无法形成共同的生产发展方向,更无法有效形成一个占行业主导地位的全产业链生产模式。大多数牦牛屠宰加工企业只是从事活牛收购、屠宰分割、加工等经营活动，产业链条短，经济效益低，企业抗市场风险能力弱。牦牛屠宰加工行业无法发挥以市场消费需求为导向，上延指导牦牛"繁""养"，下连产品对应开发，实现产品有效输出的纽带作用。企业品牌构建更是无从谈起。

因此，应鼓励有实力的企业向上下游产业链延伸。这样一方面可以保证牛源质量，减少安全风险；另一方面也可以保证牦牛来源，实现全年均衡供应，有利于企业的产业化运作和市场开拓与品牌构建。

2. 牦牛乳精深加工存在的问题

牦牛乳因其纯净、天然、无污染以及特殊的营养价值，具有开发高品质乳制品的潜力和发展空间，但牦牛乳工业化生产利用程度较低，目前研究开发仍然较少，多采用传统方式生产曲拉、酥油、酸奶、奶酪等。虽然这些传统产品特色明显，但受饮食习惯、储运等因素影响，商业化程度较低，多以自产自销或就近销售为主，极大限制了牦牛乳产业化的发展。

目前牦牛乳总体产量有限，主要满足当地人民的日常生活需要，少量销往周边省区。此外，牦牛乳的精深加工技术落后，奶产业加工体系尚不健全，牦牛乳的副产品没有得到充分的加工利用，产品附加值低，资源优势、产品优势难以真正转变成经济优势，对牦牛乳的绿色生产方式和营养价值宣传力度不够，品牌培育滞后，没有很好地挖掘其生态和营养价值。因此，充分利用牦牛乳营养价值优势，开发生产高附加值产品，延长牦牛乳产业链，增加牦牛乳的商业价值，是产业化发展的方向。

与普通牛乳、羊乳等相比，牦牛乳具有高蛋白质、高乳脂率和高矿物质含量的特点，营养物质丰富且易被人体消化吸收。近年来牦牛乳的产量逐年上升，人们对牦牛乳的关注也明显增加，但目前对牦牛乳的功能特性研究还处于初步阶段，且深加工程度不高，商业化程度较低，消费者认知度弱，对牦牛乳研究和利用尚不够深入，还需进一步加大开发力度。

传统牦牛乳制品如藏式传统酸奶、曲拉、牦牛酥油等，藏族同胞长期食用,形成了其耐缺氧耐低温的健壮体魄。传统畜产品必定拥有待挖掘的各种保健功能,同时青藏高原牧民有自制传统发酵食品的传统,其中孕育着丰富的优良菌种资源。但目前高原畜产品缺乏有效功能开发,其优良品质得不到有效宣传。应对青藏高原传统畜产品资源进行深度开发,特别是在益生菌资源及牦牛乳营养功能方面进行深度挖掘,为青藏高原传统牦牛乳产品走向高端市场打下基础。

3. 牦牛血、骨在生物医药制品加工方面存在成本高、有机溶剂污染等问题

牦牛血液为红色微碱性的液体,颜色鲜红,富含多种蛋白质、微量元素等生物活性物质,是制取氯化血红素产品的优质资源,但由于牦牛血液有较重的血腥味、消化性和适口性差、色泽感官不佳且原料血液极难保存等特点,造成牦牛血利用率低,只有少量加工成食品,大量血液遭到丢弃,严重制约了牦牛血资源的综合利用,由于许多高价值成分被丢弃,造成资源浪费。另外,随意排放到环境中的血液极易腐败变质,造成环境污染。

血红蛋白的珠蛋白水解后暴露出的氯化血红素有很好的开发利用前景,如利用氯化血红素合成新型卟啉分子,经过结构修饰后,可制得具有良好活性的抗肿瘤药物。氯化血红素也可作为原料制备胆红素,之后进一步人工合成牛黄。临床上还使用氯化血红素胶囊治疗和预防缺铁性贫血(iron deficiency anemia, IDA),也取得了显著效果,是目前较为优良的新型补铁剂,在缺铁性贫血的预防和治疗中发挥了重要作用。

但目前在氯化血红素传统有机溶剂(酸性丙酮法)提取过程中使用的丙酮,不仅成本高、挥发性强、易燃易爆、不易回收,而且生理毒性大,不可直接添加于食品。与传统方法相比,酶解法制备氯化血红素无须使用有机溶剂,具有节能减排、生产简便等优势,有较高的经济价值与社会效益。

相较于其他补钙产品,牦牛骨粉不仅可以增加骨密度,还可以提高钙的表观吸收率。研究发现,食用牦牛骨胶的小鼠具有更强的耐缺氧、耐寒和抗疲劳能力,牦牛骨胶还提高了小鼠网状内皮系统吞噬功能、明显升高免疫受抑小鼠的HC50,具有显著的抗应激和增强免疫功能的作用。目前牦牛骨的加工和利

用研究仍局限在较浅层次的骨粉、骨胶等产品上，而且多为样品的量效关系研究，未能从机理和分子层面对牦牛骨胶原及多肽的功效进行解释和阐述。

（三）牦牛副产物综合利用存在的问题

牦牛副产物是一类重要畜产资源，具有种类多、用途广的特点。尽管基于牦牛副产物生产的产品已经在饲料工业、食品及保健品原料、医药原料和农作物种植业等领域开展应用，但是在牦牛副产物的综合利用、核心技术的研发应用以及规模化的分级利用体系等方面仍存在问题。因此，需要强化企业对牦牛副产物的加工利用意识，提高加工技术的创新应用水平，以及完善规模化的分级利用体系。

1. 综合利用率低，产品种类单一

就目前牦牛产品加工现状分析，我国牦牛屠宰后产生的骨、血液和脏器等副产物，60%~70%以原料形式直接上市，其中不宜食用或口感较差的副产物经初级加工成饲料或肥料等附加值较低的产品，其余大部分（如牛血、牛肺等）都直接排放或者丢弃了，整体有效利用程度较低。牦牛副产品的加工企业分散，产品品种纯度杂而不精，与城乡居民食品消费多层次、多样性的需求结构不相适应。

2. 工程化技术不够先进成熟，技术成果转化率不高

我国牦牛副产物利用的成套工程化技术不足，特别是用于食品及饲料添加剂、医药等天然活性物质的骨胶原蛋白肽、凝血酶、胰蛋白酶、膨化牛血饲料、血氨基酸、血红素等技术成果以单项的居多，集成程度低，未能很好地实现工程化。同时，成套的副产品综合利用核心技术还未掌握，特别是缺少超滤纳滤膜、离子交换、柱层析等先进的生物分离技术及设备等。虽然正在研究的技术有很多，但牦牛副产物加工领域的研究缺乏自主技术创新、科技成果转化率低，许多没有得到产业化应用。

3. 缺少规模化的副产品分级及综合利用体系

我国牦牛养殖、屠宰的规模化程度低，散户多，副产品产量低且分散，原料的标准化收集、保鲜和贮运较困难。部分企业仍以比较传统的作坊式生产

为主、专业化程度不高、集中屠宰率较低,使得牦牛副产物的产量低且分散,原料的标准化收集、保鲜和贮运等环节较困难,且增加了市场监管的难度。牦牛屠宰厂产生的副产物不能及时加工利用,企业面临原料短缺,由于原料未建立可追溯及冷链保鲜体系,无法保证原料安全优质,不能按订单生产,导致产品产量和质量不稳定。此外,规模化的牦牛副产物分级及综合利用体系不完善,严重制约了我国牦牛宰加工企业规模化、标准化的生产和对先进技术的资金投入。

第六节 牦牛产业政策及发展环境分析

牦牛具有耐寒抗逆、采食能力强、生长缓慢而成熟期长等生理特征,其肉奶产品具有绿色有机、营养丰富等优点,牦牛产业是高寒藏族地区的支柱产业和特色产业,是促进藏族地区牧民脱贫致富和推动乡村振兴的重要抓手。中国是牦牛主产国,存栏牦牛占世界总量的90%以上。牦牛作为我国藏族地区特色优势农产品,在农业增效、牧民增收、产业扶贫等方面发挥了重要作用。

一、国家层面对牦牛产业的政策

进入新世纪后,党中央连续20年发布了以"三农"为主题的中央1号文件,主线是统筹城乡发展,构建强农富农惠农政策体系,目的是加快实现农业现代化、农村全面小康和农民增收致富。特别是近五年的中央1号文件,致力于以改革激发农业农村发展的内在活力,推进农业农村的现代转型。2018年9月26日,中共中央、国务院印发《乡村振兴战略规划(2018—2022年)》。规划从构建乡村振兴新格局、加快农业现代化步伐、发展壮大乡村产业、建设生态宜居的美丽乡村、繁荣发展乡村文化、健全现代乡村治理体系、保障和改善农村民生、完善城乡融合发展政策体系等方面细化实化工作重点和政策措施。

规划提出,优化农业生产力布局:西北、西南地区和北方农牧交错区加快调整产品结构，限制资源消耗大的产业规模，壮大区域特色产业。青海、西藏等生态脆弱区域坚持保护优先、限制开发，发展高原特色农牧业。

推进畜牧业区域布局调整：合理布局规模化养殖场，大力发展种养结合循环农业，促进养殖废弃物就近资源化利用。优化畜牧业生产结构，大力发展草食畜牧业，做大做强民族乳业。

壮大特色优势产业：以各地资源禀赋和独特的历史文化为基础，有序开发优势特色资源，做大做强优势特色产业。创建特色鲜明、优势集聚、市场竞争力强的特色农产品优势区，支持特色农产品优势区建设标准化生产基地、加工基地、仓储物流基地，完善科技支撑体系、品牌与市场营销体系、质量控制体系，建立利益联结紧密的建设运行机制，形成特色农业产业集群。按照与国际标准接轨的目标，支持建立生产精细化管理与产品品质控制体系，采用国际通行的良好农业规范，塑造现代顶级农产品品牌。实施产业兴村强县行动，培育农业产业强镇，打造"一乡一业""一村一品"的发展格局。

保障农产品质量安全：实施食品安全战略，加快完善农产品质量和食品安全标准、监管体系，加快建立农产品质量分级及产地准出、市场准入制度。

培育提升农业品牌：实施农业品牌提升行动，加快形成以区域公用品牌、企业品牌、大宗农产品品牌、特色农产品品牌为核心的农业品牌格局。做好品牌宣传推介，借助农产品博览会、展销会等渠道，充分利用电商、"互联网+"等新兴手段，加强品牌市场营销。

壮大新型农业经营主体：实施新型农业经营主体培育工程，鼓励通过多种形式开展适度规模经营。培育发展家庭农场，提升农民专业合作社规范化水平，鼓励发展农民专业合作社联合社。不断壮大农林产业化龙头企业，鼓励建立现代企业制度。鼓励工商资本到农村投资适合产业化、规模化经营的农业项目，提供区域性、系统性解决方案，与当地农户形成互惠共赢的产业共同体。加快建立新型经营主体支持政策体系和信用评价体系，落实财政、税收、土地、信贷、保险等支持政策，扩大新型经营主体承担涉农项目规模。

牦牛生产是畜牧业的重要组成部分，牛羊肉是百姓"菜篮子"的重要品种，更是部分少数民族群众生活必需品。实现牦牛产业高质量发展、保障牛肉有效供给，对保障居民菜篮子和提高人民生活水平具有重要的意义。近几年，国家大力推进牦牛产业发展，一系列含金量很高的支持政策密集出台，例如《全国草食畜牧业发展规划（2016—2020年）》《推进肉牛肉羊生产发展五年行动方案》等，大力支持肉牛肉羊产业发展。其中行动方案提出坚持数量和质量并重，在巩固提升传统主产区的基础上，挖掘潜力发展区，拓展增产空间，多渠道增加牛肉供给。肉牛产业的发展目标是，到2025年，牛肉自给率保持在85%左右，牛肉产量不低于680万吨，规模养殖比重达到30%。

发展牦牛生产，不仅对增强牛肉供给保障能力、保障民族地区牛肉和相关产品供给具有重要作用，而且对巩固脱贫攻坚成果，全面推进乡村振兴也具有重要战略意义。习近平总书记指出，产业扶贫是稳定脱贫的根本之策，也是增强贫困地区造血功能、帮助群众就地就业的长远之计。乡村振兴，关键是产业振兴，产业兴旺是乡村振兴的重要基础。在实现脱贫攻坚和乡村振兴的过程中，牦牛产业发挥了重要作用。我们国家肉牛牦牛产业技术体系在这一过程中也作出了突出贡献。新时代赋予牦牛产业发展更高要求。党的十九大报告指出，中国特色社会主义进入新时代，我国社会主要矛盾已经转化为人民日益增长的美好生活需要和不平衡不充分的发展之间的矛盾。促进牦牛产业高质量发展，对实现牦牛产业提档增值具有重要战略意义。为此，从中央到地方都积极推进牦牛产业发展，提升牦牛产业供给保障能力。

2022年以来，系列重点支持政策主要是以牦牛为主导产业创建国家、省、市、县现代农业产业园，支持培育壮大牦牛产业集群，建设一批以牦牛为主导产业的强镇。国家级牦牛产业相关政策有"菜篮子工程""良种补贴""疫苗补贴""基础母牛扩群补贴"等。前述《推进肉牛肉羊生产发展五年行动方案》，要求以增产保供为目标，加快转变肉牛肉羊生产方式，各地政府在母畜产能增加、品种改良、适度规模养殖等关键环节，加大政策支持和科技支撑。如在脱贫县集中选择一批有牦牛产业发展基础的重点帮扶县，支持种、养、加、销全链条发展，增强内生发展能力。结合"十四五"现代种业提升工程规划的编制，进一步研究完善相关政策措施，设立扶持牦牛种业专项资金，继续加大对现代种业发展的支持力度，不断提升牦牛育种创新能力，进一步完善牦牛品种改良的政策措施，加快推动我国牦牛产业高质高效发展。结合农业保险工作实际、地方试点经验、各级财力状况等，继续研究针对地方特色优势农产品保险的中央财政以奖代补政策，进一步完善农业保险保费补贴制度，更好地发挥其强农惠农作用。

国家政策主要侧重推进农业转型升级，开创农业科技发展新局面，实施乡村振兴战略；推进农业供给侧结构性改革，加快培育农业农村发展新动能；加快构建现代农业产业体系、生产体系、经营体系；发展绿色循环优质高效特色农业，延伸特色农产品产业链；提炼现代生产要素，建设"生产+加工+科技"的现代农业产业园；推进"三产"融合发展，创建农业产业园兴村强县。

二、各级政府层面对牦牛产业的政策

地方政府将结合牦牛产业发展的实际情况，继续有针对性地实施不同标准的支持补贴政策，以提高养殖户和企业的生产积极性，稳定牦牛产业发展。重点在养牛保险、产业扶持和绿色发展等方面，结合各地牦牛产业发展实际情况，出台各类补贴和支持政策，促进牦牛养殖户和企业增收，以及产业发展。

青海省准确把握建设优势特色产业集群的重点任务，突出"聚集建群、创新活群、绿色兴群、融合强群"，开展了牦牛、藏羊优势特色产业集群建设。2018年，青海省人民政府办公厅出台了《关于加快推进牦牛产业发展的实施意见》（青政办〔2018〕32号），明确指出坚持市场为导向，贯彻新发展理念，以建立健全牦牛产业链为主线，以草畜平衡、控制数量、提质增效为核心，以体制机制创新为动力，以品牌建设、基地建设、体系建设、标准建设、机制建设为重点，全面总结应用生态畜牧业建设经验做法，合理布局牦牛产业（青南草畜平衡养殖区、环湖牦牛高效养殖区、东部牦牛产业融合区），充分应用现代技术、管理、营销手段，推进牦牛养殖增效、品牌增值、牧民增收，为实施乡村振兴战略、全面建成小康社会提供有力支撑。2023年，青海省人民政府办公厅又出台了《关于促进生态畜牧业转型升级的实施意见》（青政办〔2023〕32号），意见指出，到2025年全省生态畜牧业加快向草原生态良性循环和现代化、绿色、可持续发展转变，……推动实现牛羊生产、合作方式、经营管理、模式创新、市场营销和服务保障"六个"转型升级，构建"三产"融合、规范经营、市场营销"三大"产业体系。

西藏牦牛产业要按照"政策保障、专项支持、改善条件、保护种质、突出选育、优化结构、强化养殖、提升水平、做大产业、做优品牌、增产增收"的总体思路，紧紧围绕牦牛资源基础加大牦牛养殖基础设施建设，设立牦牛产业化开发重大科技专项，集中攻关全产业链关键核心技术，建立牦牛肉产品供给基地；在饲草料资源充足、适宜牦牛养殖的半农半牧区，发挥农牧结合优势，大力种植优质饲草料，加快推广牦牛半舍饲高效养殖综合配套技术，推动牦牛产业转型升级；在牦牛优良类群主产区，加大特色种质资源保护力度，加快牦牛良种育繁推一体化进程，为全区提供优质种源，促进产业发展。

四川省委、省政府十分重视牧区畜牧产业的发展，结合中央财政相继在牧区开展了草原生态补奖、川西北现代草原畜牧业全产业链发展模式、农牧结合模式及牦牛标准化育肥技术推广、良种补贴、牦牛杂交改良、遗传资源保护、藏族地区遗传资源调查等项目，牦牛产业发展取得了显著成效。

甘肃省牦牛产业在脱贫攻坚行动的助推下，逐步发展壮大，牦牛存出栏数量稳步增加，牧民增收显著。自2018年脱贫攻坚战实施以来，甘南、天祝等地依据天然资源优势，把牦牛养殖作为牧区的富民产业来发展。在各项精准扶贫政策的扶持下，牧民养殖积极性增高，投入不断加大，科学饲养技术深入推广，养殖水平不断提高。

地方政策主要侧重立足资源优势，壮大生态畜牧产业发展，实施质量兴农、绿色兴农，实现乡村振兴，加快藏族地区全面建成小康社会步伐、发展特色农牧业，助力农牧民脱贫致富。以牦牛产业和资源优势为依托，助力藏族地区产业振兴、区域发展和兴藏富民。

三、相关协会、社会团体对牦牛产业的作用

协会是指由个人、单个组织为达到某种目标，通过签署协议，自愿组成的团体或组织。而产业联盟是指出于确保合作各方的市场优势和整合资源，寻求新的规模、标准或定位，应对共同的竞争者或将业务推向新领域等目的，横向企业间或者纵向企业间（包括农户）结成的互相协作和资源整合的一种合作模式。联盟成员可以限于某一行业内的企业或是同一产业链各个组成部分的跨行业企业，联盟成员间一般没有资本关联。

牦牛产业相关协会成立有利于将产业有效组织起来，可以更有效地开展良种引进推广工作；为会员提供养殖新技术服务；为会员进入市场提供各种信息；帮助会员联系销售产品渠道、组织会员进行检验交流、产品推荐和展示活动。

国家牦牛产业科技创新联盟由中国农业科学院兰州畜牧与兽药研究所牵头，主要围绕牦牛优良品种选育、饲草料安全生产与供给、疫病防控、健康养殖技术集成、增产增效模式推广、产品深加工及品牌培育、质量追溯及安全风险评估等，联合国家级、省级和地市级农业科研院所、从事相关研究的高校、技术推广部门、养殖合作社及行业内具有较大影响力的优秀企业开展协同创新。联盟成立后，将以全面振兴国家牦牛业为己任，坚决贯彻实践"创新、协调、绿色、开放、共享"的新发展理念。旨在搭建全国牦牛产业科技创新、成果转化和技术服务平台，增强科技创新能力，提高科技创新效率，着力解决牦牛业全局性和区域性牦牛业发展重大关键性技术问题，提升产业市场竞争力，推进产业健康发展。

四、消费者对牦牛及其相关产品的认知与需求

目前，牦牛产品消费还是以产区为主。外部市场对牦牛产品的消费和认知严重不足，制约着牦牛产品品牌建设和价值增值。除主产区外，普通消费者一般认为牦牛产品不同于普通肉牛产品，主要以特色产品消费模式为主。

从牦牛产业与旅游产业融合角度看，基于消费者行为学角度，消费者赠送礼物，赠送的不仅仅是产品实体，还包括产品所具有的重要的象征意义，他们要确保通过礼物的种类、价格和品牌等形式，向接受礼物的对象发送正确的信息。由于赠送礼物的这种特性，消费者会根据不同收礼对象制定不同的预算，礼物品种、品牌的选择也受到影响。消费者购买行为受到文化、社会、个人和心理特征等多种因素的强烈影响。尽管牦牛企业无法控制影响消费者的这些因素，但综合考虑这些因素会对产品营销起到很大的作用。牦牛产品销售及其价值增值关键是开发外部市场，以及重点打造特色品牌，增强品牌市场影响力、知名度和市场竞争力。

五、牦牛产业发展环境总体分析

牦牛产业作为我国特色畜牧业品种之一，推动产业发展的关键就是逐步建立健全牦牛产业全程管控标准体系。2005年，为了牦牛产业的规范生产、提高产品质量、保证牦牛肉国内外贸易有据可依，商务部发布了第一个牦牛行业标准：《牦牛肉》（SB/T 10399—2005）。截至2021年底，相关牦牛产业标准共发布159项，除1项标准体系总则外，其余标准覆盖了牦牛品种、牦牛产品、质量检测、生产技术、卫生防疫管理等方面。其中，按照标准类别分类，可分为国家标准5项、行业标准26项、企业标准32项、团体标准17项，其余79项均为地方标准。此外，由于牦牛大多产自中国，因此国外对于牦牛的研究非常之少，暂无相关标准。就普通畜牛产业来说，国外畜牧业发达国家很早就制定了畜牛标准体系，并不断修订，以确保畜牦牛在饲养、屠宰、加工等环节有所依据，从而提高牛肉生产水平。我国畜牛产业标准的研究与制定起步较晚，据统计现行或即将实施的畜牛标准共计640余项，涉及基础、等级规格、检测、加工以及产品标准等，并且对畜牛从规模养殖场建设到成为产品的所有环节均有涉及，为我国畜牛产业化发展提供了一定的标准依据。对标牦牛标准体系，牦牛标准中国家标准及行业标准占比较少，不利于牦牛产业统一发展，在标准内容上，牦牛主要缺失标签、限量、检验、进出口以及溯源等产后标准，因此在牦牛体系的构建过程中应重点关注。

近些年来，通过产业升级改造和企业创新，采用现代先进的生产工艺和技术设备，西藏、四川、甘肃、青海等省区的牦牛乳品企业开始显现雏形，已建成国家级牦牛乳系列产品技术研发中心和牦牛乳产业园，研发生产了干酪素、生物活性肽、牦牛乳酸奶、牦牛乳配方奶粉、蛋白粉、蛋白糖等牦牛乳制品。但由于牦牛乳相关标准体系不健全，导致产品生产没有统一的质量标准，产品的质量差异较大，消费者认知度不高，阻碍了牦牛乳产业高质量发展。

当前，牦牛标准体系、食品质量安全管理体系以及市场总体发展环境总体仍处于比较粗放的初步发展阶段，需要政策以及行业进一步强化支撑，打造有利于产业高质量发展的环境条件。

牦牛产业市场情况分析

第一节　牦牛产业市场现状及分析

一、牦牛养殖端市场现状分析

（一）养殖投入品供应现状分析

牦牛生产是以天然草地植物为饲草来源的一种粗放型经营管理、科技应用率较低的传统产业，沿袭着靠天养畜和单纯依赖天然草地的自然再生产能力维持其饲草需要的模式。牦牛随牧草的季节变换，不断重演着"夏饱、秋肥、冬瘦、春死"的恶性循环，加之高寒、雪灾等自然灾害频繁，在漫长的冬季因缺乏草料而造成牦牛的大量掉膘和死亡。有研究表明：一头牦牛一年采食牧草平均约7300千克，牦牛累计增重1千克体重需消耗牧草122～146千克。饲草饲料供给严重不足已经成为制约牦牛产业发展的瓶颈和关键。发展牦牛产业必须要开展优质牧草种植，搞好冬、春季节草料贮备，建立牦牛产业发展的饲草饲料保障体系。

近几年，我国的牧草饲草资源整体上来看不容乐观，苜蓿、燕麦草等优质牧草的进口程度在加大，虽然国内苜蓿和燕麦草的产量在稳步增长，但相较于目前的牧草需求量仍存在很大的差距。现饲草产业作为牦牛产业的上游产业，还存在不少问题。天然草场作为重要的自然资源，它是畜牧业可持续发展不可或缺的基础条件。如今畜牧业更倾向于朝舍饲方向的发展，人们也更加需要绿色食品，因此在大草原上发展的畜牧业所特有的绿色、原始等特性更能满足人们的需求。伴随着人口数量不断增加，部分地区因长期遭受干旱、风沙、盐碱、鼠虫害等自然灾害，和超载过牧、滥挖乱建等人为因素的影响，草地环境退化，抗灾能力受挫，草地牧草生物产量大大降低，优质草的质量也在持续走下坡路，尤其近两年，草地可利用性下降、草原生产力持续减弱。国内的草地出现了不同程度的退化现象，必须给予高度重视。近几年，人们不断加大人工草场的开发力度，虽然人工草场的面积持续扩大，但种植技术的局限使得种草单一化,中短寿命的牧草所占比例偏大、利用年限偏短、收获方式相对落后,收割后没能及时转化贮藏造成利用率不高。再加上人工草地建设匹配度和管理效率不高,还缺少及时的灌溉、施肥等措施的跟进,最终致使草地生产力大大下降,产草量随之降低。从长远来看,畜产品人均消费量直接关系到本国人民的生活水平,而影响畜牧业发展的重要因素便是饲草、饲料资源的生产和供给。虽然近几年,我国畜牧业有了很大的发展,相应的饲草产业也取得了不小的进步,但农牧种植的苜蓿、青贮玉米等饲草更多的是自产自用,并没有形成规模化种植和专业化生产,整体的加工转化率和商品率偏低。对于一些偏远地区,由于饲草饲料种植没有紧扣企业加工,农牧户与企业之间的利益联结机制不够合理,致使农牧户对饲草使用的积极性偏低,扩大种植规模的积极性也被削弱,牧草更多的是用于饲养牲畜,而不是产业化的牧草加工、产品规模化的建设,没有充分实现牧草的经济效用。机械化先进程度成为发达国家饲草商品化的重要支撑,在饲草加工技术方面我国积极引进先进的加工技术并进行了自主研制,虽然有了一定的进步,但整体来看仍是产量低、能耗高。当下,普遍使用的打捆机等机械设备仍依赖于进口,而叶蛋白加工设备、茎叶分离设备、颗粒饲料加工设备等先进技术设备仍需要进口,这就使得饲草产业和产品发展滞后,制约了产业的快速发展。

在兽药方面,国家肉牛牦牛产业技术体系于2021年开展了相关调研,调研时间为2021年3月17—31日。调研员以实地走访、座谈会和线上问卷等途径展开调研,共回收了125份有效问卷,收集到391类共48875条数据。本次调研结果掌握不同养殖模式和养殖区域条件下肉牛牦牛疾病防控方面存在的问题,分析其产生的原因,探寻亟待解决的技术需求,以精准指导我国牛病防控技术研发和推广服务,对提升我国牛病防控水平,保障牛业安全生产、食品安全和公共卫生安全等具有重要参考价值。调研对象包括不同职业与职务的相关人员,其中牛场场长占26.4%、兽医人员占23.2%、科研人员占17.6%、配种员等牛场技术员占13.6%、行政管理人员占4.8%、政府机关工作人员占4%、其他人员占10.4%,分布于12个省(区、市),包括西藏、青海、新疆、内蒙古、甘肃、河北、河南、上海、湖北、湖南、重庆、广东等。被调研机构包括养殖场（55.56%）、生物制品等兽药生产企业（36.51%）和政府机构（7.94%）等。对调研涉及的牛群结构进行分析。肉牛（不含牦牛）品种的比例分别为：西门塔尔占54.29%、安格斯14.29%、土种黄牛8.57%、夏洛莱8.57%、黑牛2.86%，其他牛（海福特、新疆褐牛、云岭牛及其云杂牛与当地牦牛）合计占11.42%；牦牛与肉牛存栏量之比为17.66%。

调研结果表明，常发病中以牛病毒性腹泻病发病率最高，疾病整体确诊率很低，占比为30%以下。具体如下：牛病毒性腹泻病发病率为20.45%，疑似病例确诊率（发病牛场中最终确诊病例的比例）为15.91%；产气荚膜梭菌病场均发病率10%，疑似病例确诊率6.67%；牛出血性败血症场均发病率8.16%、疑似病例确诊率12.24%；牛焦虫病场发病率5.56%，疑似病例确诊率13.89%；牛结节性皮肤病场发病率5%；牛流行热场均发病率3.33%；牛传染性鼻气管炎场均发病率2.63%，疑似病例确诊率5.26%。对于口蹄疫、结核病和布鲁氏菌病等重大病，气肿疽、炭疽、运输应激综合征等疾病无问卷提供发病信息数据。

对现有牛疫苗类产品开展调研，结果显示口蹄疫疫苗仍是牛使用最多的疫苗。口蹄疫O型、A型二价3B蛋白表位缺失灭活疫苗（O/rV-1株+A/rV-2株）为国家二类新兽药，其合作研发单位为中国农业科学院兰州兽医研究所、中牧实业股份有限公司、中农威特生物科技股份有限公司及内蒙古必威安泰生物科技有限公司。牛用口蹄疫O型、A型二价灭活疫苗（O/MYA98/BY/2010株+Re-A/WH/09株），为中国农业科学院兰州兽医研究所、金宇保灵生物药品有限公司、中农威特生物科技股份有限公司合作研发，该产品为国家三类新兽药。牛口蹄疫O型灭活疫苗（OS/99株）为三类新兽药，该疫苗为中牧实业股份有限公司、乾元浩生物股份有限公司及中国牧工商集团有限公司联合研发。

现有牛用诊断类产品包括口蹄疫病毒非结构蛋白2C3AB抗体检测试纸条、牛结核检测相关试剂盒（牛结核γ干扰素试剂盒、牛分枝杆菌ELISA抗体检测试剂盒、牛分枝杆菌胶体金快速检测试剂盒）等，上述产品均为二类新兽药，其中结核系列检测试剂盒均为企业与华中农业大学联合开发产品。动物布鲁氏菌抗体竞争ELISA检测试剂盒为企业与中国兽药监察所共同研发。牛结节性皮肤病抗体ELISA试剂盒、牛副结核抗体ELISA试剂盒、牛病毒性腹泻抗原ELISA试剂盒、牛病毒性腹泻抗体ELISA试剂盒均为企业自主研发产品。衣原体病间接血凝试验抗原、阴阳性血清、牛口蹄疫和猪水疱病反向间接血凝试验诊断液均为自主研发产品。牛用诊断类产品申报新兽药证书周期过长，且各研究机构对动物重大病毒病关注更多，常见细菌病诊断方法较少。

牛用化学药品调研结果显示，现有主要用于牛的化学药品包括加米霉素注射液、阿莫西林黄芩苷乳房灌注液等产品。阿莫西林黄芩苷乳房灌注液为企业与中国农业大学共同研发产品；其他用于牛的兽药产品包括阿苯达唑片、伊维菌素片、吡喹酮片、氯硝柳胺片、敌百虫粉及羟氯扎胺混悬液等，羟氯扎胺混悬液为中国农科院兰州畜牧与兽药研究所自主研发产品；三类新兽药氟尼辛葡甲胺为企业自主研发产品；四类新兽药土霉素与盐酸头孢噻呋为企业自主研发产品；新兽药硫酸头孢喹肟乳房注入剂（干乳期）、硫酸头孢喹肟乳房注入剂（泌乳期）、硫酸头孢喹肟子宫注入剂、维生素ADE注射液等，均为企业与宁夏智弘生物科技有限公司联合研发产品；其他兽药包括利福昔明、环丙氨嗪、阿维菌素与恩诺沙星等。现有牛用化学药品种类较少，创新型牛用化学药品存在研发周期长、研发费用大、审评要求高等问题，需要大学、科研院所及企业深度联合协作，推进新型牛用化学药品研发生产及推广应用。

牛用中兽药制品调研结果显示，现有中兽药产品为健胃散、清肺止咳散、益母生化散、大黄末及鹳榆止泻散等，其中鹳榆止泻散为企业与甘肃农业大学联合研制的产品。牛用中兽药的研发建议：部分中兽药疗效不确切；需要开发防控犊牛腹泻的中兽药产品；中药有效成分的研究有待深入，中药有效成分的西药化研究亟须加强；鉴于兽药产品研发费用大，研发周期长，需要优化兽药审评方式与流程。

（二）牦牛种牛市场现状分析

根据《中国家畜家禽品种志》统计，目前我国有12个官方认可的家养牦牛品种，包括四川的九龙牦牛、麦洼牦牛，甘肃的天祝白牦牛、甘南牦牛，西藏的帕里牦牛、高山牦牛、斯布牦牛，青海的环湖牦牛、高原牦牛、长毛牦牛，新疆的巴州牦牛以及云南的中甸牦牛。不同牦牛具有不同的外貌特征，栖息地自然地理环境不同导致牦牛的生态适应性存在差异。在遗传育种与繁殖方面，以种公牛站、核心育种场、技术推广站和人工授精站为主体的繁育体系得到进一步完善，遗传资源保护与创新利用得到了进一步提升，发现了帕米尔牦牛、查吾拉牦牛等专门化牦牛新品种，"以用促保、保用结合"的牦牛品种良性循环模式在地方得到了进一步加强。由于生产性能的不同，分化出了各具特色的牦牛遗传资源。通过引进多个优良品种如荷斯坦牛、娟姗牛、安格斯牛、西门塔尔牛的冷冻精液，开展种间杂交改良，在牦牛育种上取得了良好进展，但由于普通牛和牦牛杂交后代雄性不育，严重阻碍了杂种优势的有效利用。为了遏制牦牛的退化，我国通过现代育种技术进行牦牛育种，前后分别育成大通牦牛和阿什旦牦牛。

2021年，《全国肉牛遗传改良计划（2021—2035年）》正式发布，有力推动了核心育种场、品种登记、生产性能测定和后裔测定等育种基础性建设；牦牛遗传评估技术体系、数据传输系统建设日臻完善，有力推进了联合育种。国内牦牛核心种群供种率提高至35%左右，进口种质有所下降；胚胎移植等生物技术生产的种公牛比例有所增加。力争通过15年的努力，建成比较完善的商业化育种体系，自主培育一批具有国际竞争力的突破性品种，确保畜禽核心种源自主可控。

牦牛专用品种选育程度低。牦牛仍属于人工选育程度较低的原始牛种，繁殖主要依赖群体内自由交配，种群退化严重，生产性能下降。牦牛日产奶量低（0.8~2.0千克/天），泌乳期短（150天），年均产奶量低（147~487千克），所产牛乳主要用于哺育犊牛。多年来，为了提高产奶性能，政府和科研院校进行了选育和改良，利用娟姗牛、西黄杂种公牛改良提高牦牛产奶性能。但与其他畜种相比，规模小而分散等问题严重制约着牦牛产业的发展。

牦牛养殖方式传统。牦牛产区海拔高、气温低、冷季长、暖季短，牦牛主要靠采食天然牧草来维持生长需要，饲草季节性供应不均，群体繁殖率低，生长受限，饲养周期长，产奶量低。补饲率少、半舍饲率低，"温饱"问题仍然是牦牛放牧生产的主要问题。人畜争奶造成犊牦牛吃不饱奶，生长发育不良。有的牧区随着育肥牦牛价格上涨，牧民为保证犊牛生长采用犊牛全哺乳不挤奶，企业奶源保障不足，需要进行规模化补饲加强牦牛营养。而普通奶牛的标准化饲料喂养和集约化管理，产奶量大、周期长且稳定。牦牛奶产奶期只有奶牛的二分之一，产奶量差约30倍。产奶量的悬殊差异决定了牦牛奶产品需要适宜的定位生产。

（三）牦牛活畜交易市场现状分析

牦牛活牛交易市场主要以养殖户之间贸易以及活牛经纪人交易为主，占市场交易总量的80%以上。一些主产省和主产县建立牦牛活牛交易市场，为规范活牛交易和辐射带动牦牛产业发展发挥了重要作用。

四川省阿坝州红原牦牛交易市场位于红原县城往若尔盖方向、紧邻省道209线，2015年建成投用。建设了交易圈棚、活畜交易区、综合服务区、活畜暂存服务区、检疫防疫区及辅助工程等。红原牦牛交易市场目前是阿坝州唯一一个活畜批发交易市场，是川西北地区最规范、交易量最大的活畜交易市场，进一步规范了活畜的交易秩序，使活畜的交易价格透明，解决了商户买牛难、牧民卖牛难的问题。市场年牦牛交易量可达20万头，藏绵羊5万只，马8万匹，带动了当地百姓增收致富，也助力乡村产业振兴。

2022年，碌曲县围绕"生产繁育、精深加工、市场营销"三大环节，紧扣牦牛产业高质量发展，积极探索牧业改革"强县域"的路径和突破口。为做好市场营销，碌曲县选择在贡巴村建活畜交易市场。交易市场由交易大棚、综合管理楼、牛羊饲料间、粪便集中池等组成。交易大棚有三部分功能，交易期作为牛羊交易棚，交易后作为牛羊存放棚，非交易季节可作为牛羊育肥棚。交易市场的建成，能够解决牲畜出栏周期长、门路少、牲畜质优价不优、销售渠道狭窄等问题。同时，弥补了碌曲县畜牧业产业链条交易市场的空白，打通了甘、青、川活畜交易买卖关卡。

受新冠疫情影响，青海省内养殖户补栏积极性下降，牦牛活畜收购商户处于观望状态，造成活畜交易市场低迷，畜牧业经济发展遭遇瓶颈。为激发市场活力，做好疫情防控，打通活畜交易渠道，保障畜牧业经济健康稳步发展，青海省农业农村厅创新工作举措，积极搭建活畜线上交易平台，优先组织省牦牛繁育推广服务中心进行牦牛网上竞卖试点，打破了活畜线下交易传统观念束缚，开启了活畜交易新模式。2022年，青海省牦牛繁育推广服务中心发布牦牛竞卖公告，吸引民和、门源等省内外养殖加工企业和客商参与竞买。经过为期1周的报名和资格审查，10家符合条件客商以视频连线方式进行牦牛竞卖，激活了牦牛交易市场，达到了预期效果，为提升青海省牦牛品牌影响力，打造活畜销售新模式迈出了新的一步。

（四）基础设施建设及劳动力成本现状分析

当前，在基层地区很多农牧民群众仍然采用沿袭下来的天然放牧的养殖模式，让牦牛自由采食天然的牧草，饮用自然的水源。近几年，地方政府部门开始引导广大农牧民群众发展舍饲养殖模式，并引导养殖户建设暖棚。由于牧草存在较强的季节性，冬春季节饲草供给不足、缺水，身体消耗相对较大，再加上牦牛长期生活在恶劣的环境当中，导致生长周期相对较长，平均出栏周期在5年以上。因基础设施不完善，人工成本较高，仍以粗放的草原放牧为主，只有少量规模企业或者合作社采取集中育肥模式，总养殖规模不到养殖总量的3%。应该加快打造牦牛生产加工基地，高效养殖基地，积极推广应用暖季放牧养殖冷季补饲，以及现代化养殖的舍饲养殖方式，实现增产增效。不断加强饲草饲料基地建设，实施标准化养殖，加大仓储加工基地建设，健全牦牛良种体系，加强科学技术服务，树立牦牛品牌并构建完善的营销体系，加快完成牦牛繁育基地建设，实现牦牛养殖附加值的不断提升。

二、牦牛产品加工端市场现状分析

产品加工是畜牧业发展的重要环节，也是畜牧业经济效益的最终体现。目前牦牛肉、奶产业发展还处在初级加工阶段，牦牛肉产业加工产品主要有生鲜牦牛肉、牦牛肉干、卤汁牦牛肉、手撕牦牛肉、牦牛肉酱等，牦牛肉产品精深加工数量不多。以西藏自治区为例,牦牛肉加工仍以四分体为主,精细化加工比例不足5%;牦牛奶产业加工产品主要有液态奶、酸奶、干酪素、奶粉、曲拉、酥油等。肉、奶产品的精深加工技术落后,尚未形成完整的肉、奶产业加工体系。

(一)牦牛肉市场现状分析

牦牛是当地牧民最主要的经济来源和生活支柱,与当地的文化、宗教、社会生活紧密相连。牦牛肉作为重要的畜产品,在营养成分方面,具有高蛋白、低脂肪、低热量、氨基酸种类多等特点,综合分析发现,牦牛肉的营养成分显著高于黄牛肉。在食用品质方面,牦牛肉色泽更深,嫩度和风味略逊于黄牛肉,但牦牛肉pH均衡,系水力强,熟肉率高。在食用安全方面,牦牛肉各项指标均符合国家标准,为安全肉品。由于我国牦牛产业起步较晚,对牦牛肉制品研究多集中在产品研发和加工上。"小群体大规模"是我国牦牛生产经营主体的主要存在形式和产业形态,也是保障现阶段我国牛肉供给和从业民生而自然选择的基本产业形式。

"绿色、美味、健康"是当今人们对食物的要求,所以发展绿色牦牛肉食品是牦牛肉产业的风向标,想要进一步提升牦牛肉产业发展水平,应注重改良牦牛肉屠宰后的处理和加工技术,改善牦牛肉食用品质,提高其市场竞争力。从市场价格情况看,2012年以来,活体牦牛平均价格每头4000元,牦牛价格先跌后涨:2012—2015年下跌,2015年之后有所上涨。特别是西藏自治区,深入青藏高原腹地,大部分地区海拔更高,牦牛生长期更长、运输成本更高,加上可替代产品较少,牦牛均价明显高于其他地区。牦牛肉在藏族地区属于基本生活物品,藏族地区总人口较少,对牦牛肉需求稳定。随着国内牦牛产品供不应求,牦牛肉也水涨船高,价格不断攀升。2015—2019年,牦牛肉价格每千克分别为58元、57元、58元、62元和68元。

(二)牦牛乳产品市场现状分析

相对于其他牦牛产品,牦牛乳最具经济价值,可占当地牧民总收入的60%。牦牛乳因其纯净、天然、无污染以及特殊的营养价值而受到越来越多消费者的欢迎。2019年,我国牦牛乳年产量为84.5万吨,主要来自四川、西藏、青海和甘肃四个主产区，70%以上为犊牛及牧民自食。

牦牛乳蛋白含量4.6%～5.8%、脂肪含量5.3%以上、非脂固形物含量10.4%、灰分含量0.80%、乳糖含量5.2%、矿物质含量0.8%～0.9%，钙锌和维生素含量较高。牦牛奶还含有免疫球蛋白0.23毫克/100克、精氨酸0.87毫克/100克、共轭亚油酸476毫克/100克，EPA和DHA在牦牛奶中的含量远高于普通牛奶。但牦牛奶对我国乳制品供应保障贡献度非常低，牦牛乳及产品消费以牧民自用为主，少量销往内地。近年来，以牧民消费为主的总体消费趋势没有明显变化。由于技术和设备的限制，牧民们只能对牦牛乳进行初步的加工利用，例如制作成酸乳、酥油、曲拉、奶茶等传统牦牛乳制品，产品质量参差不齐，资源浪费严重。

牦牛乳乳源供应保障难问题比较突出。泌乳高峰期牦牛多数在偏远的高海拔夏季草场放牧，交通工具很难到达，导致原料乳收购困难并且收购成本高。

牦牛乳特质性营养成分不明。牦牛生活环境的特殊性决定其产品的特色，牦牛乳的原生态性、稀有性和高营养价值，决定其产品定位的功能性和特色性。加之牦牛产奶量相对较低，不适宜走生鲜乳销售等初级产品开发路线，研发具有高附加值的功能性产品是牦牛乳产业提质增效的关键。而功能性产品的研发离不开对牦牛乳营养成分的全面解析，但目前牦牛乳特质性营养成分、活性物质含量不明，形成机理解析不清，牦牛乳功能性营养成分缺乏权威数据，这些因素阻碍着牦牛乳产品的功能性产品定位。

牦牛乳产品特色不明显。牦牛产区以牦牛乳为原料的乳品企业多，特色不明显，工艺和设备没有特点，产品单一，模仿奶牛乳加工产品。还有部分仍处于传统落后的家庭作坊式的初级加工阶段，致使牦牛乳制品仍呈现半成品多、低制品多的局面。

（三）牦牛绒产品市场现状分析

牦牛是藏族地区广大牧民的主要收入来源，相对于牦牛肉等产品的发展利用程度来说，牦牛绒行业的开发略显迟缓。它的品质和稀有程度，完全可以与山羊绒相媲美，且是我国特有的高档纺织原料。纵观目前国内的牦牛绒纺织服装产品市场,牦牛绒纤维在逐渐得到消费者的了解与认可的同时,销量也呈现一路上升的趋势。但是,受原材料供应紧张等因素的影响,市场上货真价实的牦牛绒纺织服装产品价格居高不下。据了解,上海某品牌牦牛绒手套每双售价已在500元左右,而该品牌一条牦牛绒单色编织围巾的价格更高达千元。可喜的是,我国西藏、四川等传统牦牛养殖省份已经逐步开始有计划地扩大牦牛养殖规模,并且开始对牦牛的养殖技术、新品种培育进行研究,同时加强了对广大牧民的科学技术知识的培训。我们相信,在各方面的共同努力下,我国牦牛绒纤维原材料的产量将会有一定程度的增加,能够更好地满足市场需求。

(四)牦牛副产物市场现状分析

目前,牦牛产品(牦牛肉、奶、皮毛等)主要满足藏族地区人民的日常生活需要,少量作为普通牛肉或牦牛制品销往国内其他地区,基本没有进出口。近年来,由于藏族地区旅游业日益旺盛,用牦牛骨、牦牛角等做成的手工艺品深受国内外游人的喜爱,毛编制品也开始畅销国内外,但均属小众产品,销售额微乎其微。我国对皮、骨、肝、心、胃、肺、头、蹄等牛副产物的加工,不论烹饪方式方法还是调料调味,都有悠久的文化与技艺传承,创新技术提升牛副产物的附加值,是我国与国外同行竞争生存、决胜发展的关键路径之一。牛皮脱毛去腥、脱脂提胶、凝胶复配、灌装杀菌等工艺,使产品细腻透明、易咀嚼、可降解胶原蛋白含量高、耐储藏且开封即食。腌制酱卤、多元效应呈味、低温浓缩、复热保真等技术,则解决了牛骨、肝、胃、肠等加工损耗高、质量不稳定、产品同质化、附加值及利用率低等问题。自加热即食牛杂包、调理牛肝排等口感好、营养价值高、食用方便、货架期长的新产品已进入市场。

三、牦牛产品消费流通端市场需求分析

(一)牦牛肉市场分析

牦牛为农牧民提供肉、乳、毛绒等畜产品,是藏族地区牧民重要的生活及收入来源。牦牛肉、奶产品以满足藏族地区消费为主(占80%以上),少量销往周边省区,牦牛肉干、奶粉等产品销往全国。牦牛屠宰季节较为集中,大部分

冷鲜肉在9—11月销售，其余时间以冻肉销售为主。以"共享牛（胴体）资源"、产品即为终端商品、"无库存热、冷、冻预制保鲜到厨房、直接烹饪、开包入口"为标志的新模式，催生了形式多样、各具特色的"牛肉直销体验厂（店、馆）"。这些"直销据点"直接联手育肥业者与消费受众，以"万溪漫灌、冲刷浸泡"的态势弥补着屠宰、加工业传统结构缺失的功能。

（二）牦牛乳市场需求分析

牦牛乳浓稠醇香、微甜，营养价值高，被称为"天然浓缩乳"。牦牛乳中的干物质、蛋白质、脂肪酸、糖类、矿物质等营养成分均高于奶牛乳，是加工奶油系列产品最优的原料乳之一。牦牛乳不仅能抗疲劳，还具有抗缺氧活性作用。此外，丰富的维生素A和维生素C使牦牛乳具有较强的抗氧化能力。

目前，牦牛乳约占我国牛乳消费量的15%，与普通牛乳、羊乳等相比，其深加工程度不高、商品化率低，消费者认知度弱，对牦牛乳的研究和利用尚不够深入。目前关于牦牛乳的相关研究主要集中在资源调查和营养特性等方面，而关于贮藏过程中乳品质的变化研究较少，贮藏保鲜技术较普通牛奶落后。随着中国乳制品市场的持续扩容以及消费需求的变化，小众乳品也开始被市场接受。小众乳品包括羊乳、驴乳、骆驼乳和牦牛乳等，已经有10余家企业完成了羊乳的全国化布局。羊乳市场现在处于高速发展阶段，因此在未来资本市场上会有更多羊乳企业的身影。牦牛乳将是继羊乳之后又一个会快速崛起的小众乳品。美国威斯康星大学牦牛专业博士曲崧指出，牦牛的半野生存方式以及现代科学研究证明牦牛乳品具有极高的营养价值和功能性，使得牦牛乳有着巨大的市场前景，而且牦牛乳行业前景广阔、竞争对手较少。

（三）牦牛绒市场需求分析

从某种意义上说，牦牛绒比羊绒还要珍贵，这就决定了它必须走高端路线，但目前牦牛绒市场开发程度不够，产品价值很低。牦牛绒手感柔软、蓬松、温暖，是高档的特种动物纤维纺织原料。随着我国人民群众的生活水平日益提高，消费意识不断改变，牦牛绒纤维及其制品正悄悄进入广大普通消费者的视线。然而，牦牛绒制品市场进一步扩大，我国的牦牛绒行业却并没有随之得到比较明显的发展。这里面的原因是多方面的，但是牦牛绒产品原材料的供应紧张是一个非常重要的因素。

（四）牦牛副产物市场需求分析

牦牛资源的开发和牦牛肉及其副产品的精深加工，不但可以提高农牧民的收入和生活水平，而且可以增加地方财政收入，提高就业率，对于发展地方经济，繁荣餐饮市场，维护藏族地区稳定都有积极的意义。我国对牦牛副产品的利用有着悠久的历史和丰富经验，但是大多只限于小规模的传统手工制作，技术落后、设备简陋、品种单一、产量低、数量少，远远不能满足市场发展的需要。

四、旅游及其他市场

遵循习近平总书记提出的"绿水青山就是金山银山"的生态文明理念，开发以牦牛和草原文化为基础的融入民族特色的牧旅结合项目，市场前景广阔。这一发展模式通过对过去已改变的生态环境条件和区域自然资源进行保护，走出了一条适合当地生态环境的草原旅游发展道路；通过草原生态旅游服务、草原生态畜牧业和草原生态产业链的延伸，打造现代牦牛旅游文创产业及其相关产品。就消费者行为来看，当地居民对牦牛肉产品的购买，是基于其口味独特、肉质细嫩、食用便捷和赠送礼品的需要；政府部门对牦牛的购买，则基于对民族企业的支持，对地方特色的推广。在旅游市场上，政府对打卡景点、特色草原等旅游特色的开发，吸引了大量游客前来观光，牦牛作为地方特产，对游客具有相当的吸引力，形成了旅游市场对牦牛产品的需求；在礼品市场上，牦牛产品因其高营养和独特性极易受到消费者的青睐。

第二节　牦牛产业主要生产经营模式分析

一、种牛主要经营模式

种牛主要经营模式一是以农户放牧为主,自然杂交形式为主。二是通过现代改良方式,在主产区建立了纯种繁育基地,积极推广人工授精技术,建立了纯种牦牛冷冻精液库,并在此基础上实现了对优质牦牛品种推广体系的进一步完善。例如,当前在青海地区已经有17个牦牛品种得以有效推广,优质纯种牦牛每年生产种公牛1.2万头,供种能力得到了进一步提升。随着青海省牦牛育种工程不断向前推进,遗传种质资源调查、分类保护、品种申报等工作得到了很好的开展,在青海地区多个牦牛品种被列入保护名录当中。其中新品种大通牦牛填补了世界牦牛育种历史上的空白,阿什旦无角牦牛在世界上享有盛名。

2021年国家肉牛牦牛产业技术体系调研了33家牦牛养殖场（户）,包括存栏量为50头以下的牧户和存栏量为5000头以上的大型养殖企业。其中原种场3个,繁育结合场13个,育肥场7个,养殖户10个。饲养品种主要有娘亚牦牛、帕里牦牛、斯布牦牛、环湖牦牛、大通牦牛、阿什旦牦牛、甘南牦牛、麦洼牦牛、九龙牦牛等。能繁母牛养殖受到重视,但饲养成本较高,利用年限短,淘汰率高。不同养殖模式下母牛饲养饲料成本差异大,从8.5元/天·头到19元/天·头不等,平均为12.9元/天·头。其中,放牧母牛成本低,舍饲母牛平均饲料成本高达13.53元/头·天,而"放牧+补饲"母牛饲料成本平均为9.83元/头·天。且由于母牛饲养管理水平不高,母牛利用年限不高,大多为5~8年,最低为4年,最高10年。犊牛饲养管理水平参差不齐,缺乏标准,腹泻率高,繁活率不高,牛源持续紧缺。由于品种和饲养差异,犊牛初生重差异较大,犊牛腹泻率平均为12.8%,最高达到了30%,且主要发生在春冬季节;断奶时间、断奶体重跨度大,断奶时间普遍6月龄断奶,断奶体重50~80千克不等;犊牛平均繁活率为89.75%,最低仅有67%。牛源紧缺问题依然突出，育肥牛场大量外购犊牛架子牛。在此次调研中97家肉牛场有82家需要外购牛育肥，占调研户的84.54%，有14家为全部自繁自育场，占调研比例的14.43%。牛源成了育肥场发展的主要制约因素。

二、牦牛肉主要经营模式

藏族地区牦牛及产品主要是以两种形式销售：一是在牦牛出栏季节（9—11月）屠宰企业进行大量收购，屠宰分割后速冻，直接销售或出售给下游牦牛肉产品加工企业，由于其肉质较老，下游生产企业主要生产牦牛肉干；二是在出栏季节将高原的牦牛运输到平原地区进行屠宰分割，屠宰后当作普通黄牛肉在市场上以冷鲜肉的形式销售。另外，还有少部分以牦牛肉加工制品出售，主要是通过"互联网+"形式或者在旅游区进行销售。

牦牛养殖以自然放牧和"放牧+补饲"为主，舍饲饲养逐步兴起，但存在草料缺乏、繁活率低、出栏周期长等问题。根据国家肉牛牦牛产业技术体系，2021年调研的结果，按照经营组织方式来分，养殖户模式主要以放牧为主，少量补饲；合作社模式以"放牧+补饲"、舍饲两种养殖方式为主；企业以舍饲为主。由于品种和养殖模式差异，牦牛的日增重在0.2~1.3千克，补饲和舍饲推广多的地区，牦牛出栏率可达30%以上。牦牛养殖方式以全放牧（约34%）和"放牧+补饲"（约50%）为主，按地域来分，纯牧区牦牛饲养方式以放牧为主，少量补饲；半农半牧区以"放牧+补饲"为主；农区以舍饲为主。按照经营组织方式来分，养殖户模式主要以放牧为主，少量补饲；合作社模式以"放牧+补饲"、舍饲两种养殖方式为主；企业以舍饲为主。牦牛舍饲养殖比例在逐步提高。饲喂方式上，养殖户层面基本依赖天然草地，少量补饲农产品副产物如青稞、芜根等，缺乏精补料配制的意识和做法，天然草场季节性供应不平衡，不能满足养殖需求；合作社和企业方面，根据饲料原料价格、来源等不同，各自按照自有的饲料简单粗放配比进行饲喂，虽然采用舍饲，但科学配料技术缺乏，生产效益较低。补饲和舍饲提高了牦牛的出栏率，如在青海海北牦牛的出栏率可达36%。母牛仍是牧区的养殖主体，但由于缺料和粗放饲养管理，母牦牛繁殖率低，三年两胎甚至两年一胎。犊牛繁活率低，部分地方繁活率仅为30%～40%。犊牛初生重为10～15千克，断奶时间最低6月龄，多采用自然断奶，断奶体重为70～100千克。育肥外购架子牦牛主要集中在3～5岁，母牛体重为220千克，公牛体重为250千克，购牛时间集中在7—10月，主要采用短期育肥，约3～6个月。舍饲牦牛日增重在1千克左右，"放牧+补饲"牦牛日增重在400～800克不等，育肥出栏体重为250～350千克。总体来看，缺草料使牦牛繁活率低，优质犊牦牛缺乏，出栏周期长，生产效率低。肉牛牦牛养殖产业链不够完善，经营模式有待转变，64.6%的肉牛养殖场只饲养和销售活牛，20.8%的肉牛场开展"养殖+屠宰加工"模式，仅有8.3%的肉牛养殖场采用"养殖+屠宰加工+餐饮经营"模式。牦牛养殖方面，90%的牦牛养殖场以出售活牛为主，仅5%的牦牛养殖场有自己的屠宰加工，另有5%的牦牛养殖场采用"养殖+屠宰加工+餐饮"全产业链经营模式。以上数据表明产前、产中和产后的配套，提高产品附加值的产业链建设还需进一步完善。

三、牦牛乳及乳制品主要生产模式

牦牛一般每年的4—5月产犊，到7—9月青草生长繁茂时达到泌乳高峰期，但此时牦牛多数在偏远的高海拔夏季草场放牧，交通工具很难到达，导致原料乳收购困难并且收购成本高。加之牦牛以人工挤奶方式为主，卫生问题突出，规模小，奶源分散，交通不便，原料奶收购、保鲜、运输非常困难，有的运输半径超过100千米，在不具备冷藏储运车的情况下，夏季运输时间超过3个小时，造成原料奶变质等情况。乳源供应和产量限制了牦牛乳产品的生产和开发。

四、副产物主要生产模式

近年来虽已建有中小型肉制品加工厂，但大多数处于起步阶段，采用传统的加工方式，存在着低水平、低效益、低产量，工艺技术人员缺乏，科技含量低，高新科技引进困难等问题，因此民族地区的牦牛食品、牦牛加工制品有待发展振兴。牦牛肉及其副产物的开发利用率比较低，消费还以鲜牦牛为主，其他制品转化率不到5%。

第三节　牦牛产业竞争结构分析

一、现有企业间竞争

目前,我国牦牛产品单一,未充分体现出牦牛应有的价值。究其原因,一是牦牛出栏具有季节性特点,出栏集中在每年的10—12月,其他季节基本无牦牛出栏,市场牦牛肉供给极不平衡;二是牦牛以活牛销售为主,价值不高;三是本地屠宰企业深加工能力有限,肉及副产物价值未充分体现。牦牛养殖生产中饲草料生产加工、牦牛养殖、粪污资源化利用、屠宰加工、品牌打造、流通销售等环节处于相互脱节状态。产业发展与市场对接不良,牧民各自为政,以初级产品的形式廉价销售。牦牛产品加工初级,副产品利用不足,附加值不高,牦牛养殖全产业链尚未形成;天然、优质的独特牦牛产品没有得到市场认可,优质优价尚未体现。以阿坝州为例,当前州内现有规模化牦牛肉加工企业18家,较大型牦牛奶加工企业2家。其中,国家级龙头企业1家——红原牦牛乳业有限公司;省级龙头企业4家——阿坝州新希望牦牛产业有限公司、红原县国中食品有限责任公司、若尔盖高原之宝牦牛乳业有限责任公司、阿坝州雪松牦牛肉干有限公司;州级龙头企业3家——红原牦牛肉食品有限公司、四川红原遛遛牛食品有限责任公司、阿坝州雪源食品有限责任公司。畜产品加工总产值达5.5亿元,拥有"海拔3000高原牦牛肉""雪松牦牛肉""遛遛牛""高原之宝"等知名商标。虽然这些年阿坝州牧区县也策划过多次推动牦牛产业发展的活动,如红原县的牦牛音乐文化节、若尔盖的雅敦节、阿坝县的扎崇节,对牦牛产业发展起到了一定的推动作用,但是整体融合不够,牦牛产品做得不精。

目前,牦牛产业发展还处在初级加工阶段,加工类型主要有生鲜牦牛肉、牦牛肉干、卤汁牦牛肉、手撕牦牛肉、牦牛肉酱等。牦牛肉产品精深加工数量不多,肉、奶产品的精深加工技术落后,肉、奶产业加工体系尚不健全。

目前，国内牦牛乳行业的重点企业包括高原之宝牦牛乳业股份有限公司、甘肃华羚乳品股份有限公司、红原牦牛乳业有限责任公司、青海雪峰牦牛乳业有限责任公司、甘肃燎原乳业集团等企业。从市场份额、产品种类及效益带动效应看，牦牛乳的加工企业大多是奶源不足、产品单一，效益不明显的现状。

二、同类产品竞争分析

（一）不同牛肉的市场格局

牦牛肉产品多以最初级的方式出售，80%以上的牦牛肉以生鲜肉的形式进入市场，副产物没有得到充分的加工利用，并且牦牛产品主体仍处于简单分割阶段，高端牦牛肉产品的开发程度和产品附加值低。由于精深加工技术落后，产品开发程度低，资源优势、产品优势难以真正转变成经济优势。

（二）不同牛乳的营养特点分析

牦牛生活在污染较少的高原地带，野生或半野生的生存方式使得牦牛乳具有纯净、天然、无污染的生态品质。与其他牛种一样，牦牛也是季节性繁殖生产，牦牛的产奶期在每年6—9月，每头泌乳量在150～500千克，乳中各成分的含量随牧草和气候发生动态变化，同时还受牦牛的品种、年龄、胎次、身体状况以及饲养面积、挤奶时间、挤奶方法等因素的影响。但与普通的荷斯坦牛乳相比，牦牛乳具有高蛋白质、高乳脂率和高矿物质含量的特点，营养物质丰富且易被人体消化吸收。牦牛乳中含有17%～18%的乳干物质，其中蛋白质含量在4.6%～5.8%。牦牛乳酪蛋白约占总蛋白质的76%，是普通牛乳的1.5倍，母乳的11倍左右；其中β-酪蛋白（β-casein，β-CN）在总酪蛋白中的占比为45%左右。牦牛乳与荷斯坦牛乳、羊乳和母乳主要营养成分的差异见表2-1。

表2-1 牦牛乳与其他类型乳营养成分比较

项目	牦牛乳	荷斯坦牛乳	羊乳	母乳
总干物质(%)	17~18	12	11.1	12.4
蛋白质(%)	4.6~5.8	3.4	1.5	1.3
脂肪(%)	5.3~8.8	3.4	3.5	3.4
碳水化合物(%)	3.0~5.5	4.8	5.4	7.4
钙(毫克/100克)	198~227	114	82	30
磷(毫克/100克)	154~170	103	98	13
钙、磷(%)	1.1~1.5	1.1	0.83	2.3

（三）牦牛绒的特点及市场格局分析

牦牛绒纤维是毛纺织行业的高档原料之一。每年牦牛采毛一次，成年牦牛年产毛量为1.17~2.62千克；幼龄牛为1.30~1.35千克，其中粗毛和绒毛各占一半。牦牛绒直径小于20微米，长度为3.4~4.5厘米，有不规则弯曲，鳞片呈环状紧密抱合，光泽柔和，弹性强，手感滑糯。牦牛绒比普通羊毛更加保暖柔软，已被应用于服装生产领域。目前我国牦牛绒纺织服装产品仍然是以地毯、围巾等风格粗犷的制品为主，生产加工的模式也还是以手工生产为主。虽然在青海等一些对牦牛绒开发较早的地方也推出了牦牛绒衫、牦牛绒裤等产品，但是其他服装行业常见的产品样式、花色、营销方式、广告等在牦牛绒纺织服装领域并不多见。由于广大纺织企业对牦牛绒纤维的不重视，直接导致了牦牛绒行业的发展、创新相对缓慢。目前唐古拉企业集团是国内牦牛绒生产加工能力最大的企业，牦牛绒加工产量占全球的一半以上。

牦牛产业科技创新发展分析

第一节　牦牛产业创新技术分析

一、牦牛养殖端新技术发展现状

（一）本品种选育新技术

1. 牦牛种业研究基本情况

（1）牦牛保种选育基本情况

我国现有国家审定牦牛遗传资源（品种）23个，包括四川6个（九龙牦牛、麦洼牦牛、木里牦牛、金川牦牛、昌台牦牛、亚丁牦牛），西藏6个（高山牦牛、斯布牦牛、帕里牦牛、娘亚牦牛、查吾拉牦牛、类乌齐牦牛），青海6个（高原牦牛、环湖牦牛、玉树牦牛、雪多牦牛、大通牦牛、阿什旦牦牛），甘肃2个（天祝白牦牛、甘南牦牛），新疆2个（巴州牦牛、帕米尔牦牛），云南1个（中甸牦牛）。其中大部分以核心产区保种形式进行资源保护利用。

目前，牦牛国家级保种场仅4个，分别位于四川、西藏、青海、甘肃（见表3-1）。牦牛培育品种2个，2019年培育的阿什旦牦牛是以肉用型无角特征的培育品种，适于规模化舍饲养殖。我国其他地方牦牛遗传资源目前大部分还处于无选育或低强度选育水平。

2012年，农业部启动实施全国肉牛遗传改良计划，将牦牛作为重要品种列入计划中，明确了资源保护和遗传改良的主要路线图。目前只有2个牦牛资源保护场进入国家肉牛核心育种场，分别是青海省大通种牛场和四川省龙日种畜场。

表3-1　国家级牦牛保种场（保护区）建设情况

编号	名称	建设单位	类型
1	国家九龙牦牛保种场	四川省甘孜州九龙牦牛良种繁育场	国家级保护品种
2	国家级甘南牦牛保种场	甘肃省甘南藏族自治州玛曲县阿孜畜牧科技示范园区	国家级保护品种
3	国家青海高原牦牛保种场	青海省大通种牛场	国家级保护品种
4	国家级帕里牦牛保护区	西藏亚东县农牧综合服务中心	国家级保护品种

（2）常规遗传评估技术

牦牛遗传资源较丰富，受自然条件和传统养殖模式等限制，牦牛本品种选育进展缓慢。目前牦牛选育主要依托保种场和核心育种场建设，结合牦牛家系构建，制定以牦牛国家（行业）、地方品种标准为主的外貌评估选育体系。

我国牦牛遗传评估技术没有独立的方法，均参考肉牛遗传评估技术，但是起步更晚，且实施面较窄。我国肉牛遗传评估工作从2010年才开始。根据国内肉用种公牛育种数据的实际情况，选择体型外貌评分、6~12月龄日增重、13~18月龄日增重和19~24月龄日增重4个性状，制定了中国肉牛选择指数CBI对肉用种牛进行评估。为了对接国外遗传评估体系，2020年7月修订了CBI指数，选择体型外貌评分、出生重、6月龄重和18月龄重4个性状。乳肉兼用牛的遗传评估则使用总性能指数TPI进行评估。我国目前肉牛生产体系和性能测定体系使得制定的综合选择指数暂时只能利用生长发育性状和母牛产奶量性状。而欧洲、北美和澳洲等肉牛育种发达国家的产业体系、性能测定体系和遗传评估体系较完善，考虑性状较多。

（3）牦牛基因组学选育方向

2009年，牛基因组由美国、澳大利亚、新西兰等共计25个国家的300多位科学家组成的国际研究团队测序组装完成，团队发布了第一个以海福特牛为样品的牛基因组序列。

2013年，牦牛基因组由中国兰州大学刘建全团队主持完成，团队完成了牦牛的基因组测序，进而系统阐述了牦牛适应高原的遗传学机制。2021年，兰州大学刘建全团队又以麦洼牦牛为研究对象，组装了最高质量的家牦牛基因组序列，通过对家牦牛和野牦牛23个个体的基因组结构研究，构建了完整的牦牛基因组结构变异图谱，阐述了与牦牛驯化相关的基因组结构变异，构建了家牦牛和野牦牛群体的系统发育关系和群体结构序列。

中国科学院西北高原生物研究所、中国科学院昆明动物研究所、中国科学院大学等单位，通过运用二代、三代测序技术，结合Hi-C互作图谱技术辅助基因组组装，分别构建了野牦牛和家牦牛高质量染色体水平参考基因组，并以此为基础，结合普通牛数据系统分析了结构变异（structural variation，SV）在牦牛基因组的分布特征。经过对比，研究人员首先发现牦牛基因组存在大量缺失、插入、倒置、重复等序列，且大部分SV位于基因间区，其中6733个含有SV序列的基因受到正选择。与心、肝、肾脏等组织相比，肺脏中携带SV的差异表达基因最多。通过构建牦牛和黄牛肺脏组织单细胞图谱，发现牦牛肺脏中内皮细胞存在分化，产生了一类特异的内皮细胞亚型。通过对受选择SV、差异表达基因等数据的整合分析，发现牦牛及黄牛肺脏中内皮细胞群表达含SVs的差异基因最多，表明肺脏内皮细胞的发育和对低氧适应的功能可能受SV影响。通过组织学染色观察到牦牛的肺组织中存在较多的弹性纤维，弹性纤维可以增强肺的收缩能力，有利于牦牛在高原环境中的适应。

对牦牛高质量基因组的组装和比较基因组学研究，为系统开展牦牛遗传资源保护与利用，建立全基因组选择育种技术体系提供了重要的数据。牦牛高质量基因组的完成，不仅有助于揭示牦牛产奶、产肉等重要经济性状以及其高原适应性的重要遗传机制，也将有助于进一步揭示人类所出现的各种高原不适症，促进对缺氧相关疾病的认识、预防和治疗。

（4）牦牛泛基因组学研究

随着三代测序组装的高质量参考基因组的陆续发布，以及大规模重测序和群体遗传学分析的广泛进行，研究人员发现来自单一个体的参考基因组远不能涵盖整个物种的所有遗传序列，因此泛基因组的概念应运而生。2021年，瑞士苏黎世联邦理工学院发布了Original Braunvich牛品种的基因组组装，并利用已发表的普通牛（海福特、安格斯、高地牛）、瘤牛（婆罗门牛）和牦牛基因组，构建了牛亚科物种第一个结构泛基因组图，与参考基因组（ARS-UCD1.2）相比，检测到超过7000万个碱基缺失，包括参与免疫反应和调节的基因。我国西北农林科技大学基于从头组装的基因组之间的相互比较，利用已发表的12头普通牛、瘤牛、牦牛、水牛基因组构建了牛泛基因组，发现了与免疫、代谢等功能相关的基因，全面挖掘了牛遗传多样性和本土适应机制。

（5）具有育种价值新基因的挖掘与利用

①无角性状

在现代化肉牛养殖中，牛角容易造成人员伤亡，而人为去角违背了动物天性福利且浪费人力物力，因此无角性状引发了高度关注。我国在大通牦牛群体中鉴定出1号染色体2048750~2196313bp处长约147kb的单倍型域内存在无角性状相关的单倍型，包含3个蛋白编码序列C1H21orf62、GCFC1和SYNJ1，研究表明，单倍型TGTTTGCCA与大通牦牛无角性状相关，单倍型CCCGGATTG与有角性状相关。中国农业科学院兰州畜牧与兽医研究所利用无角性状单倍型TGTTTGCCA选育，于2019年培育成了无角牦牛品种"阿什旦牦牛"。

②环境适应性

我国有丰富的地方牛品种遗传资源，不同地区牛品种经历了长期的选择、培育后能够生活在不同的环境条件下，其机体已经形成了独特的适应性进化体系。牦牛在高原适应性上具有独特的生理结构和基因调控网络，在牦牛、藏牛、大额牛群体中逐步挖掘到一系列环境适应性关键候选基因，如心血管系统方面的兰尼碱受体2（RYR2），该基因编码的蛋白是钙通道上Ca^{2+}运输的重要组成因子，缺氧环境通常会导致细胞内Ca^{2+}的释放，引发心肌兴奋-收缩耦联过程，刺激细胞收缩，应对低氧反应。低氧应答方面，内皮PAS蛋白1（EPAS1）、缺氧诱导因子α（HIF-1α）、促红细胞生成素（EPO）、一氧化氮合酶1（NOS1）、血红蛋白β亚基促进血管生成，维持血液中含氧气和二氧化碳浓度变化，参与应急缺氧调节等生物过程。

③其他功能基因及分子标记研究与应用

牦牛功能基因及分子标记还零散地有生长与胴体性状、饲喂效率性状、肉质性状、繁殖性状、产奶性状、使用寿命等，但是研究较为零星不系统。

2. 基因组育种评估技术

进入21世纪以来，基于基因组高密度标记信息的基因组选择技术（Genomic Selection，简称GS）成为动物育种领域的研究热点。利用该技术，可实现青年公牛早期准确选择，而不必通过后裔测定，从而大幅度缩短世代间隔，加快群体遗传进展，并显著降低育种成本。

2014年，美国安格斯协会率先开展安格斯青年公牛基因组遗传评估。我国基因组选择技术研究从2008年开始，中国农业科学院北京畜牧兽医研究所自主研发建立了肉用牛基因组选择技术平台，构建了肉用西门塔尔牛与和牛基因组选择参考群体，目前西门塔尔牛参考群体3858头，和牛参考群体462头。2019年，我国制定了基因组中国肉牛基因组选择指数CGBI（China Genomic Beef Index, GCBI），2020年，我国首次在中国肉用及乳肉兼用种公牛遗传评估概要中发布了366头西门塔尔种公牛的基因组遗传评估结果。从计算方法上看，我国基因组评估方法采用的是贝叶斯方法，而国外多采用SSGBLUP方法，主要由于国外有大量的系谱和表型数据，针对我国表型数据和系谱数据较少的情况，贝叶斯方法在我国应用更有优势。从参考群测定的表型性状看，我国参考群测定了生长发育、屠宰、胴体、肉质和繁殖性状相关指标共计87个性状，是目前基因组选择测定表型性状最多的国家。

3. 智能表型测定与收集技术

准确、高效、智能的性状测定技术是牛育种的前提和关键基础性工作，育种与科学研究均依赖于表型数据的准确获取。近年来，随着物联网、视频与人工智能技术的结合，牛育种性状测定与采集技术手段不断更新与拓展，尤其以信息采集为基础的信息化技术得到发展和应用，如牛的体温、反刍次数、瘤胃pH、运动等智能数据采集技术。美国、英国、澳大利亚等主要发达国家已陆续将信息技术、红外感应、影像捕获、物联网等技术运用到肉牛个体识别和性能测定中，并持续研发性能测定的智能化装备和技术，诞生了一批世界领先的智能化性能测定设备制造企业。而牦牛生产性能测定不系统，测定数据量小，数据准确率低等问题依然严重；有少数企业和科研单位通过引进消化吸收和自主创新，开发出牛自动称重、CT扫描等设备，但硬件及配套软件仍需完善和优化升级，要普及到高原牦牛养殖牧区尚需一定时间。

4. 牦牛繁殖技术

繁殖技术可有效提升优秀牦牛遗传物质的推广效率，加速牦牛群体的遗传改良。目前人工授精、母牛发情高效精准鉴定、定时输精、胚胎移植等技术已在国内外规模化肉牛养殖场中得到普遍应用。牦牛产业中冻精生产、胚胎移植、同期发情、人工授精等技术都有一定的应用研究，其中利用优质肉牛冻精与牦牛杂交生产优质犏牛的技术使用范围较广。目前，在四川、青海、西藏等部分州、县，形成了以改良点建设为基础的牦牛人工授精改良点。

牦牛冻精生产在大通牦牛、九龙牦牛、麦洼牦牛生产上已有研究报道，并取得了成功。其中，推广面较大的是大通牦牛冻精，但与奶牛、肉牛比起来，其良种基因影响面还有限。

5. 基因芯片辅助育种技术

随着测序技术和芯片技术的发展，牦牛基因组辅助选育技术将变得可行。近日，我国已经连续发布2款牦牛芯片。一款是青海省畜牧兽医科学院与西南民族大学联合北京康普森农业科技有限公司，利用康普森自主研发的CAGT®液相探针杂交捕获测序技术，合作开发了一款适合青藏高原牦牛的靶向捕获育种芯片"青芯一号"。芯片包含29223个SNP位点（30K），是基于80个牦牛样本重测序数据开发的高质量SNP芯片，其中涵盖了1145个功能位点。另一款是中国农业科学院兰州畜牧与兽药研究所与华智生物技术有限公司合作，利用华智生物自主研发的液相捕获精准定位测序分型技术（Genotyping by Pinpoint Sequencing of captured targets, cGPS），研发出首款牦牛液相芯片"牦牛7K cGPS"功能育种芯片，该芯片包含不同牛种中已定位或鉴定的重要性状基因（含QTL）及其关联SNP/InDel位点6966个。两款芯片可用于牦牛重要性状的功能分析，牦牛重要性状的筛选培育，牦牛遗传多样性评估、种质资源和亲缘关系鉴定，牦牛遗传图谱构建及基因定位、全基因组关联分析，牦牛分子标记辅助选择、全基因组选择等，为促进牦牛种质资源保护利用与分子育种发展提供了强有力的支撑。

（二）牦牛种业科技创新发展趋势

1. 牦牛育种遗传评估技术急需建立

我国牦牛目前还没有建立成体系的育种评估技术和体系，未来基于牦牛保种场和育种场建设，加快构建以牦牛育种值估计为基础的综合选育方法是重要发展方向。加快构建"牧民—合作社—育种企业"为基础的选育利益链，构建"高校—科研单位—育种企业"为基础的科研推广链，构建"政府—育种企业—合作社—牧户"的政策引导监督链。

2. 基因组解析依然是重要内容

2022年，牦牛参考基因组高质量版本公布，但是牦牛种质资源较多注释不完整，已发布的基因组并不能包含所有牦牛资源的基因变异，未来将构建高精度、高敏感性的基因组功能注释图谱，全面解析牦牛重要性状形成的遗传机制，提高牦牛基因组育种选择的准确度和敏感性。

3. 多组学联合分析挖掘重要育种目标性状功能基因

随着不同牦牛资源高质量、高精度基因组序列不断发布，牦牛转录组、代谢组、蛋白组等组学研究的深入和技术快速发展，利用多组学联合解析重要经济性状遗传机制已成为未来发展的必然趋势。基于此，应开展牦牛重要性状遗传机制与生理学基础研究，整合利用多组学技术以及生物信息学、系统生物学策略，挖掘与鉴定影响生长性状、胴体、肉质、产奶、抗缺氧、抗病、繁殖和长寿等重要性状的功能基因和分子标记，解析分子遗传机制，鉴定具有育种价值的优异基因，为开展分子育种提供必要的基因信息。

4. 基因组选择技术研究是未来肉牛育种技术主攻方向

随着测序技术的不断发展以及测序成本的下降，基因组、转录组、代谢组、蛋白组等海量数据信息的获取变得相对便捷，如何整合不同来源的数据到基因组选择技术将是未来肉牛育种技术的主攻方向。优化基因组评估模型和方法，利用深度学习算法整合不同来源的先验数据，包括全基因组关联研究（Genome-Wide Association Studies, GWAS）显著单核苷酸多态性（Single Nucleotide Polymorphism, SNP）位点、重要通路等多组学信息，并结合高效计算的线性混合模型（GBLUP、SS-GBLUP等）、预测准确的贝叶斯方法（BayesR、BayesC等），拟合优化基因组评估模型和方法。整合基因功能注释、转录组、调控元件、表观遗传等生物信息的基因组选择技术，基于基因组信息的最优化选配技术,育种目标经济学分析及优化育种方案研究是未来我国乃至世界基因组育种新技术研究的制高点。

5. 生物育种与数字化育种

(1)生物育种

基因组编辑技术可以从其他品种或物种引入已知的理想等位基因或在本品种内创造新的优势等位基因,而不会产生与传统基因渗入相关的连锁阻力,为农业动物优异基因资源的高效聚合及创制提供了新策略。Bastiaansen等利用数学模型分析,当效率为100%时,基因组编辑可使所需等位基因的固定速度提高4倍。因而,创新基因编辑技术,提高编辑效率,仍是今后的技术攻关难点,重点开发精准高效的基因编辑系统,确保对目标基因具有特异性且不会攻击其他基因,建立并优化精准多位点基因编辑体系。

(2)数字化育种

数字技术引入农业领域代表着第四次农业革命。数字畜牧业技术有自动育种数据收集系统、自动发情识别系统、动物摄食及呼吸心率微控制器、疾病预警系统、虚拟围栏控制系统、面部识别系统、生物传感器以及大数据分析和机器学习算法等。肉牛业的数字化将实现从"二维的物理-社会系统到三维的网络-物理-社会系统"的转变,促进未来肉牛种业的发展。

6. 新兴生物技术的探索与应用

(1)牦牛采精、人工授精配套技术应用

随着常规选育技术的进步,优质牦牛个体选育集中度越来越高,牦牛人工采精和人工授精技术将得到普及,可以快速扩大良种覆盖面和产生良好的经济效益。近年,大通牦牛、麦洼牦牛等资源中已有牦牛冻精生产先例,但是推广面较小。同时,牦牛发情观察不准确、人工授精技术不熟练、繁殖率较低等问题依然限制着牦牛人工授精技术使用范围。未来牦牛同期发情、可视化输精、数字化发情鉴定技术的广泛推广,将大大提升牦牛繁殖效率、降低劳动强度,为牦牛选种选配提供基础。

（2）干细胞育种技术

干细胞育种技术是根据育种规划，利用基因组选择技术、干细胞建系与定向分化技术、体外受精与胚胎生产技术，在实验室通过体外实现家畜多世代选种与选配的育种新技术。与传统育种技术体系相比，该方法用胚胎替代个体，完成胚胎育种值估计，育种周期大幅度缩短，有望能革新全球家畜种业格局，实现家畜育种跨越式、颠覆性发展。

（3）胚胎基因编辑育种

家畜胚胎基因编辑育种技术取得突破，通过直接编辑决定遗传性状的胚胎基因，即可精确改良家畜遗传性状，获得一批传统育种较难培育、肉用性能和抗病力显著提高的牛，将彻底颠覆通过表型性状进行选育的传统育种技术路线，成为肉牛种业革命新引擎。

（三）杂交利用新技术

1.杂交组合多元化

牦牛杂交可以快速提升后代的产肉和产奶性能，传统杂交改良主要引进适于牦牛体型和生长环境的西黄牛、娟姗牛、荷斯坦牛等进行杂交，后代具有较高的经济价值。但是由于气候条件、冻精保存和人工授精技术的限制，杂交改良范围有限。随着牧区饲养条件和技术的改善，结合跨区域联合生产的经营模式，牧民对牦牛产肉、产奶性能的多元化需要，近年引进安格斯牛、西门塔尔牛活体与牦牛杂交的报道越来越多。

2.牦牛杂交新技术

目前，牦牛杂交的方法较多，在自然交配和人工授精技术应用下，可根据自身实际需求开展相应的杂交改良技术。

在早期的牦牛改良中，主要利用本地黄牛与牦牛自然交配生产犏牛，此法生产的黄犏牛生产性能优于牦牛，但提高幅度较小。随着20世纪70年代黄改（利用优质肉牛或奶牛品种改良本地黄牛）的开展，在半农半牧区生产了大量的西黄、荷黄牛，这些优质公牛适应性良好，生长发育快，经过引种到高海拔牧区进行适应性观察后，发现这些杂种后代可以很好地适应高海拔牧区条件，可利用西黄、荷黄牛公牛与牦牛自然交配生产犏牛。生产的F₁代犏牛中，母犏牛（西黄犏、荷黄犏）主要用于挤奶和持续利用。

2000年以后，随着冻精改良技术的推广，应用荷斯坦牛、娟姗牛冻精改良牦牛的报道越来越多。近年牦牛可视化输精、同期发情技术在牦牛杂交改良中进行了一定范围的普及，繁殖率等都有所提升。

3. 犏牛雄性不育机理探索

在牦牛和普通牛的远缘杂交中，第一代杂交后代（F₁代犏牛）表现出明显的杂种优势，其中雄性个体具有典型的雄性特征，睾丸外观和性行为均表现正常，但由于种间遗传的影响，其精子生成功能失调，表现为雄性不育和生殖隔离。雌性F₁代犏牛表现正常的生殖能力。因此，在实际生产中，只有利用亲本公牛才能继续杂交，但后代的适应性下降（与黄牛回交），或杂种优势降低（与牦牛公牛回交），随着这种级进杂交退化更为明显。目前犏牛雄性不育性是牦牛改良和繁殖的主要障碍。国内外学者从杂交组合、组织形态、生殖内分泌、细胞遗传学、胚胎发育以及基因、蛋白表达等方面对牦牛远缘杂交后代雄性不育机理进行了大量研究，但其确切的分子机理尚未得到证实，犏牛雄性不育机制还需要进一步探明。

（四）高效繁育新技术

1. 牦牛早期断奶补饲技术

早期断奶是在犊牛出生后的适宜时期，将母牦牛与犊牛分开单独饲养，不再进行哺乳。牦牛犊早期断奶技术是一项节本增效的高效养殖技术，科学应用可以有效地降低饲养成本，提高生产效率，增强竞争力。通过早期断奶，训练牦牛犊尽早采食牧草，极大刺激瘤胃发育，有利于牦牛犊生长，增强其抗病能力，从而降低各种疾病的致死率。另外，通过早期断奶技术，可以节约劳动力，提高劳动效率，降低最终的生产成本。

目前，在奶牛与肉牛等现代化程度较高的产业中，为提高犊牛存活率、保障母牛生产性能，主要的犊牛早期培育方式即早期断奶，已取得一定成效。在奶犊牛上，Hulbert等研究报道不同的断奶时间对犊牛生长发育未产生负面影响，且开食料采食量显著增加。马吉锋等通过与鲜牛奶喂养对比研究发现，早期断奶并饲喂代乳粉能够促进奶犊牛生长发育。对肉犊牛进行母子分离早期断奶亦未影响其正常生长发育，并且母牛产后繁育机能恢复更快。

近年来，随着奶牛、肉牛产业科学研究的快速发展，犊牛的早期断奶已开始向断奶日龄、营养水平、蛋白来源、益生菌等更加精细化的营养调控技术深入。

犊牦牛母子隔离，采用人工哺乳的方式饲喂常乳，并诱饲开食料与优质青干草，能够实现犊牦牛的早期断奶，3月龄、6月龄犊牦牛体重及体尺指标显著高于随母哺乳组。犊牦牛早期培育模式的探索对于保障母牛繁殖性能、犊牛成活率和生长发育，促进牦牛产业提质增效具有重要意义。

2. 牦牛一年一胎繁殖模式

通过3个时间点，即发情配种时间控制点、分娩产犊时间控制点与犊牛断奶时间控制点，构成牦牛一年一产技术繁殖模式。发情配种时间点是牦牛适时配种与妊娠的关键期；牦牛营养调控时间点是妊娠母牦牛营养供给与胎儿正常发育的关键期；牦牛补饲时间点是种公牛保持生产优良品质精液、基础母牛恢复体况并保持繁育生理正常的关键期；犊牛培育时间点是保证犊牛生长发育与犊牛选育的关键期。通过控制3个时间点，保证4个关键期，母牦牛进入下一生产周期，确保母牦牛连产，进而提高繁殖效率。

牦牛一年一产技术效果分析：通过营养调控、繁殖调控、适时断奶等措施，母牦牛产犊率为88.3%，犊牛成活率为91.7%，繁殖母牦牛连产率为80.6%。其生产效率比两年一产或三年两产体系提高30%～40%，繁殖成活率提高10%～15%。牦牛一年一产技术繁育模式，能够充分挖掘繁殖母牦牛的繁殖潜力，提高牦牛的繁殖效率，有利于调整牦牛畜群结构，增加牦牛数量，提高牦牛生产性能，适宜在牦牛选育与生产中使用。

3. 牦牛提前发情技术

适时补饲能有效调控母牦牛提前发情配种。赵寿保等为了使牦牛能够提前发情，缩短牦牛的繁殖周期，减少冷季对母牦牛的影响，对牛场瘦弱母牦牛进行了繁殖调控试验。试验采用冷季补饲的方式，以期提高母牦牛营养，促进早期发情。试验组母牦牛在2017年6月下旬发情16头，发情率为32%，到7月上旬共发情37头，总发情率达74%。对照组母牛6月未发情，到7月上旬发情67头，发情率为51.54%。而2015年、2016年数据显示6月该群体母牦牛未发情，到7月上旬各发情5头，发情率分别为2.63%和3.07%。研究结果表明，试验组母牦牛能提前和比较集中地发情，达到了繁殖调控的目的。

4.可视化输精系统

在牦牛杂交改良中采用牛可视输精枪和排卵测定仪进行人工授精操作，取得了明显的杂交效果。结果为娟姗牛采用冻精用排卵测定仪和可视输精枪进行人工授精的母牦牛受胎率、产仔成活率、繁殖成活率等指标均比用直肠把握输精法人工授精的高。其中用可视输精枪人工授精的受胎率为73.78%，比直肠把握输精法（57.48%）提高了16.30%；产仔成活率为96.52%，比直肠把握输精法（92.80%）提高了3.72%；繁殖成活率为62.03%，比直肠把握输精法（49.49%）提高了12.54%。由此，应用可视输精枪在深入子宫授精时直观、清晰度高，容易掌握授精位置，对初学牛人工授精者是非常好的应用技术，可以轻松通过子宫颈，直接输精到准确位置，真正实现子宫内输精，大大提高了人工授精受胎率及繁殖成活率。

（五）牦牛营养与高效养殖新技术

近年来，随着牦牛生产方式的转变和牦牛产业发展的需求日益迫切，牦牛营养需要量研究持续推进，并形成了一定基础。能量代谢方面，研究形成了幼龄、生长期、母牦牛的维持代谢能需要量、代谢能需要量、行走运动能量需要量等参数和预测模型，氮代谢需要参数如幼龄、生长期、母牦牛的可消化粗蛋白、瘤胃微生物氮产量估测、氮代谢回归关系、净氮需要量等，生长期母牦牛的钙、磷、镁、铁、钴、铜等矿物元素适宜添加量，以及菜籽油等不同脂肪添加水平对牦牛瘤胃发酵、甲烷排放、肉产品品质的影响，丰富了各生长阶段牦牛营养需要量参数，为进一步完善牦牛饲养标准提供了基础数据。

饲草料营养价值评价是牦牛标准化养殖的另一核心基础。从20世纪90年代开始，青海、西藏、四川等各地牧区天然草地牧草产量与营养成分分析陆续展开，从概略养分分析逐步深入到体外产气模拟消化法、消化代谢试验、康奈尔净碳水化合物和蛋白体系分析层面，并开始探讨不同草地类型、不同季节等时空变化规律。观察法、差额法、盐酸不溶灰分法、内源指示剂法等方法应用于牦牛放牧采食量的测定，形成了牦牛放牧条件下的牧草采食量参数研究结果。在此基础上结合天然草地营养价值分析，放牧牦牛的天然草地营养供给与养分补充需要量逐步明确。此外，区域性饲草料资源提质增效技术得到重视，牦牛饲草料资源营养价值数据库不断补充完善，相继开展了燕麦、老芒麦、垂穗披碱草等人工饲草、青稞、作物秸秆类、青贮玉米、酒糟等牦牛饲草料资源营养价值评定，研发了青干草调制、青贮、微生物发酵等贮藏利用的提质增效技术。天然草地、区域性饲草料资源营养价值评价与提质增效技术研究的持续开展，对于准确了解其营养特性、在牦牛体内的利用效率和饲养效果、合理设计饲料配方以及充分利用具有重要意义。

牦牛营养需要与饲料科学等相关研究为牦牛饲养方式的优化与转型升级提供了基础。针对牦牛养殖端现状，在放牧模式条件下建立了草地划区轮牧、季节性饲草补充、精料补饲、冷季舍饲等营养补充技术体系，在注重牧区草畜平衡的同时，为牦牛不同季节有效补饲和牧养结合饲养提供技术支持，提升牦牛生长营养供给，减少掉膘、死亡。母犊营养与饲养管理逐渐受到重视，开展了犊牛早期断奶、越冬补饲、代乳粉、开食料及营养水平、微生态制剂补充等早期培育技术研究，提高犊牦牛存活率和生长性能。在营养繁殖学领域研究了早期断奶，发情季节补饲，围产期补饲及营养水平，硒、维生素E、过瘤胃氨基酸等营养素补充对母牦牛产后体况恢复、激素水平、繁殖性能的影响，形成如营养性、功能性舔砖，犊牛代乳粉，开食料，补饲精饲料等牦牛专用产品，强化了母犊的日粮营养需求供给和饲养管理，提高了牦牛繁殖性能。

在牦牛育肥阶段，开展了放牧补饲、半舍饲、全舍饲育肥、短期集中育肥、直线育肥、适时出栏等牦牛养殖新技术研究与应用，有效提高了牦牛养殖效率与效益，缩短了出栏周期。结合半农半牧区、农区资源与气候条件优势，研发了农牧交错带牦牛季节性舍饲错峰出栏技术、低海拔农区牦牛异地育肥技术，推动牦牛产业从传统放牧生产向农牧耦合多元化模式发展。通过日粮类型、粗饲料种类、精粗比，能量、蛋白等营养水平，酒糟、小肽、酵母培养物、中草药添加等营养学基础性研究，并进一步深入至养分消化、肌肉品质、养分沉积、微生物菌群、细胞与分子调控机制分析，为牦牛高效养殖技术的逐步优化完善奠定了科学基础。随着近年来牦牛产业科学研究的系统深入，高效养殖技术的研发应用与示范推广，各牦牛产区形成了如"4218""三结合顺势养殖""牧繁农育""1+N"等多种因地制宜的牦牛高效养殖模式，为牦牛产业转型升级提供了思路和示范。

（六）疾病防控新技术

国家"互联网+农业"的系列政策为牦牛产业发展提供了政策支撑。依托"互联网+"、人工智能、物联网、北斗导航等信息技术，整合各方资源，加大投入，开发牦牛疫病预警、协同诊治和防控技术，助力牦牛疫病综合防控技术的提高。同时，采用现代分子生物技术、如病原学快检技术和基于全基因组测序的分析技术，深入研究牦牛疫病重要病原的快速诊断、生物学特性、流行规律，研发推广适应不同牦牛生产方式的疫病防控的轻简化技术和产品，保障牦牛产业健康发展。

（七）智慧牧场技术

智慧牧场建设是为解决传统牧场管理方式粗放，采集信息不及时、不完整，劳动强度大，生产管理混乱，饲料、药品投入混乱，消耗、库存品数据更新不准确，管理过程滞后，依靠人为经验管理，延误最佳生产时机，缺少数据分析，数据采集不准确，无专业人员开展数据分析等问题。

智慧牧场建设是利用现代互联网通信技术、无线射频识别技术、云计算等实现对牧场管理的全数字化过程。通过引入牦牛电子芯片和检测终端，结合牦牛全自动称重系统、投喂系统、生理监测系统、生境监测系统、定位系统等，实现牦牛生产、生理、生境、运动数据的自动采集、记录及上传。经过云端大数据平台分析，反馈到管理者PC端和移动端，为管理者提供技术指导。

智慧牧场的建设可以实现牦牛养殖管理科学性。养殖管理环节的个体档案建立、健康管理、生产管理、饲喂管理、繁育管理和物资管理等任务繁重且琐碎，通过智慧牧场建设可以实现养殖环节全流程监控，降低劳动强度。此外，智慧牧场通过云平台多维数据整合分析，可以为管理者提供群体结构、疾病、繁育、后勤管理等状况，并提出指导建议。实现全生命周期经营管理的规范化、科学化、透明化，促进草地生态畜牧业向智能化、信息化、生态化方向发展。

（八）最新政策

2021年4月，农业农村部发布了《农业农村部关于印发新一轮全国畜禽遗传改良计划的通知》（农种发〔2021〕2号），其中发布了《全国肉牛遗传改良计划（2021—2035年）》，要求牦牛重点完善繁育体系，充分挖掘和利用牦牛遗传资源特性，优化生产性能测定技术体系，提高种公牛供种能力，因地制宜推广人工授精技术，有力支撑高原地区肉牛业发展。加强选种选配，加快推广人工授精和胚胎移植等繁育技术，因地制宜开展牦牛、水牛人工授精，提升优质种源的利用效率。建立以场内测定为主、场内测定和生产性能测定中心测定相结合的性能测定体系。开展体型鉴定，扩大乳、肉兼用牛与水牛产奶性能测定规模。健全牦牛、水牛生产性能测定体系。

二、牦牛产品精深加工新技术发展现状

（一）牦牛肉精深加工新技术发展现状

牦牛肉低脂肪、高蛋白，矿物质、活性物含量丰富，是消费者青睐的天然绿色食品。但是牦牛常年放牧，运动量大，肌肉发达，肌纤维粗，脂肪少，加之屠宰年龄普遍偏大，肉质老韧，制约了牦牛肉的品质提升与加工用途，影响了牦牛肉产品的有效输出与供给质量。根据牦牛肉品质特点，开展牦牛肉精深加工新技术研发有助于牦牛肉的提质增效，推动牦牛肉产业的高质量发展。

1. 牦牛肉绿色嫩化技术

现阶段一般牦牛屠宰加工企业对宰后牦牛肉并不进行冷却处理，鲜肉直接进冷冻库贮存，导致牦牛肉剪切力值高，嫩度低，口感差，色泽过暗，限制了其在西餐、烧烤、涮食、爆炒、预制等方面的食用途径，产品附加值低。

电刺激技术可通过加快宰后腺嘌呤核苷三磷酸（简称三磷酸腺苷）的消耗，提高糖原酵解速度，防止冷收缩来提高牛肉的嫩度，缩短肉的成熟时间并改善肉的颜色，降低热环（heat-ring）的形成。宰后进行冷却处理能迅速降低胴体温度，排除胴体内部热量，阻止微生物的生长和繁殖，延长肉的保藏时间，并且能够减缓胴体内部水分的蒸发。采用"电刺激+冷却成熟"联合嫩化技术，改变宰后牦牛肉成熟过程，加快糖酵解、产酸、肌肉僵直、解僵和成熟等变化过程，具有安全绿色，提高嫩度，改善肉色、风味及多汁性等作用，有利于企业降低能耗、提升改善牦牛肉质的生产工艺水平，提高消费者对牦牛肉的接受度。

2. 绿色制造技术

牦牛肉绿色制造技术是利用绿色化学原理和绿色化工手段对传统牦牛肉制造工艺进行优化和改造，通过对产品配方进行绿色设计、控制反应条件、改造加工设备以及控制热力场，将对人体健康和环境的危害降到最低的一种现代化制造技术。在牦牛肉加工中引入绿色制造技术，可以在保持牦牛肉产品品质的同时，减少传统腌腊、烟熏、烧烤、酱卤、油炸等工艺产生的大量有害物质，如多环芳香烃类化合物、反式脂肪酸、杂环胺类、油脂氧化物、亚硝胺类等。牦牛肉绿色制造技术在未来健康绿色牦牛肉产业的发展中具有广阔应用前景。

3. 发酵牦牛肉加工技术

发酵肉制品是采用低温腌制、生物发酵、干燥等工艺加工而成。发酵肉制品富含功能性氨基酸、多肽等营养因子及活性益生菌，具有促进消化吸收、调节肠道菌群、降低胆固醇等特殊生理功能。伴随欧美等西方发达国家肉制品工业化、规模化发展及消费者肉类产品消费水平的提高，发酵肉备受消费者青睐。

发酵牦牛肉是以牦牛胴体分割肉为原料，采用长时间低温腌制（0℃~5℃，6~30天）与风干发酵（16℃~22℃，30~150天）工艺加工而成的一类可以生鲜食用的发酵肉制品。产品具有营养丰富、风味浓郁、调节肠道菌群、促进消化吸收等特点。关键技术包括风味控制、安全控制和专用发酵菌种生产等。在牦牛肉加工上引进肉制品发酵技术可以解决藏族地区牦牛肉产品同质化、低值化加工严重的问题，创新开发出针对高端市场甚至国外市场的高端、高值、高效的产品。

4.牦牛干式熟成技术

干式熟成是将未经密封包装的大块牦牛肉放在对温度、湿度、风速加以控制的冷藏间中熟成。在干式熟成的过程中，牦牛肉中的自由水减少，表面风干变硬。与空气接触后，牦牛肉会有一定程度的氧化。在非无菌环境下牦牛肉表面还会生出毛茸茸的霉菌和酵母菌，使牛肉的风味发生复杂的变化。

牦牛干式熟成技术改善了牦牛肉的嫩度、风味、色泽等一系列感官品质指标。同主流的商业熟成方法湿式熟成相比，干式熟成肉具有更浓的黄油味、坚果味和甜味等令人愉悦的味道，其独特的风味特征使其在中高端消费者中备受青睐。当前我国对干式熟成肉需求逐渐增加，但仍未形成规模化生产和消费，产品存在质量不稳定、标准亟待建立等问题。牦牛干式熟成技术的应用，会极大改善牦牛肉的嫩度和风味，在达到牦牛肉增值目的的同时促进牦牛产业高质量发展。

（二）牦牛乳精深加工新技术发展现状

目前牦牛乳加工大多沿用传统的加工工艺和生产技术，导致产品种类单一、产品品质稳定性差和产业化程度低等问题，难以满足现代乳品加工向着标准化、多元化、健康化和高端化发展的需求。新型精深加工技术的引入是促进牦牛乳产业发展、加快牦牛乳产业升级的重要策略。

1.冷杀菌技术

冷杀菌技术是指在杀菌过程中食品温度不升高或升高很低的一种安全且高效的新型杀菌技术，如超高压杀菌、超高压脉冲电场杀菌、脉冲强光杀菌、感应电子杀菌、臭氧杀菌和抗微生物酶杀菌。与我国乳制品行业集中采用的热杀菌技术（如巴氏杀菌和超高温杀菌技术）相比，它不仅能克服传统热力杀菌的不足之处，还能最大限度地保留食品原有的品质与风味。在牦牛乳生产加工过程中引入冷杀菌技术,由于在杀菌过程中牦牛乳及其产品的温度基本保持不变,有利于保持牦牛乳及其产品的活性以及它们的色、香、味与营养价值。

2. 膜分离技术

膜分离技术是以分离膜为核心,利用膜的选择性透过进行料液的分离、纯化和浓缩的一种新型分离技术,具有效率高、能耗低、无需使用添加剂、操作简单且无二次污染等优点,可分为微滤、超滤、纳滤和反渗透。目前我国膜技术产业发展迅速,但仍存在产业化程度低、产品质量不稳定和膜的品种少等问题,大大限制了膜分离技术的发展。在牦牛乳生产加工过程中引入膜分离技术,应用于微生物的过滤、蛋白质的浓缩与乳清的纯化等工艺,能够极大地提高生产效率与产品质量,简化生产工艺流程。

3. 微胶囊技术

微胶囊技术是将微量物质包裹在聚合物薄膜中的一种微型包装技术。目前研究的微胶囊化方法较多,包括界面聚合法、溶剂脱水法、孔膜挤压法和相分离-凝聚法等。该技术的应用可使被包囊成分与外界环境因素隔绝,有效避免不良反应的发生;提高易敏物质的热稳定性;控制物质释放、改变物态、掩盖不良风味和改善色泽等。在牦牛乳生产加工过程中引入微胶囊技术,应用于特殊营养成分以及益生菌的包装,能够有效防止营养物质流失、屏蔽营养物质不良特性和保障牦牛乳制品中益生菌的活性等。

4. 其他新型精深加工技术

除了以上技术外,还有许多新型技术能够引入牦牛乳生产加工过程中。例如,在线检测技术的引入,可对生产加工过程连续自动监测,实现精准调控;激光散射分析技术的引入可精准分析产品中的各物质成分。生物荧光技术的引入可实现对产品中细菌及特定性致病菌的严格把控;数字模拟技术的引入可有效模拟乳制品生产加工过程,减少不确定因素带来的损失。

(三)牦牛副产品精深加工新技术发展现状

随着牦牛副产品生产的规模化和产业化,需要引进国内外先进的加工设备和加工技术,扩大生产规模、提高产品质量、降低生产成本。目前,牦牛副产品的精深加工主要采用风味调整、超高压、酶解和超声波等技术来进行新产品的创制和研发。上述新技术的应用可以提升牦牛副产品食品开发的品质，拓宽产品类型，从而在加大牦牛副产物新产品开发力度的同时增加经济效益，加快牦牛产业化进程。

1. 风味调整技术

牦牛副产物作为食品原料，其本身较重的腥味是制约其加工利用的主要原因之一。为有效脱除牦牛副产物中的腥味物质，改善其加工制品的风味，研究人员采用加入风味掩盖剂、异味吸附剂等方法开展了牦牛副产品风味调整的相关研究和技术研发。

目前，在牦牛副产品牛肝的风味调整中主要采用食盐脱腥、酵母发酵、酵母食盐复合、葱–姜提取液掩盖、活性干酵母+β–CD复合以及"超声+壳聚糖"复合等方法祛除牛肝腥味。有研究发现，在预制调理牛肝排加工中采用1%的食盐，浸泡60分钟就可以达到较好的脱腥效果，煎烤所得的牛肝排风味和谐，有牛肝特征香味，无腥味，总体接受度高。此外，采用葱姜提取液掩盖法、面包酵母发酵法、活性干酵母+β–CD复合法以及"超声+壳聚糖"复合法对牛肝等牛的副产物进行脱腥处理，发现"超声+壳聚糖"复合法在超声功率为500瓦、超声时间为8分钟、反应时间为35分钟的情况下对牛肝具有良好的脱腥效果。而上述技术的应用也为牦牛副产品的风味改善和深加工利用提供了参考。

2. 超高压技术

超高压技术是利用100～1000兆帕压力处理食品，以达到更好的杀菌、加工目的的一种新型食品非热物理加工技术。超高压处理能够较好地保留食物固有的感官品质及营养成分，具有高效、绿色、清洁的特点。

超高压技术在牦牛副产品的杀菌和品质改善方面具有较高的应用价值。有研究采用超高压技术辅助制备牛皮胶原作为脂肪替代物制作低脂牛肉饼并探究超高压处理牛皮对牛肉饼品质的影响，发现当超高压压力为360兆帕、处理时间为21分钟时，超高压辅助优化牛皮胶原低脂牛肉饼工艺最佳，在此工艺下能制备品质最佳的牛肉饼。此外，有研究以牛肚为主要原料并探究不同超高压处理对牛肚杀菌效果的影响，发现牛肚在超高压压力为400兆帕、处理时间10分钟、初始处理温度20℃时可以达到最佳的杀菌效果。处理后的牛肚在4℃条件下贮藏15天，牛肚菌落总数和大肠菌群数均符合生鲜肉制品微生物标准要求。上述研究证实超高压处理有利于降低牦牛副产品的微生物数量，具有杀菌效果，可提高牦牛副产品的食用品质和质量安全水平。

3. 酶解技术

酶解是指在内源性酶（如钙激活酶、组织蛋白酶等）和一些商业蛋白酶（如木瓜蛋白酶、菠萝蛋白酶等）的作用下，将蛋白质分子水解成大量功能性的多肽和游离氨基酸。

目前，主要利用酶解技术在牦牛副产物中生产制备功能性肽，功能性肽可用于保健品、生物医药产品、活性包装材料等多种产品的开发。有研究将牛骨脱钙后用胃蛋白酶进行酶解，制备牛骨胶原肽，发现当酶解时间为48小时，酶解温度为25℃时，胶原蛋白提取率可达48.53%，且制备出的牛骨胶原蛋白肽营养丰富，并呈现出良好的抗冻性能。此外，有研究以牛骨粉为研究对象，以水解度为主要评价指标，考察了碱性蛋白酶、中性蛋白酶、复合蛋白酶和风味蛋白酶对牛骨粉的酶解效果。发现经脂肪酶预处理—碱性蛋白酶—复合蛋白酶酶解工艺制备的骨胶原肽产物具有最佳的理化性质，然而经脂肪酶预处理—碱性蛋白酶—风味蛋白酶酶解工艺处理后，其水解度和总游离氨基酸含量更高，且在骨胶原肽产物的理化性质差异不大的情况下，成本投入更少，同时，骨胶原肽产物特性也表现优异。上述研究可证实酶解技术价格便宜、化学试剂以及毒性物质残留少、操作简单可控，可被广泛应用在牦牛副产品生物活性肽制备和功能性产品的制备工艺中。

4. 超声波技术

超声波技术是利用频率在20千赫到10兆赫之间的声波加工处理食品的一种能耗少、能量高、损害小、无化学残留、瞬时高效、穿透力强的绿色环保非热物理加工技术。

目前，超声波技术主要作为辅助加工技术有效提高牦牛副产品的品质，改善牦牛副产品的加工工艺效果。有研究通过响应面试验采用超声辅助直接中和法制备牛骨源柠檬酸钙，并与以常规方法制备牛骨柠檬酸钙的效果进行了比较分析。发现当超声功率为320瓦、超声温度为39℃、超声时间为21分钟时，柠檬酸钙转化率和柠檬酸钙纯度很高，且经循环3次超声波处理后牛骨离子钙溶出率更高。相对于常规方法，超声波辅助制备工艺可显著提升牛骨源柠檬酸钙的转化率，同时缩短反应时间，具有明显优势。说明超声波辅助法是将牛骨中钙离子化的有效方法，可为以牛骨为原料工业生产钙制品提供参考。此外，有研究以青海牦牛股骨为原料进行超声辅助有机溶剂脱脂参数优化，并比较分析了超声脱脂法和蒸煮脱脂法对骨粉制备的影响。发现当超声功率500瓦、超声时间30分钟时脱脂率最佳，且超声脱脂率显著高于蒸煮脱脂率，同时研究发现超声脱脂可以更大程度地保留蛋白质、矿物质等营养成分。因此，将超声波技术应用在牦牛副产品的辅助加工，可有效保留更多营养物质，对改善牦牛副产品加工工艺及提高产品品质具有一定的参考价值。

5. 其他

牦牛副产品精深加工技术除了上述风味调整技术、超高压技术、酶解技术和超声波技术外，在牦牛骨加工中还可利用超微粉碎、低温浓缩和微胶囊包埋等现代环境友好型加工专业技术和装备，开发应用品质优良的骨胶原蛋白肽、高档明胶等。在牦牛血、脏器原料的收集方面可研发离子交换、层析、膜技术等高新技术，实现牦牛副产物活性物生化分离技术的规模生产。在牦牛副产物熟食开发方面，可研发有害物残留控制技术，开发特色风味熟肉食品，制成各种休闲、预制和营养保健食品等。

第二节　牦牛营养健康新产品分析

一、牦牛肉产品方面

传统牦牛肉产品以风干牦牛肉、酱卤牦牛肉为主，采用高温加热、长时间风干等加工工艺,造成氨基酸、糖类和油脂的热变化以及脂肪氧化,可能会产生大量有害物质,如多环芳香烃类化合物、反式脂肪酸、杂环胺类、油脂氧化物、亚硝胺类等。近年来,随着现代食品加工技术的发展和消费者营养健康意识的提升,牦牛肉产品逐渐朝着绿色低碳、营养健康的方向发展。

牦牛肉绿色制造产品:肉制品绿色制造技术是以优质肉为原料,利用绿色化学原理和绿色化工手段,对产品进行绿色工艺设计,从而使产品在加工、包装、贮运、销售过程中,把对人体健康和环境的危害降到最低,并使经济效益和社会效益得到协调优化的一种现代化制造方法。现代食品加工产业已初步探索了绿色制造技术在传统牦牛肉产品加工中的应用,如将迷迭香及丁香提取物等天然香辛料应用于烤制牦牛肉中,可有效抑制烤制过程中脂质自由基的形成,效果优于特丁基对苯二酚;基于离子交换技术,结合天然嫩化剂,可改善牦牛肉的色泽及提高其嫩度;开发了牦牛肉热风干燥工艺,在保持牦牛肉干类制品传统风味的同时,可显著降低苯并芘等有害致癌物含量;通过有效控制加工辅料浓度,加工温度和水分活度,形成了酱卤牦牛肉风味控制技术、腌制技术及熟制技术,实现加工过程中美拉德反应的定向控制。随着公众健康和安全意识的增强,以及食品工业可持续发展理念的提出,牦牛肉绿色制造产品将成为未来市场的主体产品。

发酵牦牛肉产品:发酵牦牛肉产品是将盐渍牦牛肉在自然状态或人工控制条件下,借助微生物发酵作用,制成的具有特殊风味、色泽和质地,以及较长保藏期的肉制品。发酵过程中,微生物产生的各种酶类对蛋白质进行分解,改善了牦牛肉嫩度,提高了游离氨基酸的含量和蛋白质的消化率,形成的酸类、醇类、氨基酸和核苷酸等风味物质,能使产品的风味得以提高。同时,蛋白质降解产生的生物活性肽,可发挥抗氧化、降血压等多种生物活性,提高牦牛肉的营养价值。自然发酵牦牛肉制品是依靠自然条件中微生物群系的竞争,使原料肉中的有益菌逐步成为发酵过程中的优势菌。目前已有研究探索了汉逊德巴利酵母菌、德巴利氏酵母菌、植物乳杆菌、布氏乳杆菌、戊糖片球菌等在牦牛肉发酵中的应用,可对牦牛肉品质产生显著改善作用。与自然发酵相比,人工接种发酵可缩短发酵周期、提高产品稳定性和安全性。在食品工业标准化、安全化的大趋势下，人工接种发酵是发酵牦牛肉产品的发展趋势。

二、牦牛乳营养健康新产品

牦牛乳之中蛋白质、脂肪、乳糖及干物质含量均高于其他牛种乳汁，且富含氨基酸、钙、铁、锌、维生素等营养物质。研究发现，牦牛乳中的主要蛋白质为酪蛋白，其中含量最高的酪蛋白为β-酪蛋白，占牦牛中乳酪蛋白总量的45.81%～47.60%，牦牛乳中酪蛋白因其分解产物（如C12多肽）对血压的降低作用可以作为一种天然的抗高血压成分。此外，牦牛乳中的乳脂球膜具有多种生物活性，包括对细菌和病毒的抗黏附、糖脂代谢、免疫调节、抗氧化、抗癌和神经调节等，在功能食品领域具有商业价值。值得关注的是，牦牛乳中功能性脂肪酸含量高，二十碳五烯酸、二十二碳六烯酸以及共轭亚油酸含量丰富，对婴幼儿、中老年人等特殊人群十分适用，而且共轭亚油酸的顺式-9、反式-11异构体等具有抗癌、增强免疫力以及抗糖尿病的功能特性，能够改善骨矿化、减少体脂增生、延缓动脉粥样硬化，而且只有牦牛奶中含α-亚麻酸，其他牛奶均没有，而α-亚麻酸是构成生物酶和细胞膜的基本物质，可在人体内转化为二十碳五烯酸、二十二碳六烯酸等，对人体健康起重要作用。此外，牦牛乳中脂肪质量分数平均为6.01%，脂肪球直径平均为4.39微米，而普通牛乳脂肪球直径平均为2～4微米。牦牛乳脂肪含量高，是加工奶油系列制品的优质原料乳之一。

随着生活水平不断提高，人们对乳产品的营养品质及功能提出了更高的要求，而牦牛乳及其相关制品在满足现代人对绿色有机食品追求的同时还能够满足不同人群的健康需求，因此牦牛乳相关产品的开发受到功能性食品及营养健康领域的密切关注。基于牦牛乳丰富的营养成分及其能为微生物的生长繁殖提供良好的营养基础的特点，目前开发了多种以牦牛乳为原料的营养健康产品。主要的产品类型及特点包括：

1. 牦牛酸乳

牦牛乳通过乳酸菌发酵成牦牛酸乳，在保存牦牛乳本身营养成分的同时还能给牦牛乳增加独特的发酵风味。随着研究的进展,部分牦牛酸乳中还添加了对健康具有有益作用的益生菌,使得牦牛酸乳能够更好地促进机体健康。

2. 牦牛奶酪

奶酪是常见的一种牦牛乳加工产品,研究人员通过筛选具有产凝乳酶的优势乳酸菌,研发具有优良质构及口感的民族特色奶酪。与一般的奶酪相比,牦牛奶酪含有丰富的蛋白质、碳水化合物、脂肪以及氨基酸,营养价值较高,而且牦牛奶酪中含有丰富的乳酸菌,具有一定的益生作用。

3. 牦牛酥油

牦牛酥油是类似黄油的一种乳制品,是从牦牛奶中提炼出的脂肪。牦牛酥油含多种维生素,与普通奶油相比营养价值颇高,其硬脂酸含量更高、棕榈酸含量更低,反式油酸和共轭亚油酸分别是普通奶油的近8倍和2倍,具有调节脂质代谢、保护肝脏等作用。总的来说,牦牛乳因其营养价值和健康保护作用受到越来越多的关注,未来牦牛乳营养健康新产品将被更广泛地开发。

三、牦牛副产物营养健康新产品分析

近年来,随着人们对牦牛资源综合利用的日益重视,牦牛营养健康新产品的开发取得了一定的研究成果。在现代生物分离技术、产品检测技术等支撑下,牦牛副产物的开发利用取得了一定的社会效益和经济效益。

目前以牦牛骨为原料制备的营养健康新产品主要有可修复人体细胞的复合牦牛骨胶原蛋白肽粉、降血糖和抗氧化的牦牛骨肽、改善肠道微生物丰度的牦牛骨胶原蛋白肽以及抑制ACE(血管紧张素转化酶)的牦牛骨蛋白肽等产品。

以牦牛血为原料制备的营养健康新产品主要是有牦牛血源SOD抗癌保健食品、强抗氧化活性的牦牛血抗氧化肽以及牦牛血胶囊等产品。

以牦牛皮为原料制备的营养健康新产品主要具有补血、止血功效的复方牦牛皮胶、可祛除面部红血丝的牦牛皮胶护肤产品以及具有抗氧化功效的牦牛皮多肽等产品。

对于牦牛营养健康新产品的开发，主要从以下几个方面来提高牦牛副产物资源的利用率。

1. 食品方面

将牦牛副产物混合其他食材进行冷冻干燥研制浓缩牦牛骨汤、火锅底料等浓缩骨汤类产品，研制新型牦牛副产物发酵食品，研发可增加食品钙含量的添加剂等。

2. 医药方面

可利用牦牛副产物中各种微量元素含量高的特点，研制生产高矿物质元素含量的营养保健产品，可利用超微粉碎技术制作补钙制剂治疗骨关节病，还可制成复合人工骨，以及提取硫酸软骨素来制成缓解关节疼痛、预防冠心病的药物。

3. 化工方面

牦牛副产物中含有丰富的胶原蛋白，采用酶法、酸法、碱法或综合提取等方法对牦牛副产物中的胶原蛋白进行提取，能够最大程度地获取优质肽资源。利用牦牛骨、血和皮制备的胶原蛋白多肽具有很强的吸水、吸油、蓄水、乳化等特性，可研制新型化妆用品。

第三节　牦牛产品功效研究进展

一、牦牛肉

牦牛肉营养价值丰富，属于高蛋白低脂肪类食品。蛋白质含量约为21.6%，肌内脂肪含量为1.6%，富含人体必需的氨基酸和不饱和脂肪酸，n–6多不饱和脂肪酸和n–3多不饱和脂肪酸组成比例合理，铁元素含量高于黄牛肉。

牦牛肉中氨基酸种类齐全，含有赖氨酸、色氨酸、苯丙氨酸等人体必需氨基酸以及谷氨酸、丙氨酸、甘氨酸等人体非必需氨基酸。必需氨基酸占总氨基酸含量的35%以上，且多数必需氨基酸评分接近FAO/WHO推荐的氨基酸模式,因此牦牛肉是一种优质蛋白的来源。

牦牛肉中饱和脂肪酸(Saturated Fatty Acid, SFA)相对含量约为45%~50%,以硬脂酸和棕榈酸为主;单不饱和脂肪酸(Monounsaturated Fatty Acid, MUFA)相对含量约为35%~45%,以油酸和棕榈油酸为主;多不饱和脂肪酸(Polyunsaturated Fatty Acid, PUFA)相对含量约为5%~12%,包含α-亚麻酸、二十碳五烯酸(Eicosapentaenoic Acid, EPA)、二十二碳六烯酸(Docosahexaenoic Acid, DHA)、亚油酸、花生四烯酸等。部分SFA对人体有潜在生理功能,但人体摄入过多的SFA会引起血脂异常,易诱发心血管疾病。$\omega-3$和$\omega-6$系列是两类受关注较多的PUFA,$\omega-3$系列包括α-亚麻酸、EPA和DHA等,$\omega-6$系列包括亚油酸、花生四烯酸等。$\omega-3$和$\omega-6$系列PUFA具有预防心血管疾病、提高机体免疫力、促进视觉和神经系统发育等生理功能,但$\omega-3$和$\omega-6$系列PUFA摄入量需均衡,健康膳食中PUFA/SFA的推荐比值≥ 0.4,$\omega-6/\omega-3$的推荐比值<4.0。过量摄入$\omega-6$会抑制$\omega-3$代谢,并导致类二十烷酸代谢产物的累积,增加心血管疾病和其他慢性病的发生风险。

已有研究表明,牦牛肉中的$\omega-3$相对含量显著高于秦川牛、西门塔尔牛等黄牛品种,且$\omega-6/\omega-3$比值<4.0,两者组成比例合理。Cao et al.发现,相比于犏牛和三元杂交牛,牦牛肉中$\omega-3$含量显著偏高,而$\omega-6/\omega-3$比值显著偏低。牦牛肉中脂肪酸组成与年龄有关,大通犊牦牛肉中α-亚麻酸、花生四烯酸和EPA等PUFA含量显著高于大通成年牦牛肉。牦牛饲养方式对脂肪酸组成也有较大影响。与天然放牧牦牛相比,舍饲育肥牦牛肉中SFA和MUFA的相对含量显著升高,而PUFA的相对含量显著降低。这可能是因为放牧牦牛的饮食以牧草为主,高原地区牧草中含有丰富的PUFA,而育肥饲料中PUFA含量较低。通过向牦牛饲料中添加富含PUFA的油菜籽,可以显著提高牦牛肉中$\omega-6$和$\omega-3$的相对含量,降低$\omega-6/\omega-3$比例。

牦牛肉含有人体所必需的钙、镁、钾、钠、磷等常量元素以及铜、铁、锌、锰等微量元素。甘南牦牛肉、天祝牦牛肉、肃南牦牛肉中钾、钙、磷、铁、锌、镁、锰和铜元素含量分别为321.51~358.64毫克/100克、4.45~4.96毫克/100克、

236.42～245.40毫克/100克、35.78～38.20毫克/100克、19.58～21.45毫克/100克、33.84～42.33毫克/100克、0.24～0.30毫克/100克和0.26～0.35毫克/100克，其中铁元素含量远高于黄牛。国内学者发现牦牛肉中铁元素含量显著高于西门塔尔牛等黄牛品种，这与牦牛肉中具有贮氧作用的肌红蛋白含量较高有关，而肌红蛋白中含有铁离子。

另有研究发现，牦牛肉中角鲨烯含量较高，牦牛肱二头肌中角鲨烯含量可达315.43微克/克。角鲨烯具有调控机体胆固醇代谢、抗氧化、解毒等生物活性，但目前关于牦牛肉中角鲨烯的研究较少，未来可深入研究挖掘。

二、牦牛乳

（一）牦牛乳功能研究进展

牦牛作为世界上仅存的源种动物之一，其奶源属于β-CN高占比的A2型奶，营养结构自然，易于人体吸收，可作为一种安全可靠的婴幼儿配方奶粉基础材料。以牦牛乳为原料生产的乳粉具有改善消化功能、致敏性低的特点。牦牛乳脂肪球具有高脂消化率，释放的不饱和脂肪酸比奶牛乳脂肪多，消化过程中释放的脂解产物对新生儿的营养代谢有积极影响。蛋白质中还富含母乳中才有的一些天然免疫因子和生物活性成分，可为新生幼儿提供被动免疫，保护机体免受一些病原微生物的感染。牦牛乳的生物活性成分为牦牛乳婴幼儿配方奶粉的开发提供了天然优势。牦牛乳中含有天然的抗氧化剂维生素C和维生素E，且含量高于其他哺乳动物乳。动物实验表明，牦牛乳粉喂养的小鼠在常压缺氧的环境下的生存时间相比牛乳组和空白组分别延长15.7%和17.3%。与荷斯坦牛乳相比，牦牛乳不仅具有更强的抗缺氧能力，而且具有较强的抗疲劳能力。研究表明小鼠摄入5.1毫克/克·体重牦牛乳粉后，在不同喂养剂量组中力竭游泳时间最长，相比于荷斯坦牛乳组提升35.8%。综上所述，目前的研究已初步了解牦牛乳是婴幼儿配方乳粉的良好奶源，具有良好的耐缺氧、抗疲劳和抗氧化等功能特性。未来应加强对其特性的机理研究，同时挖掘牦牛乳其他功能潜力，助力牦牛乳作为一种改善疾病或机体功能的营养性成分广泛应用于食品、药品等领域。

（二）牦牛酸乳功能研究进展

自然发酵的牦牛乳中含有的乳酸菌、酵母菌等组成的微生物体系可以代谢产生氨基酸、生物活性肽和酶等代谢产物，使其具有降低胆固醇浓度、预防动脉硬化和肿瘤、避免过早衰老等功效。因此牦牛乳产品功效研究一直是大家关注的焦点。

研究发现以益生菌为发酵剂发酵牦牛酸乳可以很好地干预和改善一些疾病。自青藏高原牦牛酸奶中筛选出的干酪乳杆菌G12和嗜乳酸杆菌E2具有免疫调节功能；植物乳杆菌XM5可有效缓解D-半乳糖对大鼠脑组织的氧化损伤。从传统牦牛酸奶中筛选出的植物乳杆菌YS2具有缓解便秘的作用，植物乳杆菌LP3和干酪乳杆菌YBJ02具有降胆固醇作用。干酪乳杆菌的相关研究表明该菌株可以在小鼠肠道中定植并起到调节肠道菌群作用。以具有防龋齿功能的唾液乳杆菌AR809的益生菌为发酵剂可以提高发酵乳黏度、适口性、组织状态及黏附性，改善发酵乳品质。

此外，研究表明发酵乳杆菌SHY10对金黄色葡萄球菌有良好的抗菌活性，同时也对近平滑念珠菌膜产生抑制；植物乳杆菌S58和无壳青稞β-葡聚糖组成的合生元可通过激活AMPK信号传导和调节肠道菌群来改善高脂饮食喂养小鼠的脂质蓄积；植物乳杆菌LP33可通过减少氧化应激和炎症反应并促进铅的排泄来减轻铅诱导的大鼠肝损伤。这些益生菌也将进一步为发酵乳产品的研发提供理论基础。

综上所述，牦牛酸乳具有良好的益生特性，可以为优良发酵剂、益生菌、抗菌化合物的开发提供丰富资源。自然发酵牦牛乳菌种资源的挖掘、功能性评价及开发利用有待进一步的探究。

（三）牦牛干酪制品功能研究进展

近年来，牦牛干酪制品的功效研究取得了显著进展。研究表明，牦牛干酪制品具有抗氧化、抗炎、抗肿瘤、抗衰老、抗病毒、抗菌、抗肝病等多种功效。

首先，牦牛干酪制品（如奶酪、奶渣）富含蛋白质、脂肪酸、钙和维生素等营养成分，可满足人体的营养需求。牦牛干酪制品中的蛋白质含量比牛奶高，其中含有丰富的氨基酸，可改善人体的免疫力和抗氧化能力。此外，牦牛干酪中的矿物质含量也比牛奶高，其中含有大量的钙、镁、钾、铁等，可改善人体的骨骼健康。

干酪制品具有极强的抗氧化活性，奶酪、奶渣中含有丰富的抗氧化物质，如维生素A、维生素C、维生素E等，可有效抵抗自由基的侵害，延缓衰老，保护人体的健康。同时，牦牛干酪中还含有大量的不饱和脂肪酸，可有效抑制体内脂质的氧化，降低血液中胆固醇的含量，有效预防心脑血管疾病。

牦牛干酪制品中含有丰富的抗炎物质，如维生素A、维生素E、维生素C、β-胡萝卜素、硫酸钙、硫酸镁等，可有效抑制炎症反应，减轻炎症症状，促进炎症恢复。

另外，牦牛干酪制品具有抗肿瘤的功效，它含有丰富的抗氧化剂，如维生素A、维生素E和硒等，可以有效抑制自由基的形成，从而降低肿瘤细胞的活性，减少肿瘤的发生和发展。牦牛干酪制品还含有多种有益的微量元素，这些元素可以促进免疫系统的健康，抑制肿瘤的发生。

（四）牦牛奶油制品功能研究进展

酥油有极高的热量，可为有机体提供能量，是一种较好的养生食品，具有较高的营养价值，一直深受藏族牧民的喜爱。牦牛酥油主要成分是不饱和脂肪酸含量较高的乳脂肪。牦牛酥油的保健功能在于其功能性脂肪酸，而牦牛酥油中脂肪酸的组成与普通奶油存在较大的差异。众多研究表明，牦牛酥油中脂肪酸的种类主要是硬脂酸、棕榈酸等一些饱和脂肪酸，以及多种功能性不饱和脂肪酸，例如亚油酸、亚麻酸、花生四烯酸（AA）、二十二碳六烯酸（DHA）、二十碳五烯酸（EPA）以及共轭亚油酸（CLA）等。越来越多的学者研究牦牛酥油中多不饱和脂肪酸的功能特性，结果显示亚油酸能够调节血压、有效消除皮肤炎症。另外有较多研究显示，酥油中含有的CLA能够很好地抗动脉粥样硬化、降低胆固醇、抑制肿瘤的形成等。亚麻酸不仅能在人体内合成DHA和EPA，也能够调节血压和胆固醇以及保护视力。AA有助于婴幼儿的成长发育，其代谢产物也有利于神经细胞的正常传送信号,故被作为特殊营养物质添加在婴幼儿奶粉中。另外,由于牦牛在放牧过程中可能会食用草原牧场上各种野生的中草药,将酥油按摩至皮肤冻伤处,还可达到促进血液循环、消肿润肤的功效,而且能在短时间内起效。此外,在牦牛酥油中还含有一些特殊的饱和支链脂肪酸,有研究指出它们在瘤胃微生物生长和繁殖中不可或缺,可促进微生物蛋白的合成以及纤维素分解菌的生长。

三、其他

近年来,围绕牦牛副产物功能特性的研发受到了广泛关注,由于其产量巨大且可利用度高,是开发功能性产品并增值利用的良好材料来源。牦牛相关副产物具有降压、抗氧化、抗血栓、抗菌、抗感染和抗癌等生理活性,可以作为功能性成分添加到食品等产品中。

(一)牦牛骨功能研究进展

目前已有研究利用酶解法以牦牛骨等为原料制备出抗氧化肽,低分子量多肽等具有良好的自由基清除能力,适用于营养或保健品的开发,且具备天然抗氧化剂应用潜力。研究证实,灌喂牦牛骨胶能明显增强小鼠耐缺氧、耐寒、抗疲劳的能力,具有显著的抗应激和增强免疫功能的作用。

(二)牦牛血功能研究进展

牦牛血作为生物活性肽的来源已被研究和报道,其具有抗微生物、抗氧化和抗增殖等活性。基于开发能够抑制血管紧张素转换酶的生物活性肽可以促进新型疗法的发展,并可作为预防高血压的功能食品。其中,牦牛血红蛋白、血清白蛋白及牦牛纤维蛋白原等肉类蛋白是ACE-I、DPP-IV和肾素抑制肽的前体物质,具有促进心脏健康的作用。有研究证实,一定浓度的牦牛血清转铁蛋白对金黄色葡萄球菌、大肠杆菌具有较强的抑制作用,为牦牛血资源抗菌性的开发与利用提供参考。同时,牦牛血低聚肽对缺氧介导的心肌细胞损伤具有一定的保护作用,能提高小鼠的抗疲劳能力。

（三）牦牛皮功能研究进展

牦牛皮中含有丰富的胶原蛋白，具有促进机体细胞发育、迁移，参与机体各组织的形成等功能。与普通蛋白相比，胶原蛋白具有更好的生物相容性、促凝血性、弱抗原性和可降解性，也更容易被人体吸收利用。牦牛皮中所提取的抗氧化肽具有良好的抗氧化能力，有研究表明，牦牛皮抗氧化肽对DPPH、ABTS+和羟自由基的清除率的IC50值分别为2.884毫克/毫升、2.110毫克/毫升、2.523毫克/毫升，并且有较强的还原能力，可以作为天然抗氧化肽的原料来源。此外，牦牛胶原蛋白肽可以显著改善糖尿病小鼠的症状，缓解糖尿病小鼠血糖及其他血液指标的上升趋势和胰腺组织的损伤。

（四）牦牛肝脏功能研究进展

据《藏药志》记载，牦牛肝脏是应用非常广泛的一种药材资源，常用于各种肝炎、贫血等疾病的辅助治疗。牦牛肝蛋白具有抗肝癌作用，有学者研究牦牛肝蛋白BGP对肝癌HepG2细胞增殖的影响，发现牦牛肝蛋白可以抑制肝癌细胞的增殖并促进其凋亡，说明牦牛肝蛋白具有临床抗癌治疗价值。此外，牦牛肝蛋白具有体外抗凝血作用，研究发现牦牛的三种肝蛋白（BGP1、BGP2、BGP3）对家兔具有显著的抗凝血作用。

（五）其他脏器功能研究进展

除了上述脏器的相关功能研究外，还有研究发现，将牦牛脾脏非特异性转移因子注射到小鼠体内，能有效提高组织细胞抗氧化物酶的活性，降低自由基代谢产物。而且，转移因子可以协同刀豆蛋白有效促进小鼠脾淋巴细胞的增殖，并通过促进各种细胞因子的分泌而发挥免疫增强作用。

牦牛产业典型发展模式与代表性企业分析

第一节　典型区域发展情况

一、青海牦牛产业发展现状

当前，青海省畜牧业发展方向更加清晰，"生态优先、绿色发展"成为主方向，"净土青海、高原臻品"成为主基调。农业现代化、乡村振兴、共同富裕，绿色有机农畜产品输出地建设的总要求，正在全省上下形成合力，扎实推进。生态、绿色是青海名片的亮点，青海面向国内外的新标记。

青海是世界牦牛主产区，牦牛产业是青海最具特色、最具潜力、最有发展前景的农牧产业之一。为全面推进青海省牦牛产业发展，建设具有高原特色青海特点的现代牦牛产业体系，实现牦牛提质增效，加快全省牧区发展步伐，2018年，青海省人民政府出台了《关于加快推进牦牛产业发展的实施意见》。牦牛产业作为青海省的标志性生态产业，发展速度和发展质量得到了明显的提升。

（一）前期建设成效

1. 基本情况

在西宁市经济技术开发区、湟源县，海东市互助县、平安区，海北州祁连县、海晏县、刚察县，海南州共和县，果洛州玛沁县、久治县、班玛县、甘德县、达日县，黄南州河南县、泽库县、同仁市，玉树州玉树市、称多县、治多县、杂多县、曲麻莱县等县区，以农牧业产业化龙头企业、省级农牧业产业化联合体、农牧民专业合作社、科研事业单位、农牧业产业化龙头企业协会和产业联盟为主，实施牦牛产业发展专项行动计划，重点支持牦牛制品精深加工、冷链物流建设、初加工设施建设、饲草料生产加工、标准化基地建设、科技研发、智库建设和创新创业孵化基地建设。

建设各类牦牛产业生产加工线42条，购置设备3534台（套），提供各类牦牛优质产品2.657万吨，新增和改造屠宰加工产能5.42万吨/年，新增和改造冷藏库6090吨。

2. 建设成效

（1）产业链条不断完善

涵盖了牦牛肉、牦牛乳、牦牛毛、饲草料生产加工及标准化养殖基地建设等多个环节，通过"补短板、强弱项"，形成"牦牛良种+绿色标准化养殖+产地初加工+产品精深加工+副产物综合利用+仓储物流+市场营销+电子商务"的全产业链发展模式，加快了青海省牦牛养殖体系、加工体系、销售体系全价值链提升建设。打造了"唐古拉牦牛""海晏牦牛""玉树牦牛"等一批牦牛优势特色区域品牌，增强了产业发展的抗风险能力和市场竞争力。目前，产业集群牦牛肉总产量达到14万吨，第一、二、三产业总产值达到140亿元。

（2）公共平台建设不断完善

依托青海省畜牧兽医科学院、青海省畜牧总站、青海省牦牛繁育推广服务中心等省级牦牛技术研发推广机构，建立了牦牛产业技术转化核心平台、国家农产品加工技术研发专业中心（牦牛），扶持建设茶马互市牦牛交易平台1个，拥有省级产业技术转化基地5个、产业技术示范基地27个、产业重点对接县4个、产业技术指导县14个，设立了全国唯一的"牦牛遗传育种与繁殖科学观测实验站"。建成泽库牦牛国家现代农业产业园，实施牦牛原产地质量安全追溯，实现动物检疫、质量安全和牦牛保险"三标合一"。持续抓好牦牛产业科技创新平台建设，推进国家牦牛技术创新中心建设，提升科技协同链接能力。获得牦牛科研相关科技成果95项，其中省部级科技进步奖29项，标准33项、专利65项。

（3）经营主体不断壮大

目前，青海省共有牦牛产业省级以上龙头企业36家，集群内从事牦牛产业生态畜牧业合作社和农牧民专业合作社达到157家。经营主体通过参与牦牛优势特色产业集群建设，养殖基地环境得到改善，生产能力明显提升，企业运行能力明显增强、销售收入明显增加，新增牦牛产业国家级重点龙头企业2家，省级以上农牧业产业化龙头企业11家。

（4）利益联结机制更加紧密

以农牧业产业化联合体、农牧业产业化龙头企业、农牧民专业合作社和科研院所为实施主体，有序推进牦牛产业集群建设，探索形成"经营主体+村集体经济+联合总社+草场流转+牲畜入股"的利益联结机制。共有6家国家级龙头企业、7省省级龙头企业、14家市州级龙头企业、129家农牧民专业合作社参与牦牛集群建设，直接带动农户1.15万户，集群产业从业农民年人均可支配收入从11499元提高到13342元，提高了1843元，牦牛主产区农牧民增收明显。

3. 创新做法

（1）规范牦牛产业发展管理

印发《青海省农业农村厅关于规范优势特色产业集群建设的通知》（青农产〔2022〕180号），对全省牦牛产业集群建设提出总体要求、部署重点任务、规范建设要求和申报程序。

（2）构建督导服务机制

结合全省农业农村系统领导干部和科技人员服务基层行动，依托青海省乡村产业发展指导中心，组建牦牛优势特色产业集群专项督导服务组。采取"一人一县"点对点项目督导服务方式，实行"一县一档案""一月一督导"制度，实地了解项目实施和资金支出情况，对实施进度缓慢的项目及时通报责令整改，确保牦牛优势特色产业集群项目保质保量完成。

（3）开展省级评价验收

按照农业农村部集群项目绩效评价要求，委托第三方审计机构对实施的集群项目进行省级绩效评价。印发《青海省农业农村厅关于开展牦牛优势特色产业集群建设项目省级验收检查工作的通知》，会同省财政厅开展材料审查和实地验收，确保牦牛优势特色产业集群项目建设质量和成效。

（4）纳入政府年度考核目标

将牦牛产业集群建设任务纳入青海省绿色有机农畜产品输出地建设考核体系，列为省委、省政府重点督查考核内容，将考核结果作为各地区下年度政策支持、项目安排的重要依据。

（二）优化牦牛产业发展的空间布局和功能分工

聚集生产要素,强化产业基础,统筹推进牦牛产业科研、生产、加工、流通、休闲、服务协同发展,全省牦牛产业布局更加合理,功能更加完善。

1. 加工物流集群区

以科研院校为主体在西宁市区和湟源县开展牦牛系列产品加工设备研发,建成青海省牦牛产业创新创业孵化实训基地,完善牦牛产业标准体系;以省级农牧业产业化联合体和国家级、省级龙头企业为主体,在平安区、互助县、海晏县、祁连县、共和县建成牦牛肉、牦牛乳精深加工生产线及冷链物流基地,建成全省首个牦牛活畜及肉产品线上交易平台。加工物流集群区实现第二、第三产业融合增值,成为牦牛产业转型发展的新亮点和融合发展的新载体。

2. 绿色养殖集中区

以省级农牧业产业化联合体,国家级、省级龙头企业和合作社为主体,依托国家玉树州牦牛特色农产品优势区,在玉树州5县（玉树市、称多县、治多县、杂多县、曲麻莱县）、果洛州5县（玛沁县、班玛县、久治县、甘德县、达日县）、黄南州3县（河南县、泽库县、同仁市）打造绿色有机养殖区,开展现代牛繁育基地和绿色高效牦牛养殖基地建设。在海北州刚察县,海南州2县（兴海县、同德县）打造特色高效养殖区,开展饲草料生产加工基地建设,配套建成交易市场、初加工设施和物流设施。

一是依托牦牛优势特色产业集群建设,充分释放牦牛产业发展潜力,有效提升"净土青海、高原臻品"的区域公用品牌知名度。

二是强化牦牛产业短板弱项,延伸产业发展链条,强化牦牛产业精深加工能力,提高牦牛产业增值收益,有效拓宽农牧民群众的致富增收渠道。

三是鉴于地区经济发展滞后,国有农垦企业长期缺乏产业政策支持,产业结构单一的现状,通过实施牦牛优势特色产业集群项目,改造升级加工仓储设施,增强产业发展基础,有效促进国有农垦企业发展。

（三）下一步的思路目标

以打造绿色有机农畜产品输出地为目标,围绕乡村振兴战略部署,坚持市场主导、政府扶持的原则，按照全产业链开发、全价值链提升的思路，以牦牛为主导产业，集中资金、人力、技术、信息等产业要素，突出围绕牦牛产品精深加工、牦牛生产基地建设和冷链仓储设施改造等重点，补齐2020年、2021年牦牛产业集群建设短板，健全牦牛产业利益联结机制，打造第一、二、三产业紧密融合、链条结构合理的牦牛产业集群，助力青海农牧业高质量发展。

依托平台持续支撑牦牛产业发展。青海联合西藏、四川、甘肃的9家省部级牦牛相关实验室，成立了"牦牛研发联合实验室"，聚合了全国牦牛研发的主要力量，已获得正式批准。

支撑牦牛产业发展的平台还有科技部"三江源生态与高原农牧业省部共建国家重点实验室——高原生态畜牧业平台""国际交流与合作基地"，教育部"三江源生态系统野外科学观测研究站——称多站"，农业农村部"国家农业科技创新与集成示范基地""国家牦牛肉加工技术研发专业中心"，国家市场监管总局"青藏高原牦牛标准化区域服务与推广平台"，国家产业技术体系相关岗位专家、实验站，家畜遗传资源保护与创新利用重点实验室（甘肃/青海/西藏），高原放牧家畜动物营养与饲料科学实验室，青海牦牛工程技术研究中心，青海省农牧业牛产业科技创新平台，青海省高寒草地适应性管理重点实验室，牦牛研发联合实验室，生态畜牧业大数据联合实验室，青海省高原家畜遗传资源保护与创新利用重点实验室，青海省动物疫病病源诊断与绿色防控技术重点实验室，下一步将继续依托各类平台形成支撑牦牛产业发展的新局面。

二、西藏牦牛产业发展现状

（一）西藏农牧基础概况

西藏自治区位于青藏高原西南部，青藏高原平均海拔在4000米以上，海拔跨度大，素有"世界屋脊"之称。

西藏地势由西北向东南倾斜，地形复杂多样，有山脉、沟峡、冰川、裸石、戈壁等多种地貌类型，有分属寒带、温带、亚热带、热带的种类繁多的植物和动物。地貌大致可分为喜马拉雅山区、藏南谷地、藏北高原和藏东高山峡谷区。西藏的气候由于受地形、地貌和大气环流的影响,独特而且复杂多样。气候总体上具有西北严寒干燥、东南温暖湿润的特点。气候类型也因此自东南向西北依次有热带、亚热带、高原温带、高原亚寒带、高原寒带等各种类型。

西藏自治区耕地集中分布在藏南河谷及河谷盆地中,东部和东南部也有少量分布。西藏土地资源的最大特点是未利用土地多,占土地总面积的30.71%,可利用潜力很大。西藏天然草地面积超过内蒙古和新疆,位居全国第一,是中国主要的牧区之一。

西藏自治区拥有宜农耕地680.57万亩,耕地面积523.43万亩,约占全区土地总面积的0.31%;牧草地96934.8万亩,约占全区土地总面积的56.72%;林地10716万亩,约占全区土地总面积的6.27%。西藏耕种土壤的垂直分布区间为海拔610~4795米,其中海拔2500米以下的面积占5.6%,海拔2500~3500米的面积占11.4%,海拔3500~4100米的面积占60.8%,海拔4100米以上的面积占22.2%。草地土壤中包括了尚未作为放牧草场利用的荒草地土壤。那曲和阿里地区的面积最大,分别占全区草地面积的40.25%和26.30%;其次是日喀则,占15.44%;昌都占8.39%;山南占3.99%;林芝占2.72%;拉萨占2.91%。草地土壤的垂直分布区间为海拔2800~5600米,其中海拔4600米以上的草地土壤面积占82%,海拔3500~4600米的面积占14%,海拔低于3500米的面积占4%。

西藏的耕地面积绝大部分分布在江河干、支流的河谷阶地、山麓斜坡、冲积扇地和湖泊平原一带,而且大部分耕地是由草甸土、亚高山草原土、亚高山草甸土等开垦而来的。土壤类型因分布环境条件不同,在质地上有很大差异。大部分耕地的有机质含量低,即使有少数土地含腐殖质较多,亦因温度低,微生物繁殖慢、数量少、分解缓慢,很少被作物所吸收,部分耕地还存在着地面不平整、耕层较浅、砂性重、石砾多、质地偏粗、易漏肥等现象。在复种区耕作土壤的潜在肥力较高,供氮和供磷能力也较强。

西藏农业属于典型的高原农业,其农作物分高原和低地农作物两种。高原农作物主要有青稞、荞麦、豌豆、马铃薯、油菜、圆根、萝卜、圆白菜等;低地农作物的种类多,农作物品种具有区域性特色,主要有稻谷、鸡爪谷、玉米、辣椒、扁豆等。种植业中的四大作物青稞、小麦、油菜、豌豆皆属喜冷凉作物，特别是青稞只适宜该地带种植，青稞在西藏是普遍种植的作物，随海拔升高种植面积不断加大，最后成为高寒地区的单一作物。农作物的耕作制度一般随海拔不同而相应地发生种类更替变化，种植制度也随海拔的升高发生显著变化。

西藏是我国传统的五大牧区之一，在西藏没有纯农区，但一定有纯牧区。西藏的畜牧业经济无论是从经济结构中的高比重来看，还是从促进轻工业发展及人民生活水平提高的重要作用来看，都具有其不可替代的战略地位。畜牧业在西藏又分为农区畜牧业、草地畜牧业和城镇郊区畜牧业。农区畜牧业，含半农半牧区和林区的畜牧业，其不仅是种植业的延伸，也是农畜产品加工工业的支撑点。草地畜牧业是西藏重要的基础产业之一，是藏族人民世代经营的传统产业。城郊畜牧业是商品经济发展的产物，已成为整个市场畜牧业经济的龙头和城镇经济、市场中心的一个重要的组成部分。

（二）西藏的牦牛资源现状

西藏的家畜实际数量一直处于稳定增长状态，其中牦牛的存栏量由1959年的221万头增长到2021年的约522万头，在以草定畜等相关政策引导和控制下，总体数量有所控制。但随着社会经济发展，牦牛肉的需求量不断增大，牦牛存栏量总体呈现增长趋势。截至2020年底，西藏自治区牦牛遗传资源共有6个，分别为帕里牦牛、斯布牦牛、娘亚牦牛、西藏高山牦牛、类乌齐牦牛和查吾拉牦牛。

（三）西藏的牦牛养殖状况

西藏地域广阔，各地的牦牛养殖状况也有所不同，但大部分地区仍然以传统养殖方式为主，散养户较多，部分区域以联户放牧养殖，近年来在各级政府的主导和扶持下，成立了养殖合作社。截至2016年底，成立了各种类型的养殖合作社6300个。养殖合作社在政府主导下，本着牧民自愿的原则，以牦牛、草地等入股，成立合作社，实行统一放牧管理，产品统一经营，采用收益分红的方式获得收益，合作社的一些运行费用由政府承担，目前在全区发展迅速。散养户的养殖基础设施较差，饲养的牦牛从几头到200头不等，养殖设施和技术较为落后,主要是土圈或者粪饼堆砌的圈舍,部分是自治区实施的高寒地区的暖棚圈的配套建设。

西藏草地分布广,自然条件差异大,草产量也差别很大。西藏草地类型主要有高寒草甸、高寒灌丛草甸、高寒草原、高寒荒漠、高山林地等,大都不适于机割,推广机械化困难。西藏草地由于过度放牧、鼠害、水土流失等问题,草场退化日趋严重。草地草产量差别很大,从亩产干草30千克到300千克不等,因此载畜量也有很大差别。近年来,自治区大力推进人工种草,主要种植的品种有紫花苜蓿、燕麦、披碱草等,目前已经发展人工种草接近100多万亩。

西藏牦牛的繁育多采用本交方式进行,各地积极开展本品种选育和推广工作。但由于推广资金少和良种体系不健全,大部分区域性牲畜依然处于自然交配状态,牲畜退化问题仍没有得到很好的解决。近年来,在政府的大力推动下,尤其是牦牛良种补贴正常发放的激励下,牦牛品种改良在各地有序开展起来,如开展种公牛互换,从区内或者区外引进优质种牛,如大通牦牛等,政府通过财政资金给予补贴。但总的状况是牦牛品种的人工选育难度较大,造成牦牛原始品种退化严重,牦牛生长缓慢,繁殖成活率、出栏率、个体生产性能低。

西藏牦牛的交易、加工业不发达。据统计,西藏有一定规模的牦牛肉加工企业5家,皮加工厂3家,其他副产物加工企业2家,总计10家左右。西藏各地没有成规模的牦牛活牛交易市场,牦牛活体交易数量不清楚,零星的牦牛交易都是在牧民和回族商人之间进行。在牦牛大量出栏的季节,有牦牛肉在交易市场出售。各地几乎无成规模的牦牛屠宰加工厂,为数不多的牦牛产品加工厂生产工艺原始,只进行产品的初级加工。

(四)西藏牦牛产业商业化运作模式和发展潜力

西藏牦牛产业商业化运作目前的主要特点是产、供、销分离,无产、供、销一体化实体。牦牛的养殖户主要是藏族牧民,而贸易、屠宰和市场销售的主要从业者是回民。近年来,自治区政府大力扶持牧业合作社,推动建立"企业+牧户"的商业模式,取得了很大进展。目前广大农牧民较为接受的三种模式是:

1."合作组织 + 牧户 + 牦牛"模式

牧民专业合作社与农民专业合作社类似，是自愿联合、民主管理的互助性经济组织，以成员为主要服务对象，提供生产过程所需要的服务或帮助。自治区目前有该类型合作社6300余个，其中的一部分合作社主要以牦牛育肥、奶制品加工、农机农田作业为经营内容。实行"合作组织+牧户+牦牛"的经营方式，在牧民自愿、自由组合的基础上，实行草场公用、放牧轮流、联户轮牧、联户经营，如罗玛镇塘那扎育肥基地经济合作社、昌都类乌齐县岗色乡高原畜产品专业合作社、聂荣县色庆乡帕玉村合作组织等是典型的该类型合作社。这类合作社建有牛棚，采用半舍饲养殖方式，饲草料主要有人工草地（房前屋后）、舔砖、精料、干草等。该类合作社充分利用当地特色畜产品（酥油、拉拉、奶制品等），采取统一管理、统一放牧、统一出栏的养殖和经营模式，使用现代牧业技术，科学养畜，转变当前牧业发展现状，促进了当地牧业发展，受到当地牧民欢迎。这类合作社是在政府的推动下组织的，一些费用由当地农牧局或者科研单位以项目的形式进行补贴。

2."企业 + 农户"模式

"企业+农户"模式在实现农工商一体化经营、抵御市场风险、克服传统牦牛养殖业的小而散的弊端方面有重要作用。该模式可以实现集中养殖与大面积农户分散养殖相结合，能够带动群众增收致富。调查中发现这种模式也具有弊端，一些小企业与农户签订合约之后由于契约的不稳定性和交易双方的机会主义行为等原因，违约率居高不下。这些问题在一定程度上影响了农户与企业合作的信心，阻碍了牦牛产业化的进一步发展。大型龙头"企业+农户"模式是发展潜力巨大的商业化运作模式。

3.草畜一体化的订单牧业模式

为解决那曲牦牛饲草料缺乏问题，在自治区政府的大力推动下，日喀则利用粮食作物种植面积大、饲草料产量高的优势，和那曲市签订协议，每年保证为那曲市畜牧业发展提供一定数量的优质饲草料，政府提供加工运输补贴。该模式是新兴的模式，有效解决那曲牦牛饲草料问题。随着西藏大力发展净土产业,高原特色品牌市场逐渐扩大,催生一批专门从事净土产业的公司,为牦牛产业服务,如拉萨市林周县卢木杰农业开发有限公司,租用撂荒地用于种植青饲玉米,组织当地农民参与了田间管理、机械租赁等工作,带动当地农牧民增收。

4.“企业 + 基地 + 合作社 + 农户”模式

昌都牦牛加工龙头企业藏家牦牛公司,采用“企业+基地+合作社+农户”模式进行经营,在卡若区、江达县、农科所、丁青县各建设牛养殖基地一个,与类乌齐县桑多镇扎西贡村52户173人建卡立档贫困户建立了合作方式。2016年,实现了销售收入2160余万元,开设了网络销售和电子商务,将昌都特色牦牛肉产品打入全国市场。“企业+基地+合作社+农户”模式发展潜力巨大,很好带动了当地农牧民群众,增加农牧民收入。

三、云南（迪庆）牦牛产业发展现状

（一）云南省迪庆州农业基本情况

1. 农业发展情况

2021年,全州累计完成农林牧渔业总产值325108万元,按可比价计算,其中农业产值143212万元,林业产值55757万元,牧业产值107764万元,渔业产值4596万元,农林牧渔专业及辅助性活动产值13779万元。年末牛存栏18.71万头。

2. 中甸牦牛种业

迪庆藏族自治州的牦牛是生活在迪庆州境内海拔3000米以上高寒草原特有的畜种,是我国优良牦牛类型之一和宝贵的畜种资源,1987年录入《云南家畜家禽品种志》,2009年列入《云南省省级畜禽遗传资源保护名录》,2011年录入《中国畜禽遗传资源志·牛志》。主要分布情况:以香格里拉市格咱乡、小中甸镇、建塘镇、五境乡、虎跳峡镇、尼西乡、三坝乡、洛吉乡、东旺乡,德钦县升平镇、佛山乡、霞若乡、奔子栏镇、羊拉乡,以及维西县塔城镇、攀天阁乡等乡镇为主要分布区。周边四川省的乡城县、得荣县、稻城县也有分布,迪庆藏族自治州的二半山区及大理白族自治州剑川县老君山、丽江市玉龙县的玉龙雪山等海拔2500~2800米的冷凉地区有零星牦牛分布。中甸牦牛是我国重要的牦牛品种之一，是云南省六大名牛之一。2019年，云南省为加大畜禽遗传资源保护力度，开展实施种质资源保护与利用三年行动计划，发布《云南省农业农村厅办公室关于印发云南省农业种质资源保护与利用三年行动实施方案的通知》（云农办种〔2019〕255号）文件，发布了省级畜禽遗传资源保护名录，出台了省级畜禽遗传资源保种场、保护区和基因库管理办法，签发了云南省农业农村厅办公室文件《云南省农业农村厅办公室关于开展第一批省级畜禽遗传资源保种场、保护区和基因库申报工作的通知》（云农发办种〔2020〕3号），开展省级第一批畜禽遗传资源保种场、保护区和基因库申报工作。2020年9月，香格里拉市天成仑珠农产品开发有限公司获得了由云南省农业农村厅颁发的"省级中甸牦牛遗传资源保种场"资质，是第一个中甸牦牛省级保种场。

3. 中甸牦牛生产现状

迪庆州牦牛产业经过多年的发展，有了一定的发展基础，发展模式有一定的转变，养殖大户逐渐增多，也出现了一些新型的经济合作组织及加工龙头企业，但从总体上看，迪庆州牦牛产业的发展模式仍然以一家一户养殖为主，饲养方式仍然以放养为主。牦牛是高寒涉藏地区特有的家畜，适宜生活在海拔2500米以上的高寒地带，耐寒不耐热，是高寒涉藏地区农牧民赖以为生的物质资源。饲养管理粗放，对自然资源依赖性较强，对牲畜的管护力度弱，牲畜多处于自给自足的局面。牦牛自身生长周期较长，繁殖力低，出栏率低。历史上牦牛基本处于半家养半野生状态，夏秋季在高山草甸草地和高山灌丛草甸草地放养，母牦牛产奶时补点青稞饲料及盐，冬春季回到海拔较低的亚高山灌丛草甸草地和亚高山草甸地放养，少量补点禾本科干草、青稞秆及饲料。

4. 草地资源情况

迪庆州草场资源种类丰富，全州天然草地面积已达1438.4万亩，占全州土地总面积的40%，其中可利用面积1383.56万亩，全州农业人口人均拥有草地47.95亩。草场资源等级高，全州可利用草场的理论载畜量为21.6万个牛单位，加上已建人工草地及农作物秸秆的利用,可载畜量为27.8万个牛单位。近年来,通过实施退牧还草工程、退耕还草工程,开展退化草原补播改良,实现了草原保护和可持续利用。

(二)中甸牦牛产业发展现状

1. 生产能力明显增强

紧紧围绕云南省打造世界一流"绿色食品牌"决策部署,在"小众、特色、有机、高端、精品、高效"上做文章,加快实施"一二三"行动(一是全面推进"一县一业""一乡一特""一村一品"示范创建;二是加强种子端、电商端工作推进力度;三是提升设施化、有机化、数字化水平)。重点发展葡萄、中药材、特色畜禽、食用菌、青稞、蔬菜、木本油料等特色产业。深入贯彻落实省委、省政府迪庆现场办公会精神,按照认证一批绿色有机产业基地、打造一批地理标志产品、培育一批农业龙头企业、建设一批乡村振兴示范工程的"四个一批"重点工程,把迪庆打造成高端有机食品重要产地。香格里拉市委、市政府立足香格里拉市独特的地理气候条件、自然资源禀赋和产业发展基础,将特色畜禽产业定为香格里拉市"一县一业"主导产业,其中将牦牛肉牛产业作为"一县一业"中的重点产业。按照布局区域化、养殖规模化、生产标准化、经营产业化、发展生态化、产业融合化和产品品牌化"七化同步"原则,主打"高原特色品牌"和"绿色食品牌",抓好现代牦牛良繁体系、饲草料基地、牦牛标准化养殖场示范、精深加工体系、市场营销体系建设和农旅融合发展、绿色可持续发展"七大重点",实现牦牛产业由"小、散、弱"向适度规模化、绿色化、优质化、特色化、品牌化转变。以补助选育基础母牛,优化牦牛肉牛生产基础母牛群,改造扩建牦牛肉牛养殖设施,健全强化牦牛肉牛配种改良为主的社会化服务体系建设和功能。示范推广运用以精粗饲料补饲、牦牛犏牛舍饲育肥为主的牦牛肉牛饲养管理技术,引进植入以分子鉴定技术、肉牛舍饲料、牦牛舍饲繁殖技术为主的先进技术,试点示范退化天然草场(圈牧地)改良建设和农副产品与农闲田及间隙期利用种植饲草料。提升全市牦牛肉牛群体平均生产性能,提高牦牛肉牛养殖效率,研发集成牦牛肉牛养殖管理技术和生产模式,推进牦牛肉牛产业壮大。2021年，全州牦牛存栏8.08万头，能繁母畜3.39万头，种公畜1.03万头。其中香格里拉市牦牛存栏6.74万头、德钦县牦牛存栏1.01万头、维西县牦牛存栏0.33万头，全年出栏1.8万头。

2. 质量效益不断提升

在推进牦牛养殖数量稳步增加的同时，加快推进牦牛产业适度规模发展，着力抓好新型经营主体培育和品牌培育，产业质量效益不断提升。备案的牦牛养殖经营主体（合作社、重点户、协会、公司及基地）达25个，香格里拉藏龙生物资源开发有限公司、香格里拉市圣域天香牦牛产业开发有限公司、香格里拉市康美乳业有限责任公司等畜禽产品加工企业不断发展壮大，初步形成了以香格里拉市建塘镇、小中甸镇、洛吉乡、格咱乡为主的牦牛养殖加工生产区域，以迪庆香格里拉经济开发区绿色产业园区为主的畜禽产品等特色生物产品精深加工生产区域。品牌影响力不断提升，累计认证牦牛、藏猪、尼西鸡特色畜禽产业有机食品、绿色食品、无公害农产品；"藏龙"牌牦牛肉系列、藏香猪猪肉系列、尼西鸡鸡肉和蛋系列产品品牌，通过物流配送和餐饮连锁，远销国内诸多地区；以牦牛奶渣为原料的"干酪素"和"酥油"产品销售遍及国内50余座城市。此外，以牦牛、藏猪、尼西鸡为主要原料、极具藏族风味的餐饮食品受到国内外游客的青睐，在迪庆州旅游餐饮中占据重要位置。

3. 涉及牦牛企业不断壮大

全州有15家规模以上牦牛养殖场（户），其中迪庆香格里拉市鼎盛牦牛良种有限公司年设计存栏1500头、出栏3000头，香格里拉市高原雪山种养殖农民合作社年设计存栏2000头、出栏2000头。全州有牦牛畜产品加工企业8家，主要生产牛肉系列产品、冷却肉、精制牦牛肉干、牛干巴、血液制品、牦牛骨制品、牦牛头角工艺品、酱卤副产品等初级产品。例如，投资3.5亿元的香格里拉市圣域天香牦牛产业开发有限公司，是一家以牦牛产业为主并注重第一、二、三产业融合发展的综合开发公司，主要从事牦牛肉精制产品加工、牦牛相关工艺品和文创产品销售、文化旅游服务，旗下创建了香格里拉市圣域天香牦牛文化传播中心景区，其中的牦牛文化展馆共6000平方米，藏品400余件。全州现有粗加工龙头企业5家,据不完全统计,牦牛综合产值达1.6085亿元。

(三)产业发展的问题和短板

迪庆州牦牛产业的现状并不乐观,造成这种局面的主要原因包括如下几方面。

1. 发展产业角度

一是迪庆州在牦牛产业发展政策方面缺乏顶层设计。目前迪庆州牦牛作为产业发展,只有部分环节的相关规划或政策,比如从脱贫的角度促进牧民养殖牦牛的政策,并没有综合性强的牦牛产业发展规划。在政府2021年5月31日发布的《迪庆藏族自治州人民政府关于促进经济平稳健康发展16条措施的意见》中,只有原则性的意见,如"……围绕七大高原特色农业产业,加大对从事种植、养殖、农产品加工、冷链物流的农业龙头企业扶持力度""高原特色现代农业方面,大力培育和发展中药材、食用菌、葡萄、特色畜禽等特色优势产业"。也就是说迪庆州在牦牛产业发展政策方面欠缺统领产业的顶层设计,这导致迪庆州的牦牛产业链不够连贯,缺乏形成产业规模的必要环节,牦牛产业的业态比较简单,与迪庆州重点发展的诸如休闲旅游服务业没有什么必然的交集,无法相互带动、相互促进。二是发展政策"重养殖轻加工"。之前的牦牛产业研究重点在牦牛产业源头的牦牛养殖业,而迪庆州域的牦牛养殖规模已经无法满足现有牦牛产品加工业的需求了。当地肉品加工企业已经按市场的规则从迪庆州周边养殖区购入牛只,靠外购牛加工的肉品产量超过总产量的50%。这表明迪庆州的牦牛养殖业发展速度已经落后于牦牛肉加工业的发展速度。

2. 牦牛养殖角度

一是草原畜牧业生产力低。受传统养殖方式的影响,迪庆州牦牛产业长期以天然草场养殖为主,除了冬季给予少量的人工补饲外,牦牛长年放牧于高山牧场,靠自由采食为生。然而,随着全球环境变化,天然草场退化,牦牛饲草不足,长期处于饥饿状态,生长缓慢,品种退化严重;饲养管理粗放,对自然资源依赖性较强,对牦牛的管护力度弱,牦牛多处于"自给自足"的局面;牦牛自身生长周期较长,繁殖力低,出栏率低。二是半游牧畜牧业生产方式没有得到根本改变。由于受传统习俗的影响，牦牛以每家每户小规模散养居多，具有一定规模养殖的少，牦牛标准化养殖难度较大。三是产业化经营水平不高。由于长期受计划经济观念影响，迪庆州农牧民商品经济观念不强，绝大部分山区和半山区还处于自给自足或半自给自足的自然经济状态，市场发育程度低。产品加工能力弱、加工体系不健全，缺乏良种繁育、饲料加工龙头企业，精深加工产品和高端产品少，产品营销渠道不畅。与牦牛产品相关的上游、下游产业之间联系松散，缺乏各类社会化生产服务组织和合作经济组织，经营利益机制不健全，产业组织化程度低，产业化经营水平不高。

3. 牦牛产业加工角度

一是产品精深加工不足。迪庆州有牦牛畜产品加工企业8家，但这些加工厂企业主要生产牛肉系列产品、冷却肉、精制牦牛肉干、牛干巴、血液制品、牦牛骨制品、牦牛头角工艺品、酱卤副产品等初级产品，精深加工的牦牛产品较少，没有形成"牦牛全身都是宝"的全产品开发，降低了牦牛产品的总体效益。二是品牌建设依然滞后。近年来，云南香格里拉藏龙生物资源开发有限公司在牦牛产品品牌建设方面做出了努力，形成了以"雪域牦牛肉系列产品""牦牛乳制品系列产品"等为核心的香格里拉藏龙牌系列产品。但是，总体来看牦牛产品品牌建设依然滞后，品牌认证及产地认证工作不能满足产业发展的需要。

（四）下一步发展思路

以"提质、增效、安全"为目标，抓紧藏族地区跨越发展和长治久安示范区建设，以持续快速增加农牧民收入为核心，开拓创新现代牦牛产业，坚持规模化养殖、合作化经营的发展方式，强化政策和项目扶持。不断巩固提升牦牛良种繁育体系、饲草料保障体系、牦牛疫病防控体系、牦牛产业化经营体系、科技支撑和服务体系，大力发展健康养殖基地建设，培育优质牦牛产品基地，提升畜产品供给能力。

1. 促进牦牛产业发展方式转型

坚持以科学发展观为指导，从政策、投入、宣传等多方面加大力度，统筹兼顾，系统部署，齐抓共管，整体推进牦牛生产方式转变，重点推进牦牛养殖的规模化、标准化生产,用先进的科学技术、先进的生产手段促进牦牛产业发展。针对迪庆州近年来年轻牧民不愿上山放牧的现状,采取集约化、规模化的养殖方式,形成集体放牧,节约劳动力成本。提高保种技术,进一步加强品种保护工作,搞好品种选育,建立良种繁育基地。

2. 大力发展牦牛专业合作社

引导和鼓励广大牧户尤其是专业养殖大户、科技示范户、牦牛产品购销大户,以及牦牛产品加工经销实体和龙头企业等,在自愿互利的基础上,通过草地、资金、技术等生产要素优化组合,实行专业合作和联合。组建各种专业合作社或专业协会,为分散经营的牧户提供市场信息、技术辅导、信贷资金等系列化服务,化解市场风险,提高组织化程度和管理水平,增强牦牛的综合生产能力和产品市场竞争力。

3. 加快优质饲草料基地建设

草地是牦牛产业发展最重要的物质基础。一是以实施草原生态保护补助奖励机制为抓手,在不破坏天然草地原生植被基础上,采取免耕补播、施肥、除杂等农业综合配套技术措施,加大人工、改良草地和割草基地建设力度,确保"禁牧不禁养、减畜不减收",促进"草原增绿、牧业增效、牧民增收";二是采取综合整治措施,抓好退化和鼠虫害草地治理,恢复草地植被和生态平衡;三是加大农产品附属物的饲料开发力度,充分利用河谷区的青稞秆、秸秆等农产品附属物加工生产牦牛饲料。

4. 发展精深加工企业

通过引进精深加工企业,积极引导现有加工企业整合资源,与科研部门联合进行精深加工产品和技术研发,开发更多便于携带的牦牛产品,提升牦牛产品附加值。创新品牌建设,促进牦牛产业发展。

5. 拓展牦牛产品市场

借助迪庆州的旅游业,大力宣传迪庆州牦牛产品,拓展产品市场,因地制宜开发适合不同人群口味的产品。重点进行牦牛产品的口味改良及食用方法改进,使其适合非藏族地区消费人群的口味和消费习惯。

四、四川省牦牛产业发展现状

（一）产业发展现状

1. 生产情况

四川牧区有天然草原，占全省草原总面积的78.3%。草原理论载畜量为2842.1万个羊单位。2021年，四川牛存栏量830.5万头，其中肉牛存栏461.7万头，牦牛存栏368.8万头。四川牦牛主要分布在阿坝州和甘孜州，少量分布在凉山州。截至2021年底，阿坝州牦牛存栏188.97万头，出栏48.50万头；甘孜州牦牛存栏172.52万头，出栏44.41万头；凉山州牦牛存栏7.33万头，出栏1万余头；纯牧业县红原、若尔盖、阿坝、德格、石渠5县存栏都在30万头以上。

表4-1　四川牛存栏量

年份	肉牛存栏量（万头）	牦牛存栏量（万头）	牛出栏量（万头）
2018	476.2	402	276.2
2019	502.3	420	291.7
2020	547.8	404	296.4
2021	461.7	368.8	293.1

2. 种业现状

麦洼牦牛和九龙牦牛是四川省建立原种场最早的两个地方类群。麦洼牦牛良种繁育体系相对较完善，现建有四川省牦牛原种场，有选育核心群3个，基础母牦牛600余头，建有热多高产乳牦牛选育基地和麦洼牦牛选育基地。九龙牦牛建有保种场1个，现存栏牦牛1400余头，国家畜禽遗传资源九龙牦牛保护与利用中心1个，制定了《九龙牦牛》（NY/T 3792—2020）行业标准。计划到2025年，建成九龙牦牛保种场2个，扩繁场4个。这两个品种由四川省草原科学研究院、西南民族大学、阿坝州畜牧科学研究所等科研院所作为技术支撑，开展了较为系统的牦牛本品种选育，制定了选育方案、技术规程等选育标准。但选育进展缓慢，技术研发推广体系薄弱，种业质量没有提升，种畜供种能力有限,良种普及率、覆盖率低,牦牛特色产业发展受到制约。

3.市场情况

（1）牦牛肉产品开发

除了加工企业收购的冻肉外,其余冷鲜肉和冻肉主要在牦牛产区进行销售,满足牧民日常需要。销售到内地的牦牛肉多数按照普通牛肉销售,销售价格与普通牛肉一样。部分地区正在开展区域特色牦牛肉产品研发,主要是通过赋予牦牛肉生态价值对肉质特色进行宣传,打造具有地理标志的特色产品。

因牦牛主产区的地理分布特点,四川牦牛加工以集中屠宰为主、分散屠宰为辅的形式进行屠宰加工,在牦牛主产区以阿坝新希望牦牛产业有限公司等代表的牦牛集中屠宰加工企业为主。目前,规模屠宰企业40多家,其中阿坝州20余家,甘孜州10余家。2021年,两州牛肉产量约12.56万吨。其中,阿坝州6.92万吨,甘孜州5.64万吨,商品率在50%左右。大部分牦牛肉以冷冻或冷鲜肉形式销售。

牦牛流通主要是商贩从当地集市或牧民手中收购,收购后在当地屠宰冷冻或运输活牛至成都进行屠宰与剔肉,剔肉后上批发市场进行批发。四川省牦牛无出口情况,但是有一部分冷冻肉要销往西藏地区,每年大约500吨左右。

（2）牦牛乳产品开发

2021年,四川牦牛奶产量25万吨左右,其中阿坝州牦牛奶产量14.01万吨,甘孜州牦牛奶产量11.23万吨,其中20%~30%实现了商品化。四川主要的牦牛奶加工龙头企业有高原之宝、红原牦牛乳业有限责任公司、甘孜藏族自治州康定蓝逸高原食品有限公司等,红原牦牛乳业有限责任公司是红原最早开展牦牛奶粉生产的企业,企业最早在红原设立21个移动采奶站,目前增加到71个。

四川近几年大力开展优质犏牛生产,利用杂交优势提高牦牛产奶产肉性能,主要的杂交模式有西（荷）黄种公牛与藏族地区母牦牛自然交配生产犏牛;娟姗牛（荷斯坦）冻精改良牦牛生产娟犏（荷犏）牛。年生产优质犏牛在1万~2万头,其乳成分与牦牛奶有差异,但收购价格都是按照牦牛奶价格收购。其产奶量和乳成分见下表:

表4-2　娟犏、荷犏牛与牦牛产奶性能

类型	5月（千克）	6月（千克）	7月（千克）	8月（千克）	9月（千克）	10月（千克）	183天（千克）
娟犏	3.55	4.15	5.10	5.15	4.30	4.30	814.6
荷犏	6.00	7.00	8.10	8.85	7.10	6.10	1323.6
牦牛	1.30	1.60	1.84	2.05	1.63	1.40	244

表4-3　娟犏、荷犏牛乳与牦牛乳成分

类型	干物质（%）	脂肪（%）	蛋白质（%）	乳糖（%）	灰分（%）
娟犏	14.72±0.65	6.67±0.57	4.37±0.51	4.86±0.34	0.84±0.05
荷犏	14.95±0.67	5.31±0.55	3.99±0.52	4.88±0.33	0.83±0.06
牦牛	17.69±0.71	7.22±0.65	4.91±0.52	5.04±0.37	0.83±0.03

表4-4　西（荷）黄犏牛挤奶量

组别	天数	日挤奶量（千克）	总挤奶量（千克）
西黄犏	183	3.85±1.45	704.55±30.69
荷黄犏	183	3.60±0.83	659.36±41.34
牦牛	183	1.35±0.16	248.70±28.19

表4-5　西（荷）黄犏牛乳成分

组别	干物质（%）	脂肪（%）	蛋白质（%）	乳糖（%）	灰分（%）
西黄犏	13.95±0.75	4.34±0.24	4.31±0.27	5.06±0.22	0.78±0.03
荷黄犏	16.07±1.56	5.41±1.18	4.71±0.66	5.07±0.31	0.77±0.06
牦牛	17.69±0.71	7.22±0.65	4.91±0.52	5.04±0.37	0.83±0.03

（二）科技现状

1.饲草生产及均衡供给技术

牧区需要人工种草与饲草青贮技术。牧区人工种草主要在种草大户、现代家庭牧场、合作社较多。散户天然放牧为主，牧草贮备不足，造成冬春饲草匮乏，供给不均衡，难以抵御自然灾害，牦牛掉膘及死亡，损失严重。需要加大力度建设饲草供给技术体系。

农区育肥牦牛需要秸秆青贮技术、氨化技术。半农半牧区和农区秸秆资源丰富，但是加工方式原始，为充分利用秸秆养牦牛，需要秸秆青贮技术、氨化技术等，提高饲料品质和转化率。

2. 疫病防治技术体系

解决寄生虫病及影响犊牛存活率疫病等普发病。疫病防治技术体系基本健全，但基础薄弱，技术人员队伍不足。牧户分散，服务难度大；饲养管理粗放，发病率高；疫病防治知识缺乏，技术服务依赖性强。内外寄生虫病和犊牛腹泻病等，导致牦牛生长发育受阻和死亡率高，直接影响养殖效益和产品质量安全。

3. 提高杂交生产技术效率

普通牛与牦牛杂交，具有杂交优势，能提高后代产奶、产肉性能，目前在川西北应用较为广泛。在人工授精中由于牦牛隐性发情，症状不明显，跟踪难度大，有必要采用同期发情技术集中牦牛发情，提高工作效率。目前同期发情技术还不成熟，需要加强研发和熟化。

（三）主要政策措施

1. 政府政策

四川省委、省政府出台的《关于全面实施乡村振兴战略开启农业农村现代化建设新征程的意见》中提出，以园区建设为抓手加快构建"10+3"现代农业体系，推进牛羊、小家畜禽和水产健康养殖。

甘孜州人民政府在《甘孜藏族州国民经济和社会发展第十四个五年规划和二〇三五年远景目标纲要》中规划了促进畜牧业转型发展和现代农牧业发展等重点内容。甘孜州扶持畜牧业龙头企业21家，其中省级龙头企业5家，1家企业正在申报国家级龙头企业，培育畜牧专业合作社1485个，建设集体牧场109个，全面启动建设理塘、甘孜、色达、石渠、九龙5个牦牛产业园区。甘孜州提出将打造国家级牦牛特色产业集群的总体规划，按照全产业链开发、全价值链提升的思路，甘孜州牦牛产业集群将坚持政府支持、企业主体、社会参与、市场运作的原则，以"企业+基地+牧户"的产业发展模式，形成"牦牛养殖+饲草种植+产品加工+市场销售+牧旅结合"的第一、第二、第三产业融合发展格局。

阿坝州着力推进牦牛标准养殖项目建设工作，截至2022年，已完成标准化养殖场建设169个。《阿坝州鼓励投资优惠政策若干规定》中提出加大对重点工程、重大科技项目、节能减排及文化旅游开发等绿色环保型投资企业的信贷支持，及时满足农业产业化龙头企业和牦牛、生猪、奶业等特色农牧产业投资企业的有效信贷需求。

2. 重大项目

2021年，阿坝州红原县现代农业产业园区成功创建为省五星级现代农业园区，促进了县域生态保护和畜牧业高质量发展，为推动牦牛产业集群区域高质量发展作出了重要示范。园区建设始终以产业兴、农村美、生态优为导向，与体验式休闲观光有机结合，将产业发展与基础设施配套、公共服务配置、美丽新村建设同规划同实施，突出"强大全优高"。一是主导产业强，红原县被认定为国家现代农业示范区、全省两轮现代草原畜牧业试点示范县，入选第二批四川省特色农产品优势区，园区亦成功创建为省五星级现代农业园区。二是入驻企业规模大，入驻牦牛加工企业18家，龙头企业6家，年加工产值达30亿元。三是产业链条全，实现了"畜、种、草"要素资源，配套延伸整合利用，形成"养、种、加、销、监、服"的全产业链。四是产品品牌优，麦洼牦牛被评为国家地理标志产品，肉、奶均连续取得有机品牌认证，肉奶加工企业共开发产品40余个，取得产品品牌认证18个。五是助农效益高，直接带动全县3600户年均增收5400万元，辐射带动5000余户增收6700万元。

2021年，红原县承接国家发展改革委、农业农村部、国家林草局草原畜牧业转型升级试点项目，项目总投资概算60788.15万元，周期为4年，即2022—2025年。项目以实现红原畜牧业规模化、产业化、标准化、科技化和信息化水平稳步提升为总目标，实现全域农业全产业链提档升级，为助推红原县乡村振兴、加快建设全国特色产业示范县注入新动能、激发新活力、提供新支撑，推进形成青藏高原农牧社区畜牧业发展质量变革、效率变革和动力变革的新格局。为社会提供优美的生态环境、优秀的草原文化、优质的农牧产品，维护国家生态安全，满足社区和市场日趋增长的精神与物质需求，构建可持续幸福小康"红原模式"，引领青藏高原畜牧业转型升级和能级提升。

2021年，《四川省甘孜牦牛产业集群建设方案（2022—2024年）》通过农业农村部备案批复。项目计划开展牦牛产业集群建设共计84个子项目，总投资136959万元，力争用三年时间通过集成要素、集中建设、集约生产、集聚资源将甘孜的牦牛产业打造成为养殖群体普遍提质，加工群体普遍增效，品牌群体集中引领，牦牛产业集群"三产"结构合理、协调有序、健康稳定发展的川西北高原绿色种养循环示范区、涉藏地区优势特色现代农业示范区、中国牦牛产业化集聚示范区，强力促进牧区乡村振兴和牧民群众增收。

3. 金融贷款保险

截至2022年1月底，甘孜州承保牦牛数量24442头，同比增加4089头，保费收入317.74万元，同比增加53.15万元。截至2022年，承保牦牛的3家保险公司分别是人保财险、中华财险和中航安盟财险。其中中航安盟承保牦牛12844头，同比增加9678头，保费收入166.97万元，同比增加125.81万元；人保承保牦牛8544头，同比增加1791头，保费收入111.07万元，同比增加23.28万元，增长26.52%；中华承保牦牛3054头，同比减少7380头，保费收入39.70万元，同比减少95.94万元，下降70.73%。

阿坝州在结合政策性牦牛养殖保险的基础上，引进补充商业保险。中航安盟保险开办的牦牛商业保险，每头牦牛保费350元，参保牧民在政策性牦牛养殖保险每头最高理赔金额2000元基础上，再通过牦牛商业保险，每头牦牛可增加6000元的风险保障，获得赔付总额高达8000元。首批承保该县江茸乡江宫玛、茸日玛两村牦牛共496头，为牧民提供风险保障297.6万元。该项商业保险是政策性牦牛养殖保险的有益补充，是以市场化商业模式为参保牦牛提供完全成本保险保障的创新尝试。公司通过这种"政策性保险+商业保险"的方式，以市场化的手段有效覆盖了农牧民牦牛养殖风险，最大程度保障了牧民的牦牛养殖利益，助力农牧民增收减损和乡村振兴。

（四）面临的困难与挑战

1. 草畜矛盾形势依然严峻

长期以来，川西北牧区以传统的牦牛放牧业为主，牦牛存栏量持续增加，突破了现有草场的承载能力，破坏了当地的草畜平衡。重利用轻保护的传统思想导致目前草地超载严重，90%以上的草地不同程度退化、沙化。从生态、经济、社会多方面的综合效益来看，恢复退化草地已迫在眉睫。

2. 牧民养殖观念亟待转变

牦牛主要生产区地处川西北高原，交通、通信等基础设施落后，牧民仍沿袭着千年来逐水草而居的游牧生产方式和生活习惯。畜群整体生产效率低下，人为加重了草畜生态平衡矛盾；此外，牧民文化水平较低，对新技术新方法的学习和接受较慢。这些都导致当地牦牛产业生产力低下，阻碍了牦牛产业的健康发展。

3. 产业化进程滞后

牦牛业是川西北牧区畜牧业的支柱产业，自给自足的落后生产经营方式已不能适应当前市场经济发展的需要，产业化程度急需提高。目前，牧区的牦牛养殖中缺乏规范统一的育种、疾病、营养等标准，牦牛选育技术尚待开发应用。牦牛产业发展的主要瓶颈是：提高牛肉品质和档次的养殖和加工环节无完整配套技术；养殖规模化程度、产业集成化程度和技术转化率均不高；新技术、新方法推广培训成本高于收益，推广机制不完善；畜产品加工、销售渠道不畅，牲畜商品率低，无产业化龙头企业支撑。

4. 养殖技术落后，技术应用推广难度大

牧民长期以来沿袭传统方式饲养牦牛，基本上不考虑牦牛的营养需要。一是对母牛掠夺式挤奶，致使犊牛生长缓慢，且越冬死亡率高；二是牧民饲草饲料贮备意识差，抵御自然灾害能力弱；三是牦牛出栏周期长，群体老龄化。这些因素最终造成牦牛出栏时间长，出栏体重低。

川西北牧区畜牧产业科技含量低、技术人才缺乏也是牦牛养殖新技术难以推广的重要因素。一是先进适用的增产技术在牦牛生产中未得到充分应用

和大面积推广,在品种改良、疾病防治、草地建植及牦牛产品加工等领域均存在不足;二是畜牧兽医专业技术人才少,许多常见病、多发病得不到及时有效治疗;三是人才培养无政策支持,无法开展针对整个牧区技术人员的技术培训;四是高寒牧区条件艰苦,待遇偏低,畜牧兽医专业技术人才流失严重。

5. 屠宰加工方式传统、产品结构单一

目前在川西北牧区多数采用传统的放血法屠宰,没有完善的分割体系,且缺乏排酸工艺,致使肉色暗黑,肉质粗硬;而且,市场上牦牛产品结构单一、粗糙,原材料无统一标准,完全不能体现牦牛肉绿色高档食品的优质优价。企业的标准化、规范化生产的重要性未得到重视,提高牛肉档次的屠宰和加工技术推广应用难度大,技术推广成本高于收益。

6. 政策资金扶持缺乏

在川西北地区,地方配套资金难以落实,导致一些有利于牦牛产业发展的扶持项目资金不敢申请或者申请后完成质量不高。地方特殊扶持的配套政策缺乏,与促进牦牛产业可持续发展相关的能繁母畜补贴、出栏补贴、疫病问责、疫病扑杀补偿标准、金融和保险等配套政策仍难出台。现有的政策大多套用内地肉牛、奶牛、生猪等家畜的养殖政策和补助标准,未考虑当地实际情况,实施起来难度大,效果差。

(五)牦牛产业技术创新展望

1. 本品种选育及杂交利用

牦牛多脊椎变异群体选育。结合在金川牦牛群体中观测到的牦牛多脊椎变异现象,利用分子遗传学手段,构建牦牛多脊椎变异筛选芯片。利用该技术在已有牦牛类群中筛选20个脊椎(普通牦牛19个脊椎)的牦牛个体,目前芯片测定准确性已经达到60%左右。

牦牛联合育种体系建设。跳出传统完全依靠核心育种场建设的范畴,加快联合育种体系建设。打造区域性联合育种平台,建立健全牦牛选育基础数据收集评估平台。加强种畜生产市场运营机制建设,建设牦牛"选养—拍卖—推广应用"的良性育种市场运营机制。利用市场经济手段,提高优良种畜价值,促进农牧民、合作社、育种公司、科研机构全产业链参与到育种中，达到合作共赢健康发展的目的。

杂交利用新模式、新手段。开展牦牛杂交改良新模式的研究，目前牦牛杂交模式较单一，计划开展娟姗牛、安格斯牛冻精与牦牛的杂交，提供优质肉用性能杂交犏牛。在川西北人工授精技术难以实现的区域，继续开展西黄公牛与牦牛自然交配生产优质犏牛。同时，计划建设智慧牧场管理系统，实现对牦牛发情的实时跟踪、自动上报，利用可视化输精技术提高受胎率。

2. 营养调控技术

犊牛早期断奶技术：通过对犊牛开展代乳粉补充替代母乳，实现犊牛早期断奶，同时添加益生菌加速犊牛瘤胃微生物建植，适时补充开口料，降低断奶应激，促进其生长发育，冬季补充精料，降低犊牛死亡率。

抗灾保畜专用饲料研发：目前市场上还没有针对牦牛专用的抗灾保畜专用饲料产品，针对冬春季牦牛急需的能量型饲料和舔砖开展技术研发，减少牦牛冬春季死亡和掉膘。

3. 牦牛饲养管理

极低海拔牦牛育肥技术。结合四川气候特点和资源优势，研发极低海拔地区（成都平原：500米）牦牛季节性养殖技术，转移架子牛（200千克左右）到极低海拔农区，通过冬季5~6个月的短期舍饲育肥，达到牦牛快速出栏的目标。需要加强育肥专用饲料开发，低海拔抗热应激饲养管理技术，牦牛散栏饲喂技术，牦牛全生长期营养调控等技术的熟化。

智慧牧场建设。在省级农业园区建设中实现牦牛智能化牧场建设，集合牦牛管理软件、监控系统、追踪系统等实现牦牛远程监控。

五、甘肃省牦牛产业情况

甘肃省牦牛主要分布于甘南藏族自治州7县1市、武威市天祝藏族自治县、张掖市肃南裕固族自治县，同时临夏回族自治州，定西市岷县、通渭县、漳县，张掖市民乐县、山丹县，酒泉市肃北蒙古族自治县等地也有分布。2021年，甘肃省牛存栏512.8万头，其中牦牛存栏127.1万头，占全省牛存栏数的24.8%。甘肃省牦牛品种主要有甘南牦牛、天祝白牦牛2个地方品种。甘南牦牛中心产区在甘南藏族自治州的玛曲、碌曲、夏河、合作4个县（市），在该州其他各县（市）均有分布，是当地牧民重要的生产、生活资料和经济来源。天祝白牦牛是世界稀有而珍贵的牦牛遗传资源，是经过长期自然选择和人工选育而形成的肉、毛兼用型牦牛地方品种，对高寒严酷的草原生态环境有很强适应性。天祝白牦牛主要分布于天祝藏族自治县，其中心产区为松山、西大滩、华藏寺、朵什、安远、打柴沟等乡镇。

1. 甘南藏族自治州

甘南藏族自治州是甘肃省乃至全国的主要牧区之一，草地和畜种资源是甘南州的优势资源，全州天然草场总面积为4084万亩，占土地总面积的70.28%，理论载畜能力为620万个羊单位，而实际载畜量为910万个羊单位。2020年末，全州牦牛存栏108.5万头，年出栏牦牛29.54万头（年总增率27.54%、出栏率35.6%、商品率32.6%），有牦牛种畜场4个（玛曲县阿孜畜牧科技示范园区、碌曲县李恰如种畜场、卓尼县大峪种畜场和卓尼县柏林种畜场）。

甘南藏族自治州目前较大的牦牛屠宰加工企业有7家，拥有现代化生产加工线的如甘肃安多清真绿色食品有限公司和甘肃天玛生态食品科技股份有限公司。主营产品为牦牛系列精分割部位肉、休闲系列熟食品等，年加工生产能力已达5000吨，产品有8个系列30个品种。甘肃安多清真绿色食品有限公司先后被认定为"国务院扶贫开发重点龙头企业""甘肃农业产业化龙头企业"；甘肃天玛生态食品科技股份有限公司是甘肃省重点农牧业产业化龙头企业，冷冻仓储能力达3500吨，主要从事"奔跑牛"（阿万仓牦牛）、"奔跑羊"（欧拉藏系羊）等生态牛羊肉产品的生产开发，公司目前已研发上市"奔跑"和"雪域珍品"两大系列[牦牛、藏羊、奔跑鸡（土鸡）、乌伦古冰雪鱼（野鱼）、珍好丸、熟香门递]100多个产品的生态肉食品。天玛生态雪域牦牛藏羊等系列产品通过了国家有机食品认证，公司成为甘肃首批获得食品加工企业生产许可证的速冻肉食品企业之一。2008年天玛生态系列产品热销北京、天津、河北、山西、甘肃、山东、新疆、内蒙古、湖北、宁夏、青海、辽宁等省（区、市），并成为奥运餐桌食品，CCTV《每日农经》栏目专题推介了天玛生态的奔跑牛与奔跑羊系列产品。但由于牦牛集中出栏时间短，牦牛肉加工企业开工不足、效益不高，加之近年来牛肉价格不稳定，价格下滑，大企业盈利难。

甘南藏族自治州还有3家乳品加工企业，为甘肃华羚乳品股份有限公司、甘南燎原乳制品股份有限责任公司和甘肃雪顿牦牛乳业股份有限公司。甘肃华羚乳品股份有限公司主要利用生物技术，以青藏高原藏族地区独有的牦牛乳"曲拉"为原料，生产高附加值的牦牛乳酪蛋白系列产品，是国家扶贫龙头企业、农业产业化国家重点龙头企业、高新技术企业、农产品出口创汇重点企业，位列甘肃省私营企业100强第38名。甘南燎原乳制品股份有限责任公司是甘肃燎原乳业集团旗下骨干企业，甘肃燎原乳业集团始建于1953年，是"一五"期间国家轻工业部定点的全国八大乳品企业之一，既是西北第一家乳制品"中华老字号"企业，也是首家把藏族地区牦牛奶研制生产为牦牛奶粉的企业，同时也是中国牦牛奶粉生产的发起人和先行者。公司主导产品有"燎原牌"婴幼儿牦牛配方奶粉系列、牦牛全脂奶粉系列、中老年配方乳粉系列、学生配方奶粉系列、孕妇配方奶粉系列等17个系列40多个品种的乳制品。甘肃雪顿牦牛乳业股份有限公司注册资金6000万元，创立于2011年12月8日。公司夏河牦牛奶生产基地日处理牦牛鲜奶能力达400吨，是目前国内生产规模最大、产品品项最全、自动化程度最为先进的牦牛奶系列产品生产加工基地，产品几乎涵盖了从配方奶粉到液态奶再到低温乳制品的全部主流品项。

2. 天祝藏族自治县

截至2022年底，天祝藏族自治县牦牛存栏数达13.38万头，其中天祝白牦牛总数5.3万头，占全县牦牛总数的39.55%。目前，天祝藏族自治县有天祝白牦牛保种场1个（甘肃省白牦牛育种实验场）、屠宰加工企业1家（武威天润白牦牛绿色食品开发有限公司）。甘肃省天祝白牦牛育种实验场已组建天祝白牦牛核心群20群1000头，选育群60群4000头，扩繁群100群6800头。甘肃省天祝白牦牛育种实验场承担着国家级天祝白牦牛保护区建设、天祝白牦牛保种选育、种质资源保护、种群扩繁、科学研究、技术推广等工作。

3. 肃南裕固族自治县

截至2021年底,牦牛饲养量约8万头,年末存栏5万头。屠宰加工企业1家(肃南裕固族自治县草原惠成食品有限公司),育肥场1个,牦牛养殖合作社8家。目前,肃南县没有牦牛原种场、选育场、扩繁场。种牛除从邻近的青海省引进外,主要从优秀后代个体中选留,规模养殖户种牛相互交换使用。

第二节　典型企业及发展情况

一、青海省

(一)青海省牦牛繁育推广服务中心

青海省牦牛繁育推广服务中心始建于1952年,是"国家级畜禽遗传资源保种场""国家肉牛牦牛产业技术体系大通综合试验站""牦牛遗传育种与繁殖科学观测实验站""国家肉牛核心育种场""动物疫病净化创建场",也是全国最大、最具影响力的牦牛产、学、研基地和良种牦牛繁育推广基地,是青海省从事高原牦牛良种繁育的唯一省级单位。

2020年,在青海省事业单位机构改革中更名为青海省牦牛繁育推广服务中心(挂青海省大通种牛场牌子),为省农业农村厅所属正县级公益二类事业单位。主要职责是承担全省牦牛地方品种的保护利用和研究;承担全省牦牛选育培育和新品种推广应用;承担全省种牛繁育社会化服务工作。主要以野牦牛遗传资源及地方种质资源保护利用和牦牛新品种定向选育、培育,养殖新技术研发及推广应用为研究方向。中心内设良种牦牛繁育推广部、疫病防治部、牦牛育种与繁殖实验站、营养与饲料研发室等7个内设机构和保种繁育一、二、三队3个派出机构。核定事业单位编制140个,在岗职工373人;各类专业技术人员49名,其中推广研究员2名、高级职称9名。

中心位于大通县宝库乡境内,距省会西宁92千米,地处祁连山南麓,北靠大坂山，东南与大通县接壤，西与海晏县为邻，北部毗邻祁连县和门源县，土地总面积84万亩，可利用草场77万亩，耕地3000余亩。东西长约40千米，南北宽约15千米，主要地貌类型为高山、中高山、滩地、沟谷、沼泽湿地，草地类型以高寒草甸和山地草甸为主，有冬虫夏草等多种中草药。年平均降水量为463.2～636.1毫米，年蒸发量为1054.7～1422.3毫米，牧草生长期为120天左右，全年无绝对无霜期。辖区50.2万亩草场地处大通北川河源区国家级自然保护区，牧场境内环境优美，最高山峰阿什旦顶峰巍峨耸立，母亲河北川河从这里起源，景色迷人，天空蔚蓝，拥有享有"小桂林"美誉的多个山水林草景观带。有雪豹、狼、野山羊、野鹿等多种野生动物汇聚于此，与牧场肥美带有野性的牦牛群形成了独具特色的高原生态圈，滋养着这片青山绿水。

牦牛是青藏高原特有的畜种资源，主要分布于海拔3000米以上的牧业区，对高寒严酷的高原生态条件有极好的适应能力，是牧民群众赖以生存的基本生产和生活资料，同时也是雪山草地上不可缺少的役畜。多年以来，由于经营方式落后，饲放管理粗放，本品种选育力度不大，其生产性能日趋下降，品种不断退化，已不能适应高效畜牧业发展的要求，而其他牛种又难以适应特殊的高海拔、高寒、缺氧的自然生态环境。因此，保护并提高牦牛的生产性能及适应能力，成为必须解决的研究课题。

70年来，在农业农村部（原农业部）、青海省委省政府的重视和关怀下，在省农业农村厅的坚强领导下，在各相关科研单位的帮助支持下，中心坚持贯彻党的路线、方针和政策，以牦牛选育改良和服务农牧民为宗旨，攻坚克难，努力开拓，积极进取，为青海高原牦牛改良和复壮工作作出了重要贡献。建场初期，存栏牦牛只有100多头，如今良种牦牛存栏达到了2.5万余头。勤劳智慧、淳朴耿直的牛场人以对牦牛育种事业的无比热爱，对理想、信念的执着追求，用辛勤的劳动，促进了青海省牦牛科研育种事业的不断发展，留下了一代又一代牛场人奋斗的脚印和挥洒汗水的身影。

一个品种的培育需要两代人的努力。为了探索出一条科学的牦牛育种路子，青海省牦牛繁育推广服务中心在省农业农村厅的坚强领导和大力支持下，从20世纪60年代开始和中国农科院兰州畜牧与兽药研究所、青海省畜牧兽医科学院、青海畜牧兽医总站等单位合作，进行牦牛改良及其相关课题的研究。在执行农业部"六五"至"九五"畜牧重点课题"牦牛选育及杂交改良利用""牦牛乳肉兼用品种培育"过程中，开展了导入野牦牛基因提高家牦牛生产性能选育模式的研究。根据育种研究计划，对捕获的野牦牛进行人工驯化、采精，获得成功，通过人工授精获得了大量含不同野血比例的牦牛杂交后代。

2001年，经农业部审查，确定大通种牛场为"青海高原牦牛保种场"并颁发种畜生产许可证。2004年，在大通种牛场建立了全国最大的现代化牦牛新品种繁育和推广中心——中国第一座野牦牛种公牛站。同年，青海省大通种牛场与中国农科院兰州畜牧与兽药研究所共同成功培育新品种大通牦牛，通过了国家畜禽新品种审定，获颁国家级畜禽新品种证书。农业部发布了第470号公告，"大通牦牛"成为世界上第一个人工培育的牦牛品种，填补了我国乃至世界牦牛育种史上的空白。2019年，又育成了肉用型无角品种"阿什旦牦牛"，加快了我国良种牦牛多元化发展。

为加快畜种改良，在省委、省政府的高度重视下，全省启动实施了"百万牦牛复壮工程"，大面积推广大通牦牛，已累计向全省39个县区推广良种牦牛种公牛近3万头，并辐射到新疆、西藏、内蒙古、四川、甘肃等全国各大牦牛产区。累计生产推广牦牛冷冻精液30余万份，除向国内多省区推广23万份外，还向尼泊尔、印度、蒙古国、欧盟、俄罗斯等国家和地区提供了试验用冻精。据2019年初步统计和测算，大通牦牛改良后裔在推广区达180余万头，新增效益达14亿元，为广大农牧民增收和脱贫致富作出了重大贡献，取得了显著的社会和经济效益。目前，中心存栏良种牦牛2.5万余头，野牦牛97头；每年繁育良种牦牛4300余头，其中大通牦牛3800头，阿什旦牦牛500头，向省内提供2300余头牦牛种公牛，年产优质牦牛细管冻精5万余支，为推动牦牛产业高质量发展创造了有利条件。

为推进牦牛科研育种事业高质量发展，中心严格落实动物防疫法，统筹抓好重大动物疫病防控，完善重大动物疫病应急预案和应急指挥管理，建立区域联防联控工作机制，不断提高动物疫情监测预警。设立了兽医实验室、病死畜处理等防疫设施，每个牛群配有防疫注射栏1处。中心严格按程序开展动物疫病防控工作，各类疫病免疫密度均达到100%目标，定期开展驱虫、消毒，并做好人畜共患病的宣传防治工作。种牛推广按照要求出具县级两病检测报告及检疫证明，病死畜按照"四不准一处理"的要求进行无害化处置，疫病净化创建场成果不断巩固提升。

经过多年的努力奋斗，中心依托国家肉牛牦牛产业技术体系、农业农村部牦牛遗传育种与繁殖科学观测实验站等平台，与省内外科研院所和岗位专家合作，深入开展牦牛生产技术研发与示范工作，取得了冷季补饲、犊牛全哺乳和早期育肥出栏、人工授精、母牛围产期管理、信息化管理等20项技术成果，发表专业论文200余篇，制定了《大通牦牛》、《牦牛全程饲养管理技术规范》和《野牦牛驯化与饲养管理技术规范》等10余个行业与地方标准，取得各类专利30余项。青海省牦牛繁育推广服务中心加强牦牛养殖生产技术研发推广体系建设，在海北州、海南州、海西州和西宁地区的9个乡镇建立了14个牦牛养殖新技术示范基地，开展良种、技术示范推广和服务工作，大幅提高了示范基地及周边地区牦牛生产性能，每年培训农牧民600余人次。先后荣获国家科技进步二等奖1项，省部级一等奖5项（其中阿什旦牦牛于2021年获得青海省科技进步一等奖）、二等奖3项、三等奖1项，科技成果10余项，荣获农业农村部全国农业先进集体称号，青海省"科技兴农突出贡献团队"荣誉称号。

（二）青海牛必乐农牧科技有限公司

青海牛必乐农牧科技有限公司在青海省农业农村厅的支持下，致力于以青海为中心的高原及冷凉区饲草品种研究、种植、加工一体化的产业创新与发展，解决青海畜牧业季节性缺草的产业瓶颈，以产业链创新模式推动青海农牧产业快速发展。青海牛必乐农牧科技有限公司是一家以青藏高原青贮玉米种子及饲草料收储技术的研发、生产、销售为一体，育、繁、推一体化的专业农牧企业，公司专注于高原冷凉区种子的研究推广，主营业务为种子销售、饲草种植、收储和配送。公司成立于2017年12月，位于青海省西宁市生物园区，注册资

本5000万元,下设甘肃庚实农业科技有限公司和青海温布农业科技有限公司
两家子公司。甘肃庚实农业科技有限公司,位于甘肃省金昌市,由青海牛必乐农
牧科技有限公司投资成立于2018年10月9日,注册资金1000万元。公司以种子生
产为主营业务,稳定的种子生产基地及现代化的种子加工设备,种子烘干、脱
粒、精选、包衣、包装等现代的种子加工生产技术,确保了牛必乐公司种子粒粒
精良。公司生产主要涵盖玉米、小麦、燕麦、蔬菜、花卉、牧草等农作物种子。温
布农业科技有限公司成立于2019年7月,由青海牛必乐公司控股,公司位于青海
省海东平安区,注册资金1000万元。

1. 青海牛必乐公司经营业绩与亮点

自2017年公司成立以来,通过三年的努力发展,取得了一定的成绩。

青海牛必乐农牧科技有限公司通过2018年青洽会招商引资进入青海,与
省农业农村厅签订合作协议,主要推广青贮玉米种子,目的要解决畜牧业季节
性缺草瓶颈。公司注册资本5000万元,截至2023年公司的固定资产总额已超过
2000万元。

青海牛必乐农牧科技有限公司于2020年元月获得青海省农作物种子经营
许可B证,具备农作物杂交种的生产经营资格。同时在乐都、贵德两地开展种子
繁育,到2020年累计完成制种基地近500亩。

青海牛必乐农牧科技有限公司通过一年试验,两年推广,三年累计推广面
积已经突破20万亩,并逐年扩大。同时青海牛必乐公司青贮玉米品种已列入青
海省牦牛发展规划中。

在研发成果方面,已取得1个早熟玉米品种和4个藜麦品种审定;获得科技
厅两项科技认证,完成一项技术规程,参与一项科技成果转化,玉米参试品种
有5个。

团队建设及科研方面,目前公司具备完整的研发团队,其中硕士以上学历
研发人员4人。2020年,研发费用投入达到180余万元,同年被授予青海省科技
型企业称号。

2.对当地经济的贡献

公司成立三年来，在西宁市湟中、湟源、大通三县累计推广面积近10万亩，累计实现产值1.2亿元。产品和技术推广方面，公司于2019年、2020年在湟中、湟源两地配合政府组织召开了省级粮改饲观摩会，为粮改饲政策的宣传和落实起到了重要的推广宣传作用。

新品种的产业化推广直接带动了种植户及养殖户产值的增长，公司在农牧业产业化发展方面不断加强与当地农牧业生产合作社的合作，开展"企业+合作社+农民"模式的实践。截至2020年底，公司在西宁市累计与10余家农牧业生产合作社、农牧大户建立订单合作协议，并取得了良好的效果，很好地带动了当地农牧业的快速发展以及当地贫困户的脱贫。

3.青海牛必乐公司未来发展规划

成立青海青藏高原种子研究院。在未来3~5年内，公司将于青海省西宁市完成高原农牧种业研究院的建设，打造青海最专业的农牧种业研究、服务机构。在品种开发方面，公司除不断完善适合于青海地区种植的青贮玉米品种之外，继续增加藜麦、小麦、油菜等多个高原农作物新品种的开发和配套的科技成果转化。

组建生态高能饲草配送平台。由公司组织省内外牦牛藏羊饲草相关的企业和机构，发起成立青海省牦牛藏羊饲草产业联盟，共同推进青海牦牛藏羊的饲喂技术的升级以及专业饲草的品种开发、种植、加工、储存、运输、销售等产业链上下游各环节的高效率开发。完成青海抗灾保畜体系建设的同时实现本地饲草产业化的升级，藏草于民，解决畜牧业季节性缺草的瓶颈。

研发计划及目标：公司将站在新品种、新技术研发的制高点，以青海省农牧业的实际需求为出发点，联合中科院高原生物研究所、青海省农科院、四川草原科学研究院等多家高端科研机构在青海省西宁市建立青海高原农牧种业研究院。研究院将致力于青海省高原农牧业新品种的研发、推广，综合提升青海农牧业科研技术水平，继续加强农牧饲草新品种的研究及推广，同时不断完善优化种植技术规程，不断提高农作物产量和品质，进一步推动当地农民的知识普及和整体技术水平的提升。目标是实现两个"1000"工程，即青贮玉米种植海拔高度平均提升1000米，农牧户营收每亩增加1000元。

总之，公司将积极参与青海省及西宁市政府科技项目的探索与研究，为当地农牧业科技的整体提升和发展贡献自己的力量。公司将不断地完善和丰富饲草种子及种植标准和技术规范，除完成目前农作物品种研发及技术规程之外，积极致力于青海牦牛藏羊的饲喂标准体系建设，实现"从一粒种子到餐桌"的目标，即从种子到牛、羊饲喂体系的有机结合。

公司将进一步通过科技和市场的高效率衔接，加强和完善青海牦牛藏羊饲草抗灾保畜系统以及相关市场化模式的构建，实现灾年保畜，常年增收的可持续循环。

（三）青海江河源农牧科技发展有限公司

青海江河源农牧科技发展有限公司成立于2001年，是集饲料研发、加工、销售于一体的科技型企业，是国家农业产业化重点龙头企业，国家级扶贫龙头企业，是青海省最具规模的饲料加工企业。公司以市场为导向，以开发青海省优势资源和特色农畜产品为重点，多年来以推动青海省农业产业化的发展、提高企业的整体竞争实力、带动农牧民增收为工作核心。

公司拥有国际先进的布勒公司饲料加工生产线，自动化程度高、噪声小、粉尘低，采用最新的电脑配方技术，年可生产"江河源"牌各种全价配合饲料10万吨，饲料产品已达5大类69个品种。产品被评为青海省同行业中唯一的"青海省名牌产品"，并荣获"中国饲料行业信得过产品"称号。江河源商标被评为青海省著名商标，并于2012年12月31日荣获全国驰名商标认定。产品销往全省各州、县及西藏等地，产销率达100%，省内市场占有率达50%以上，深受广大养殖户欢迎。公司生产的蛋鸡饲料、育肥猪饲料、奶牛饲料、牛羊育肥饲料、小尾寒羊专用饲料被认定为全国首批"国家A级绿色生产资料"，并申报了发明专利。

公司经过发展建设，现已成为青海省最大的饲料加工企业，是国家级、省级农牧业产业化重点龙头企业，国家级扶贫龙头企业，青海大学教学科研基地，在青海饲料行业中排列第一位。产品质量安全水平高、竞争力强、影响力大，企业发展潜力大，社会责任感强，企业生产无污染，"三废"排放达到国家环保标准，公司已通过国际质量管理体系认证。企业在银行信用良好，被中国农业发展银行青海省分行评为A+信用企业。

（四）青海"五三六九"生态牧业科技有限公司

青海"五三六九"生态牧业科技有限公司是2011年青洽会招商引资企业，也是上海对口支援青海果洛州的落地企业，注册资金6000万元，坐落于果洛州久治县，占地49533平方米，自有草山2.35万亩。在各级政府多年来的支持与帮助下，已成为集牦牛养殖、屠宰、加工、仓储、冷链物流、品牌打造为一体全产业链发展的国家级重点龙头企业、高新技术企业。

1.积极探索，全力打造牦牛全产业链

企业在果洛久治县、甘德县、海东市河湟新区、海南州贵南县等地都有牦牛养殖、生产基地，也与玉树州囊谦县建立了良好的供牛基础。公司于2015年在海南州贵南县运营占地面积137亩年出栏10000头牦牛的牦牛养殖基地，是全省唯一被国家标准化委员会认定的畜牧业国家级标准化示范区。在甘德县运营占地208亩的青珍乡牦牛集中养殖建设项目已签约并正式入驻。在海东河湟新区平北经济区建设"青藏高原牦牛产业示范园"项目，该项目是青海省打造"绿色有机农畜产品输出地"重点建设项目，项目占地45.62亩，建设内容包括牦牛屠宰示范基地、牦牛肉冷分割加工区、冷库、牦牛文化及产品展示中心、活畜网上交易拍卖平台以及相应的基础设施工程。总投资1.4亿元，建有标准化屠宰车间2700平方米，10万级洁净标准的分割车间1800平方米及1400平方米的冷鲜肉加工包装车间，保鲜及冷藏库3000平方米，总库容可达1万吨。年可屠宰牦牛6万头，生产牦牛生冷鲜肉1.15万吨，其中牦牛冷鲜肉9000吨、牦牛调理肉2500吨，为青海省规模最大、功能最全、技术能力最强的综合性牦牛产业示范基地，目前已进入试运营阶段。

青藏高原牦牛产业示范园的实施，将建立一个集牦牛屠宰、精深加工、科技研发、综合利用、冷链物流、文化展示等诸多功能于一体的牦牛产业示范园

区,最终打造"一园三区四基地八中心"的牦牛全产业链布局。其中,"一园"为青藏高原牦牛产业示范园,"三区"为高原农牧业生态示范区、高原现代农业牦牛全产业链聚集区、智慧农业牦牛产业互联网综合服务区,"四基地"为牦牛周转饲补基地、生态饲料加工基地、牦牛产品加工基地、牦牛文化旅游基地,"八中心"为大宗商品交易中心、产业大数据中心、价格形成中心、仓储物流集散中心、科技交流中心、现代金融中心、总部经济中心、会展展示中心。

2. 坚持构建联结机制,落实主体责任

多年来,公司遵循"以牛为本,坚持原生态、持续、高效、高值"的理念,致力于青藏高原现代生态畜牧业的发展。开展了"公司+农户+产业园+云平台+品牌+市场"的利益联结机制的实践探索,构建了市场与农畜产品产地相衔接、生产与消费需求相衔接的产业模式,促进了牦牛产业向着体系化、规模化、标准化发展。

公司坚持返利于民,按照每千克高于市场价2元的价格收购牦牛,又以每千克低于市场价2元的价格将牦牛肉出售给牧民,仅此一项就使牧户每年增加了200万元收入。2019年初,玉树州遭遇数十年一遇的雪灾,公司在玉树州囊谦县发起了"5369收购万头牦牛囊谦启动仪式暨百企帮百村囊谦行"活动,第一时间将100吨饲草料运往灾区,发放到牧户家中,并收购价值1082万元的牦牛,使囊谦县牧民不仅没有因自身牦牛无法过冬产生损失,反而增加了销售收入。2020年,协调上海各大基金会争取到100万元资金用于支持果洛公益事业,其中20万元用于久治县藏文寄宿制民族中学"早餐行动计划"、30万元用于哇赛乡敬老院的修缮,50万元用于果洛州牧民射箭场馆练习基地建设。多年捐款捐物、扶危济困100余万元,赢得了当地群众的高度赞誉和信任。

2020—2021年,合计为久治县建档立卡贫困户分红120.8万元,覆盖贫困牧民480户1942人,户均增收5032元。同时为久治县门堂乡黑土滩区域种植牧草2500亩,其中当年生草1500亩,多年生牧草1000亩,建造围栏7500米,种植的牧草免费发放给当地贫困户。2017—2021年连续5年为贵南县完加6村184户建档立卡贫困户每年分红75万元,合计375万元,户均增收20380元。与11家久治县当地合作社建立"五三六九"牦牛产业化联合体，坚持联合经营，构建联合机制。2021年，以平均每头牛高于市场价1900元的价格收购久治县合作社滞销的牦牛247头，为合作社解决了销售难的困扰，为合作社增收近47万元，向果洛州甘德县龙尕尔村223户890人共分红51万元，户均分红2286元。

2021年，公司也通过各种方式履行企业责任，向久治县贫困学子捐资助学2万元，为久治县索乎日麻乡乡村建设捐赠3万元。疫情防控期间先后向青海农牧职业技术学院、久治县检查站、西宁市公安局城西公安分局和城北公安分局捐赠了物资及产品，合计约3.5万元。

3. 强化质量管理，注重品牌建设

品牌建设，质量是核心。"五三六九"商标2017年被认定为中国驰名商标，公司2022年被认定为第五届青海省质量奖企业。公司秉承"向质量求发展"的理念，强化质量管理，追求卓越绩效，通过不断探索，总结出具有"五三六九"特色的"三全四过程五系统"的质量管理模式，通过科学、信息手段实现质量精细化管理，保证送到消费者手中的每一块牦牛肉都是健康、安全的有机食品。公司先后通过ISO 9001质量管理体系认证、HACCP体系认证、有机产品认证、高新技术企业认证等，竭力使质量管理立体化、规范化、全员化。

公司现有专利33项，其中发明专利2项，已注册商标22件。公司多年来积极与相关科研机构和院校开展合作，承担多项省级研发项目，是国家"十三五"时期畜禽重大疫情防控与高效安全养殖综合技术开发专项参与单位，初步建立了以技术标准为核心、管理标准和工作标准相配套的标准体系。

"五三六九"不仅是牦牛产地的海拔高度，更是公司团队追求绿色有机和食品安全的高度。公司先后获得"全国万企帮万村""精准扶贫行动先进民营企业"等多项国家级称号；获得"青海省脱贫攻坚先进单位""青海省质量奖"等多项省级荣誉称号。2021年，被中共中央、国务院授予全国脱贫攻坚先进集体称号，被农业农村部认定为"农业国际贸易高质量发展基地"，获得"出口商品品牌证明书"。公司被认定为青海省2021年"昆仑英才·乡村振兴人才"农业农村新型经营主体领军人才（团队），企业法人陆爱珍女士被民革中央授予"民革助力脱贫攻坚工作先进个人"荣誉称号，被认定为青海省2021年"昆仑英才·乡村振兴人才"农业农村新型经营主体领军人才。

4. 研发系列产品，拓展产业链条

公司通过加强对牦牛肉产品的开发，创新商业模式，不断扩大青海省牦牛肉品牌的影响力。为打造"五三六九"品牌，在全国各地推广营销，60多种冷链产品和20多种即食产品赢得市场认可，产品主要针对团购礼品、工会福利、机关食堂、塑身人群等消费群体，并作为体育健儿的营养补给食材供应上海、青海、广州、山东、山西、宁夏体育局等单位。尤其为中国南极科考队"雪龙2号"和"人类首次不停靠环航北冰洋"活动提供肉类食品保障。青海牦牛肉的高品质价值得到了充分体现，也使"五三六九"这个高原新品牌占领了市场，站稳了脚跟。同时，公司还注册有"老扎西""美卓玛"两个商标，公司按产品由高到低档次分类打造"五三六九""老扎西""美卓玛"品牌，建立公司牦牛产品品牌体系。产品远销珠三角、长三角、京津冀、成渝等地区高端市场，在经济发达地区具备了一定的市场竞争力，赢得了广大消费者的认可和信赖。目前，公司正在开发国际市场，计划将青海优质的有机牦牛肉产品通过"一带一路"销往西亚和中东地区，预计通过3年时间将国际市场年销售额突破1亿美元。

二、西藏自治区（西藏高原之宝牦牛乳业股份有限公司）

1. 基本情况

西藏高原之宝牦牛乳业股份有限公司于2000年5月10日成立，位于西藏拉萨国家级经济技术开发区，是一家由央企、国企参股合作的混合所有制企业。公司注册资本1.73亿元，总投资规模达6.6亿元，是农业产业化国家重点龙头企业、国家高新技术企业、西藏"专精特新"企业，是一家具有现代化水平的牦牛乳制品加工企业。产品涵盖有机全脂牦牛奶粉、牦牛奶婴幼儿配方乳粉（1段、2段、3段）、中老年牦牛乳粉、有机牦牛纯牛奶、牦牛酸奶、藏式酥油、牦牛乳益生菌粉（片）等多系列牦牛乳制品。目前，公司已经建立了牦牛液态奶、牦牛奶粉、牦牛益生菌产品、牦牛酸奶等多类产品生产线，是国内牦牛奶品类最多的一家企业，年产量约3万吨，产值超20亿元。产品主要销售于国内大中城市的高端商超，已被列入央企、国企及军需专供产品清单，进入专供及军供产品领域。

凭借多年的经营与优秀团队，高原之宝率先通过了牦牛乳制品企业中国婴幼儿配方奶粉的注册，牵头制定的中国国家牦牛奶行业标准已于2012年12月30日正式颁布实施。目前，公司产品已通过了ISO 9001质量管理体系认证、ISO 14001环境管理体系认证、危害分析与关键控制点（HACCP）体系认证、乳制品危害分析与关键控制点（HACCP）体系认证、诚信管理体系认证、良好生产规范（GMP）认证、中国有机产品认证、美国有机食品认证、欧盟有机产品认证等九大体系认证。公司正在申请中国暨世界牦牛奶生产加工标准，并与联合国粮农组织合作，积极筹备世界牦牛产业发展论坛、世界牦牛产业联盟和世界牦牛牧主大会，以推动国际国内牦牛奶产业健康有序发展。

2. 科研创新

高原之宝坚持以科技创新为战略发展重点，建立产、学、研一体的科学发展体系，攻克了青藏高原牦牛奶深加工的科技难题，并取得了国家科技进步二等奖等各项殊荣。

建立初期，高原之宝利用自身资源与优势，牵头国内牦牛奶企业制定中国牦牛奶标准及行业规范，先后成立西藏牦牛乳生物工程技术研究中心、拉萨市高原奶业工程技术研究中心及西藏高原之宝拉萨净土健康产业院士工作站。

发展过程中，高原之宝与各大高校、高校教授专家建立长期合作，与中国科学院南海海洋研究所、清华大学、中国农业大学、西藏农牧学院、四川大学华西医学院、哈尔滨工业大学、西藏大学、青海大学及四川食品发酵工业研究院等高校和科研院所建立了良好的合作关系，聘请乳品科学与工程专家、中国工程院院士任发政，清华大学生命科学学院副院长张荣庆，兰州大学教授龙瑞军为研发专家。加大牦牛乳制品科研投入，解决了在青藏高原缺氧、低气压条件下常温牦牛乳杀菌、高原益生菌发酵、牦牛乳婴幼儿配方奶粉加工等生产工艺与品质方面的难题。深入研究牦牛乳课题，历时多年成功研制出来自青藏雪域高原的嗜热链球菌ZF、德氏乳杆菌保加利亚亚种TGL、动物双歧杆菌NMC、副干酪乳杆菌YLZB等四大菌种,并通过搭载神舟十号飞船进入太空,取得国家卫生部备案菌株号。同时,为了推动牦牛乳制品产业的数据化、信息化、视频化、智能化,高原之宝与中国北斗、安盟保险合作,开展了牦牛物联网智慧牧场建设,引入北斗卫星系统对牧场及牦牛实时监控,建立健全的追溯机制,以实现牦牛乳制品产业化升级。

目前,高原之宝正联合国际牦牛协会申请制定世界牦牛奶生产加工标准,以推动牦牛乳标准化、规范化生产加工,正在筹建国家工程中心,致力于推动整个牦牛乳制品行业的科研进程,同时积极研究《晶珠本草》中关于牦牛乳制品衍生功效的内容,挖掘牦牛乳制品医学功能,加大牦牛奶功能性产品的研发。

3. 经营模式创新

公司采用"牧区+产业+旅游服务"的创新经营模式,极力打造基于牦牛乳加工产业为核心的"三产"融合现代生态农业园。在展示现代奶业和畜牧业产业化发展的同时,充分挖掘文化内涵,推动藏族地区畜牧、旅游、文化的产业结构调整和产业升级,目前已在西藏拉萨、四川阿坝(若尔盖县和松潘县)、青海黄南等青藏高原牦牛资源集中区域建立了牦牛奶加工、旅游示范基地。

三、四川省

(一)铁骑力士集团有限公司

铁骑力士集团创建于1992年,30年来从单一的饲料加工发展成为集饲料、牧业、食品、生物工程为一体的现代农牧食品企业。在全国建有150余家分(子)公司,为农业产业化国家重点龙头企业,获得"全国民族团结进步模范集体""全国脱贫攻坚先进集体""全国农产品加工业100强企业""国家认定企业技术中心"等荣誉。

铁骑力士集团是"中国饲料行业十大领军企业",长期聚焦反刍饲料产业发展,在东北、西北、华北布局专业的反刍饲料工厂10家,反刍饲料产能超过

40万吨，牦牛饲料逾10万吨。目前，公司针对牦牛产业现有布局及养殖情况，以冯光德实验室为基础，联合四川农大、四川省草原科学研究院等高校及科研院所，依托青藏高原牦牛养殖基地，重点专注牦牛全程营养方案设计研究。同时，公司通过建立"饲料工厂-牦牛养殖基地-动物营养实验室"三位一体的牦牛饲料研发体系，不断攻关牦牛犊牛健康饲喂技术及牦牛短期快速育肥技术等重难点项目，实现牦牛产品的快速评价及更新，持续提高产品综合竞争力，为客户提供最优质的产品。目前，公司以四川、青海、甘肃作为牦牛饲料推广的三个重点区域，通过建立铁骑力士养殖技术服务站及牦牛养殖技术线上平台等方式，重点服务牦牛规模化舍饲育肥企业及中小型家庭式养殖个体户。公司根据客户饲养条件及养殖水平的差异，针对性开发出"金牦王""牦牛宝"等重点牦牛产品，带动牧区牦牛产业的技术变革，助力整个牦牛产业的发展。

（二）红原牦牛乳业公司

1. 企业简介

红原牦牛乳业公司由贡唐仓·丹贝旺旭活佛始建于1956年，目前已发展成为全球海拔最高、设备最先进的牦牛乳制品现代化生产加工企业。红原牦牛乳业作为农业产业化国家重点龙头企业，肩负着维护民族边境地区稳定的重任，为当地藏牧民提供就业机会，响应国家扶贫号召，增收鲜奶帮助藏牧民脱贫致富。

为了辐射更多受益牧民，红原牦牛乳业与美国农业巨头Land O'Lakes公司、瑞典利乐公司合作，从选址建厂、设备建造到加工生产线，全线引进国际先进乳制品生产体系，是全世界海拔最高、设备最先进的现代化牦牛乳制品厂，是青藏高原第一个符合国际标准的乳制品加工厂。红原牦牛乳业通过优化升级加工设备，加强牧区奶源建设，扩大产业规模。工厂现占地面积17.36万平方米，建筑面积7.1万平方米，具备年10万吨牦牛鲜奶的处理能力和1.4万吨奶粉生产能力。

在完善自身建设的同时，公司加强牧区基地建设和奶源建设，先后在红原地区修建了两个中心奶站和多个联户牧场，50多个收奶站，形成了以红原为中心，辐射周边200千米的收奶网络半径。形成草业、牧业、加工业、产品销售共同发展,互为促进的产业结构框架,全方位、多层次综合开发红原牦牛奶资源,为牧民创造长期稳定的收入来源,对促进红原经济发展,推动藏族地区科技进步和社会进步,维护民族地区稳定作出了积极贡献。

依靠得天独厚的牦牛资源,红原牦牛乳业以全球首位由中美联合培养的牦牛博士为核心,组建了一支专业科研团队,专注于牦牛乳制品研究领域,为红原牦牛乳业的科学研究和战略发展提供服务,并先后与国内外顶尖的科研机构和院校合作,对牦牛奶进行科学研究与深度开发,不断挖掘和提升牦牛奶的资源价值。建立了"企业技术中心""院士(专家)工作站"等平台,被认定为"高新技术企业""阿坝州企业技术中心"。

公司是"四川扶贫"集体商标授权使用企业,是四川省第一批扶贫龙头企业,是中国乳制品行业首个获得国家地理标志保护产品的乳制品企业,是同时通过中国、美国、欧盟三大有机产品认证体系认证的牦牛乳制品加工生产企业。

2. 经营模式及销售情况

消费升级使市场对高品质产品的需求提升,为高端乳制品及产品发展带来了机会。同时,新冠疫情发生后相关专家学者提倡多喝奶提升免疫力,这为高品质乳制品进一步发展带来了良好机会。

红原牦牛乳业励精图治,在原生态高海拔地区耕耘60余年,依靠得天独厚的牦牛资源,构建了安全稳定的奶源体系。通过接轨国际一流乳制品生产体系,以原生自然好奶,经科技创新之手,从一棵草到一滴奶,全程高原有机,打造出高营养、高价值的牦牛乳制品。

红原牦牛乳业作为我国高端牦牛乳品品牌,一直以来都坚持"因为信仰,所以纯真"的企业理念,坚持100%牦牛奶无添加,致力于为人类的营养健康保驾护航。通过加强红原牦牛奶的品牌曝光率,提升行业高度,开设品牌实体店,参加国际、国内的重要行业产品展会,举办综合性推介活动等获得了广大消费者的高度认可,成为高端乳制品市场一支崭新的生力军。

随着市场向多样化、专业化发展,红原牦牛乳业结合牦牛乳制品的特色与优势，在销售渠道开发上，除传统渠道外，重点深耕针对高端市场的特殊渠道，包括高端会员制商城，有机食品社群等特色精准渠道，同中石油、泸州老窖等大型优势企业达成团购合作等。同时，在中国药文化研究会牦牛奶养生科普分会的指导下，搭建了以牦牛奶产业科普宣传为依托的销售体系，有效推广牦牛奶产业文化，振兴牦牛奶经济，推动牦牛奶产业健康发展。

红原牦牛奶（粉）是中国首个成为国家地理标志保护产品的乳制品。在由原国家质量监督检验检疫总局所挑选的100个精品编制而成的《走进中国地理标准产品》中，红原牦牛奶粉被遴选在册，红原牦牛奶（粉）也是首个获得中国、欧盟、美国三大有机产品认证体系认证的牦牛乳制品。产品还获得联合国环境规划基金会等单位颁发的"绿色中国·杰出绿色健康食品奖""全国食品行业放心食品称号""中国首届乳品博览会金奖""四川省名优特新产品博览会金奖""四川省地方名优产品""四川名牌""四川十佳名优特农产品品牌"……红原牌商标获得"四川省著名商标"等荣誉和称号。

由中国品牌建设促进会、中国资产评估协会、新华社联合主办的中国品牌价值评价信息发布活动中，红原牦牛奶粉连续三年（2019年度、2020年度、2021年度）荣登区域品牌（地理标志）百强。

随着互联网的快速发展和多种网络销售模式的兴起，红原牦牛乳业加强了线上布局，搭建电子商务销售网络，先后在天猫、京东、苏宁、抖音等平台开设官方旗舰店。同时，针对私域流量开展精细化运营，助力垂直细分市场的深耕，通过多种类型线上渠道整合，增加了更多的市场拓展机会。

在丰富产品线、开展品牌及产品推广工作、构建与开发电商市场等举措的共同作用下，红原牦牛乳制品销售量实现了增长。近年来销售额都在1亿元以上，未来发展潜力巨大。

四、甘肃省

（一）甘南藏族自治州燎原乳业有限责任公司

甘南藏族自治州燎原乳业有限责任公司始建于1953年，前身为甘南藏族自治州乳品厂。公司位于甘肃甘南合作经济生态产业园区,占地120亩,新建国际先进水平的乳制品生产线,年生产规模达到2.7万吨。公司主导产品有"燎原"牌牦牛奶系列全脂奶粉、全脂加糖奶粉、婴幼儿配方奶粉、中老年配方奶粉、幼童配方奶粉、孕妇配方奶粉、学生配方奶粉、牦牛酸奶系列等40多个品种,是我国最早采用牦牛乳作为特色原料,专业生产婴幼儿系列配方乳粉的企业,同时也是国内首批取得牦牛乳婴幼儿配方乳粉生产许可证的企业。公司借鉴国际先进的HACCP、ISO 9001等质量管理体系,构建安全、高效、优质的乳品质量安全保障体系,实施从原料收购至产品出厂、售后跟踪服务等的标准化乳制品在线检测技术和质量安全追溯体系的信息技术。公司先后被授予"国家重点农业产业化龙头企业""全国少数民族特需品定点生产企业""中华老字号""中国牦牛乳品的开拓者""甘肃省著名商标""甘肃省名牌产品""高新技术企业""政府质量奖""合作市脱贫攻坚奉献奖"等荣誉称号。

公司始终坚持规模化、科学化、特色化的发展理念,不断地拓展现代化生产基地和养殖基地建设,用产业集团优势和专业化服务,为消费者提供高营养、高品质和更加安全可靠的特色牦牛系列乳制品,以保障消费者的需求。近几年来公司通过不断创新发展思路,加大产品开发及结构调整,积极拓展市场空间。各项生产经营正常,主营的牦牛乳配方乳粉系列、酸奶系列产品产量、产值、销售收入均逐年增加,经济效益明显,为当地社会经济可持续发展、带动农牧民脱贫、构建和谐社会作出了积极贡献。

(二)华羚乳品股份有限公司

华羚乳品股份有限公司始建于1994年10月。公司自创立以来始终致力于草原畜牧业优势资源开发,依托青藏高原独有的特色资源牦牛乳(曲拉)为原料,生产牦牛乳系列产品,是知名品牌企业,是"国家扶贫龙头企业""高新技术企业""甘肃省农产品出口创汇重点企业""甘肃省绿色工厂""甘南藏族自治州重点骨干企业"。

华羚的主要产品有牦牛乳酪蛋白及牦牛乳婴幼儿配方奶粉系列、牦牛乳酪蛋白系列、牦牛乳全脂奶粉系列、牦牛乳蛋白粉系列、牦牛奶茶系列、牦牛乳酸奶粉系列、牦牛乳休闲食品系列、牦牛乳黄油粉、牦牛乳粉系列等系列产品，30多个品种，产品以优良的品质荣获"中国驰名商标"。华羚拥有我国唯一一家专业研发牦牛乳酪蛋白的科研机构，被国家发改委等五部委认定为"国家级企业技术中心""国家地方联合工程研究中心""国家乳品技术研究分中心"，也是酪蛋白、酪朊酸钠产品国家标准的起草单位。公司累计投入科研经费达8000多万元，先后获得2项国家科技进步二等奖，20项科技成果，17项新技术新产品，32项发明专利，科技成果被列入国家火炬计划、国家星火计划、国家重点新产品。

近年来，华羚立足于牦牛乳特色资源，适应新的市场需求，以"大健康"理念为引领，以高质量发展为目标，着力打造牦牛乳全乳产业链，全面提升了企业的综合实力和市场核心竞争力。投资5.76亿元，占地近300亩，新建了"牦牛乳产业园项目"。已建成了集"自动化、数字化、现代化"为一体的牦牛乳产业园项目一期工程，在产业园建成"年处理10万吨鲜乳的精深加工生产线"和自主设计的国内第一条现代化"年产万吨干酪素生产线"的生产加工区。该项目带动甘南，辐射甘、青、川、云、藏等五省区的藏族地区，是全国最大的牦牛乳曲拉原料交易平台的现期货交易区。集工业参观、文化旅游、休闲体验、产品博览为一体的"牦牛乳产业文化博览园"的文化博览区。甘南大学生创新创业孵化基地的创新创业区和全国唯一一家"牦牛乳研究院"的科技研发中心等四个功能区和一个中心，极大地提升华羚产业高质量发展的综合实力和核心竞争力。项目建成达产后，年可处理牦牛乳（含曲拉）42万吨，实现产值和销售收入可达29.85亿元，可带动牧户20多万户，农牧民群众户均年收入达11300元，使产业带动辐射作用更加凸显。

多年来华羚矢志不渝地走产业化带动区域经济发展之路，坚持与广大藏族地区群众"同发展、共繁荣"的理念，与广大农牧民群众建立了稳定的产业带动长效机制，构建起了基地培育、原料市场、生产加工、自主研发、销售网络以及延伸产业链的完整产业体系。在华羚公司的产业化带动下，甘肃、青海、四川、云南、西藏等五省区的藏族地区的"曲拉"价格由最初每千克1.2元上涨到最高时的每千克53元,增长了44倍。华羚累计投放牧区的原料收购资金达86亿元,带动牧户10.6万户,其中带动甘南州牧户2.95万户,牦牛乳、曲拉产业对农牧民群众户均年纯收入的贡献率达45%。2018年,时任中央政治局常委、全国政协主席汪洋调研华羚时给予了高度的评价,他指出,华羚作为甘南的领军企业,扎根藏族地区,服务牧民,尤其是服务贫困牧民,这种行为值得褒奖。

展望未来,华羚公司将始终坚守"诚信为本、创新为魂"的企业价值观,以"带动一个产业、打造一个品牌、造福一方百姓"为己任,以"天然牧场、纯净奶源、透明工厂、流程开放"的经营理念,坚定不移地"打牦牛乳品特色牌,走科技创新发展路"。充分利用"中国牦牛乳都"这一区域品牌影响力,充分发挥龙头带动和产业引领作用,深度开发牦牛乳"大健康"产品,丰富产业链内涵,提升产业档次和水平,提高产品核心竞争力。努力把牦牛乳产业做成甘南藏族地区的支柱产业,把牦牛乳系列产品做成甘南乃至甘肃、中国对外宣传的名片,为藏族地区经济社会发展、农牧民增收和全面建成小康社会作出新的更大的贡献。

(三)雪顿乳业

雪顿乳业是一家集奶牛、牦牛养殖,原奶收购、自主研发、生产加工、销售服务为一体全产业链模式的乳制品生产企业,拥有青藏高原得天独厚的奶源基地和全国第一家标准化牦牛乳生产基地。公司目前有两座现代化乳品生产基地,分别坐落于省会兰州与甘南夏河,优越的地理条件充足地保障了消费者的日常需求。公司拥有12条液态奶标准化生产线,以及牦牛奶粉和牦牛酥油生产系统,涵盖了普通牛奶、牦牛奶的全产业链产品品项,以满足国内外市场对乳品的差异化需求。产品销售覆盖甘、青、川、藏,辐射全国市场。

雪顿乳业坐拥青藏高原纯天然牧场,专享海拔3500米黄河首曲黄金奶源带,奶源产地覆盖甘肃、青海、四川3省4州18县,牦牛奶生产基地收奶半径达到500千米。公司高度重视产品安全,严格把关产品质量。已通过ISO9001质量管理体系、乳制品良好生产规范(GMP)、乳制品危害分析与关键控制点(HACCP)体系认证,取得中国学生饮用奶项目生产供应资质,在食品生产质量管理水平上达到了国内领先、国际先进的标准。雪顿乳业瞄准世界乳品的前沿技术和智力资源，全套定制的牦牛乳专业生产线，实现了牦牛奶生产全过程的科学化、自动化、密闭化及标准化。采用世界先进的乳品检测检验设备，采用美国安捷伦公司原子吸收分光光度仪、气相色谱仪7820、液相色谱仪1220/1260及丹麦FOSS公司的FOSS-FTI乳品分析仪等，能够充分保障每一滴产品的高品质。

在产品研发方面，雪顿乳业与利乐、杜邦丹尼斯克等全球顶尖企业合作，建立了全球牦牛乳生产技术及产品研发中心，与甘肃农业大学、兰州理工大学等高校合作建立了雪顿乳业工程技术研发中心。进一步加快科研创新成果转化，推动牦牛乳制品加工技术升级进步，实现传统乳业智造化，助力健康中国战略的实施。

第三节　第一、第二、第三产业融合发展模式典型企业

青海夏华清真肉食品有限公司始建于2010年，成立初期以牛、羊屠宰加工为主。在青海省相关部门和当地政府的帮助下，公司通过机制创新、科技支撑、设备升级、规模扩张、市场开拓、品牌创建，实现了企业成功转型和快速发展，形成了产业各环节统筹协调、一体化运作、全方位发展的"夏华全产业链融合发展模式"，其特点是以市场为导向。企业生产经营涵盖了饲草料种植、良种繁育、标准化养殖、屠宰加工、市场销售、特色餐饮等产前、产中、产后各环节，整个产业链相互衔接、贯通，实现了从"初级产品到深加工产品，从农场到餐桌"的全产业链融合发展模式。

公司现有职工300余人，占地近400亩。2021年，实现营业收入2.26亿元，实现利润1528万元，2022年实现营业收入2.84亿元，实现利润1986万元。公司先后被评为国家级农业产业化重点龙头企业、国家牛羊肉储备库、青海省模范集体、高原生态养殖示范基地等。

一、公司产业链融合发展情况

（一）优质饲草料种植基地

优质燕麦具有适口性和饲料价值，拥有高原"牧草王"的美誉。公司建立签约订单基地12000亩（每年与周边农牧民签订青燕麦草种植合同），生产青贮饲料3.6万吨，有效解决了饲草供应问题，同时为农牧民增加收入提供新的致富之路。

（二）饲草加工

公司在青海海晏县设立了青海晏华饲草料加工配送中心，生产加工肉牛、肉羊等优质饲草料，年产草粉、草颗粒、干草捆及混合饲料1万吨。饲草料加工配送中心在满足公司养殖场饲料需求的基础上，可供应周边地区每年饲养45万头牛羊所需的饲料。

（三）养殖基地建设

公司把原材料生产基地作为"第一车间"，实行"公司+基地+合作社+农户"经营模式，为农户提供养殖技术服务，通过农业产业化的形式带动农民致富。成立"海晏县金银滩牛羊标准化养殖示范牧场有限公司"，从事肉牛、肉羊的繁育、育肥业务，达到年存栏肉牛10000头、肉羊2.6万只的养殖规模。在国家肉牛牦牛技术体系专家团队指导下，养殖基地已形成"产、学、研、推、商"相结合的科技支撑体系，带动周边农牧户实现科技养殖，效果显著。

（四）有机肥生产加工

为解决养殖污粪的污染问题，成立青海五丰生物科技股份有限公司，年产生物有机肥6万吨。每年收购农牧民牛羊粪10万立方米，农牧民可增收600万元，拓展了农牧民增收渠道。

（五）屠宰加工基地建设

公司建设有容量5000吨的冷藏库、速冻库、排酸库；建成符合商检卫生标准的牛、羊吊宰车间和全封闭牛、羊肉精细分割加工车间，引进先进的牛、羊肉精细分割生产线2套，工艺先进、卫生达标、化验设备完善。加工车间具备年屠宰牦牛8万头、肉羊60万只的规模，年加工牛、羊肉8000多吨。

（六）营销网络建设情况

公司致力于营销网络的建设，全力打造清真牛羊肉品牌，采用销售总代理和设立直销店的营销方式，利用"夏华小牦牛"、藏系绵羊的品牌优势，在上海、广州、深圳、成都、西宁、银川、中卫等国内大中城市建立直销店、超市销售店28家，产品进入海底捞等大型餐饮连锁公司、盒马鲜生、人人乐、麦德隆、华联等知名超市。2021年，公司在广州注册成立了"夏华小牦牛（广东）食品有限公司"，进一步开拓华南市场，实现产量、收入、利润全面突破。

（七）餐饮连锁发展情况

公司在银川、中卫、西宁、海晏、太原、西安等地开办了以优质高档牛肉和高原优质牦牛肉为主的特色肥牛火锅、高端烤肉店及中式餐饮店8家、连锁加盟店5家，先后研发出高档部位肉、冷却保鲜肉、高原牦牛肉系列产品和各式清真制品，为消费者提供"绿色、安全、健康、营养"的清真食品，实现了农场到餐桌的全产业链发展模式。

二、品牌建设情况

产品质量不仅是公司兴衰存亡的根本，也是延伸产业链条、产业可持续发展的关键。因此公司积极打造"夏华小牦牛""夏华肥牛"牛肉系列产品品牌，这些产品已通过ISO 9001—2015质量管理体系认证，ISO 22000—2018食品安全管理体系认证。公司还被青海省、海北州评为"诚信企业""消费者信得过单位"，产品也获得"消费者信得过产品"称号，受到消费者青睐。

三、取得的社会效益

通过公司全产业链融合发展模式，整合上、中、下游资源优势，实现第一、第二、第三产业融合。对增加农民收入，发展区域经济，促进当地资源优势向经济优势的转化，推进当地产业结构调整和产业健康发展，具有良好的示范作用。

　　夏华的"三产"融合发展模式，在产业链上实现近千人的就业，示范带动种植、养殖农牧户2000多户，为当地经济的发展和农牧户脱贫致富作出了积极的贡献，社会效益非常显著。

产业发展预测（至2025年）及投资机会分析

第一节　牦牛产业未来发展趋势预测分析

一、绿色高效养殖技术发展趋势分析

（一）品种选育方向

1. 本品种选育依然是主要方向

我国牦牛三大主产区西藏、青海、四川有牦牛遗传资源和培育品种23个，这些资源具有丰富的遗传多样性，各地区根据本地牦牛遗传资源特点拟定了以生长发育、体重等为选育方向的育种目标，制定了相应的选育行业标准和地方标准。近几年以表型为特征的选育正在牦牛群中开展，如中国农业科学院兰州畜牧与兽药研究所开展的无角牦牛"阿什旦牦牛"的培育、四川省草原科学研究院与西南民族大学联合开展的牦牛多脊椎变异群体筛选组建等。

此外，具有独特表型特点的牦牛遗传资源陆续被发现、鉴定。2022年，牦牛新遗传资源"亚丁牦牛"通过国家畜禽遗传资源委员会的鉴定。

2. 分子育种技术已经逐步应用到牦牛育种中

分子育种技术可以有效提升牦牛育种进展。随着不同牦牛品种高质量、高精度基因组序列的不断发布，牦牛泛基因组的构建以及转录组、代谢组、蛋白组等组学技术的快速发展，利用多组学联合解析重要经济性状遗传机制已成为未来发展必然趋势。基于此，有必要开展牦牛重要性状遗传机制与生理学基础研究，整合利用多组学技术以及生物信息学、系统生物学策略，挖掘与鉴定影响生长性状、胴体、肉质、抗病、繁殖和长寿等重要性状的功能基因和分子标记，解析分子遗传机制，鉴定具有育种价值的优异基因，为开展分子育种提供必要的基因信息。

（二）牦牛养殖区域发展趋势分析

1. 高寒地区仍是核心养殖区域

牦牛产业中的家牦牛是由野牦牛经过长期人工选择与进化而来。考古、历史、地理、畜牧等多学科研究资料表明，牦牛在距今5000多年前，由居住在我国藏北高原羌塘地区的古羌人，从捕获的野牦牛驯养而来。经过此后几千年的驯化，牦牛的分布区域逐步扩散，西至帕米尔高原，东达雪域岷山，南抵喜马拉雅山脉南坡，北至阿尔泰山山麓海拔3000~5000米的高原、高山、亚高山区域。研究表明，在漫长的驯化过程中，牦牛进化出能够适应高原低氧寒冷环境的独特呼吸系统结构、强大的心肺供氧功能、被毛及相关关键功能基因表达，能够较好地适应高寒牧区独特的气候生态条件。目前，我国牦牛超过1600万头，因其较强的高寒环境适应能力和放牧草食家畜特性，绝大多数仍将继续分布于我国青海、西藏、四川西部高原、甘肃南部草地和祁连山区、新疆天山山脉、云南西北部高山区、内蒙古阿尔泰山区等地区。利用高原草地资源进行动物性生产，发展重点在于养殖模式与技术的转型升级。

2. 半农半牧区、农区养殖区域扩展延伸

随着近年来产业的发展与科技的进步，牦牛的养殖区域将逐步扩展延伸，更加多元化。针对高寒牧区草地超载退化与牦牛养殖饲草料供给季节性供应不平衡的突出问题，牦牛养殖区域更加重视经济效益与生态效益协同发展，高原牧区牦牛繁育和架子牛基地功能进一步凸显，牦牛育肥生产向半农半牧区的转移，即能较好地利用区域的农作物副产物饲草料资源，同时气候环境差异较小且极端天气少，牦牛适应性良好。各地研究显示，半农半牧区域牦牛养殖在生产性能提升、越冬保膘等方面效果显著。低海拔农区畜牧产业基础良好、产业链完善、资源丰富，牦牛的低海拔农区养殖将成为牦牛产业提质增效的另一发展趋势。由四川农业大学、四川省草原科学研究院联合研发的牦牛低海拔农区健康高效养殖技术被农业农村部列为2019年农业主推技术。该技术的应用表明牦牛的异地育肥能够有效缓解高原牧区草场载畜压力，解决牦牛出栏周期长、冷季掉膘死亡、肉品质差、高原地区饲草运输成本高等问题，提高牦牛肉品质和养殖效益，也能够弥补低海拔农区牛源短缺，稳定牛肉市场，为未来牦牛养殖区域向农区的延伸扩大提供了技术和产业基础。目前，四川省阿坝州、甘肃省甘南州、青海省湟源县等地半农半牧区，四川省成都市、雅安市和西藏自治区拉萨市、甘肃省天祝县等地农区牦牛异地舍饲育肥出栏模式已初具规模并取得良好效益。未来,半农半牧区牦牛舍饲错峰出栏和低海拔农区牦牛高效舍饲育肥模式将继续扩大。

但值得注意的是,牦牛的半农半牧区、农区养殖应当因地制宜,对于气候特征差异不大的区域,可采用1～2年或长期的养殖出栏周期。对于夏季气温较高的区域,为避免夏季热应激,应选择3～4岁牦牛,适当缩短集中育肥时间至6～8个月,达到短期育肥错峰出栏效果。牦牛产业未来发展应以高寒牧区草地资源合理高效利用为根本,夯实产业基础,提升产业技术,转变产业生产模式,向半农半牧区、农区等多层次、多元化区域延伸扩展,促进区域间季节性生产互补、养殖资源互补,将是牦牛产业实现提质增效和与生态环境保护和谐发展,助推牦牛产业发展与乡村振兴的重要发展方向。

（三）牦牛高效养殖技术与模式发展趋势分析

1.草畜平衡可持续发展

由于牦牛的生物学特性与分布特点,放牧养殖仍是未来主要生产形式,放牧模式下草原生态压力持续存在,营养供给季节性不平衡造成的“夏饱、秋肥、冬瘦、春死”的恶性循环依然是牦牛养殖技术与模式发展所面临和需要解决的关键问题。就牦牛产业现状及国家生态文明建设指导方针而言,牦牛产业的发展需要与生态效益协调发展,畜群结构优化、合理补饲、季节性放牧、划区轮牧、种养结合等草地资源合理放牧利用技术模式的研究与示范推广,将推动牦牛产业从传统畜牧业向草畜平衡可持续发展转型。随着我国饲草产业特别是高原地区饲草产业的发展,高寒牧区、半农半牧区人工草地种植面积进一步扩大,牦牛产业饲草料资源供需现状将逐步改善。牧户卧圈种草自给自足、村社打贮草基地、龙头企业规模化专业化生产基地等多种形式的人工草地饲草料生产体系的建立,能够在一定程度上弥补牦牛产区实现草畜平衡的饲草料资源缺口。但同时,人工草地利用年限偏短、产量不高、收获方式相对落后、加工方式单一、草畜高效转化技术缺乏等问题还普遍存在。人工草地种植技术、草产品加工、农作物副产物资源饲料化利用技术研究,以及天然草地、人工饲草、农作物副产物的营养价值、消化特性评定与综合利用技术研究的持续推进，将有利于实现草畜高效转化，对牦牛产业草畜平衡可持续发展起到良好的促进作用。

2. 牦牛精准营养技术研究

在解决牦牛养殖温饱问题的基础上，准确分析牦牛个体对养分的需要量，在日粮中提供精确平衡的养分供给，通过营养供需平衡实现牦牛精准营养，才能够推动牦牛日粮科学化、精准化、差异化，达到牦牛养殖健康、高效、生态、优质的目的。但牦牛营养研究起步较晚，目前尚无牦牛营养需要标准，牦牛日粮的配制仍多参考肉牛饲养标准，国内关于牦牛的能量、蛋白质、矿物质等营养素需要的部分研究已有报道，并随着产业科技水平的提升将逐渐完善，形成不同生理阶段、不同生产目的牦牛营养需要标准，未来仍需要更加系统、精细的研究积累。在营养需要标准逐步建立的基础上，进一步开展不同阶段不同生产目的牦牛能量、蛋白质、非蛋白氮、矿物质、维生素、益生菌、酶制剂、能氮平衡等营养供给技术研究，及其对消化道微生物菌群、机体营养代谢机制、养分沉积等的深入机理分析。基于全程营养调控、精准饲养、因地制宜的饲养模式与技术研发，将有助于推动牦牛产业标准化发展。

3. 建立完善牦牛标准化养殖技术体系

牦牛养殖的出栏效率是影响产业经济效益的关键因素之一。近年来，牦牛放牧补饲、舍饲、异地育肥、季节性错峰出栏、母犊培育技术等研究结果显示牦牛的生长潜力较大，产业的快速发展对此方面的技术产品需求亦会更加迫切。现有技术的熟化、集成创新与应用，以及营养均衡供给、生态牧养、差异化育肥技术、专用配方与饲料产品研发等领域标准化技术、产品体系研究需要进一步加强，以实现牦牛养殖提质增效，缩短出栏周期。其次，牦牛肉产品受其品种特性和养殖模式影响，出栏周期长，肌肉食用品质如剪切力、系水力、肌内脂肪含量等方面较其他牛种相对较差，通过营养调控技术与标准化养殖模式的研究应用，探究营养素、营养水平对牦牛肌肉品质的影响和分子调控机制，能够从科学与应用层面保障牦牛肉产品品质的稳定性，并支撑品质的不断提升。在此基础上，根据各牦牛养殖区域资源禀赋特点，充分利用九龙牦牛、亚丁牦牛、麦洼牦牛、金川牦牛、玉树牦牛等地方优良遗传资源，以牦牛标准化规模化养殖为目标，建设包括牦牛现代化圈舍、智慧牧场、饲草加工、阶段化差异化日粮、繁育体系、标准化饲养管理等要素的牦牛标准化养殖技术体系，提高牦牛出栏效率和养殖效益，将是牦牛产业标准化发展的必然方向。

4. 单一模式向多元化产业模式转变

产业模式方面，牦牛产业的特殊性决定了其以高寒牧区为主的发展区域，如何基于高原草地资源完善和拓展产业模式越来越受到重视，"生态、高效、资源、产品"仍将是牦牛产业模式构建的核心要素，牦牛产业需要不断探索更加科学高效的产业模式，由传统单一产业模式向多元化产业模式转变。例如："种养结合"构建种草养畜绿色循环产业模式，通过人工饲草基地实现饲草料季节性均衡供应、高效养殖、粪污的有机循环利用。"放牧+季节性补饲+圈养"的家庭牧场模式，缓解"夏饱、秋肥、冬瘦、春死"的恶性循环，提升牦牛养殖效率。"放牧繁育+集中育肥出栏+屠宰加工龙头企业"的产业模式，合理利用草地资源放牧，缩短出栏周期，产品精深加工保障产品质量安全、提升产品品质与附加值。同时，牦牛养殖向半农半牧区、农区等区域延伸的立体养殖模式，有助于促进区域间季节性生产互补、养殖资源互补。构建牧繁农养的技术体系和产业模式，充分发挥高原牧区牦牛繁育和架子牛基地功能，牦牛育肥出栏阶段向饲草料更丰富和产业链更加完善的低海拔半农半牧区和农区转移，大力推广低海拔牦牛异地越冬、舍饲育肥、错峰出栏等饲养模式，在转移草原载畜压力的同时，提高牦牛生长效率。诸如以上以及更多更科学的产业模式的建立和示范推广，在推动牦牛产业可持续高效发展进程中的积极作用和价值将越来越突出。

5. 构建标准化、组织化、现代化全产业链模式

牦牛产业标准化是产业高质量发展的必要保障和措施，也是实现产业现代化的战略需要。改变传统的"靠天养畜"放牧模式，以现代科学技术支撑、标准化技术规范、现代经营模式运营、标准化产业体系引领牦牛产业的标准化发展，将促进牦牛产业转变生产方式，实现转型升级与产业效益提升。其次，集成专业技术服务、利益联结与带动机制、市场需求导向、新型生产经营体系构建，推动牦牛产业组织化程度进一步提升。近年来牦牛产业形成了以企业为龙头、以合作社为纽带、以牧户为基础的产业组织化雏形，但仍存在实际运营能力、服务能力与带动效应有限，利益联结不紧密，不能有效形成产业带动等问题。在高寒牧区产业政策的不断支持、企业引进扶持以及科技力量的持续投入和引导下，构建从牧区繁育基地到良种选育，从高效养殖、出栏到屠宰、产品精深加工，从畜产品生产、加工、销售到食品餐饮的全产业链结构，从而形成环境友好化、标准化、组织化、现代化的牦牛全产业链生产体系。

（四）疾病防控发展趋势分析

国内外动物疫病防控技术突飞猛进，新技术新方法在动物疫病防控中广泛应用，为牦牛疾病防控发展指明了方向。我国牦牛疾病防控的发展趋势如下。

应用大数据和人工智能技术，建立风险评估机制，完善牦牛疫病监测预警系统，建立牦牛疫病实时监测体系，做到重大疫病早发现、早预防。采用现代生物技术开展牦牛疫病病原、新型疫苗的研究，研制多肽疫苗、亚单位疫苗、基因缺失疫苗等复合疫苗，做到一针防多病，解决目前牦牛疫苗免疫效果不好、操作强度大、有副作用等问题。开发适合牦牛使用的新药物剂型，通过几种药物复合配制，研制浇泼剂、涂擦剂、气雾剂等，减少治疗应激和劳动强度。主动适应国家畜牧业生产的减抗替抗行动，研制牦牛疾病防治的专用特效药物，研发益生菌和藏药等绿色保健产品，并深入研究这些药物在牦牛体内的代谢和残留规律，减少药物在牦牛体内的残留和环境风险。

（五）饲草料供给趋势分析

1. 天然草地资源合理放牧利用

畜牧产业中饲料成本占养殖成本的65%以上，饲草料均衡供给、降低饲料成本是养殖阶段的基本目标，饲草产业也是牦牛产业发展的最主要基础。以放牧为主要养殖方式的牦牛产业，其饲草来源绝大多数为天然草地资源，靠天养畜的生产方式突显了牦牛产业的饲草季节性不平衡、养殖效率低、草畜矛盾等问题。因此，牧区饲草产业的未来发展需要与牦牛产业协调发展，避免草畜脱节，减少天然草地载畜压力，建设打造生态友好型畜牧业。牦牛产业各分布区域牧草盈亏特征及其生态承载能力，区域草畜平衡时空变化特征需要进一步分析评估。天然草地资源时空动态营养价值和消化特性评定，如不同海拔、不同草地类型、不同季节等，以及高原常用饲草料资源营养价值和消化特性评定应逐步完善、系统化，为天然草地保护、草畜平衡与草畜高效转化提供科学指导，建立天然草地资源合理放牧利用技术体系。持续开展围栏封育、划区轮牧、天然草地改良恢复、灭鼠治虫、免耕补播等技术研究与示范推广，遏制草原退化，有利于提高天然草地生产力和牧草品质，为牦牛产业提供更充足、更优质的天然草地饲草资源。

2. 饲草料供给保障体系建设

调整草地利用结构，利用高原草地及周边半农半牧区、农区开展人工草地建植是优化牦牛产业饲草资源配置的有效手段。根据《"十四五"全国饲草产业发展规划》，以"种养结合，草畜配套；因地制宜，多元发展；突出重点，统筹推进；市场主导，创新驱动"为主要原则，在青藏高原地区统筹推进人工种草和天然草原利用，建设高标准人工饲草料地，打造专业化饲草生产加工基地，保障区域内优质饲草均衡供应。至2025年实现全国优质饲草产量达到9800万吨，优质饲草缺口明显缩小。

大力发展人工饲草产业，一方面，需要引导农牧民形成种草养畜观念、自主种草贮草，培养种草大户、种草专业合作社，培育壮大龙头企业，扶持专业化生产性服务组织。同时，开展引种、选育、草种繁殖、种植技术以及抗逆性基础研究，以培育适用于各地牧区气候、土壤、光照等环境条件且高产、高品质的牧草品种，如紫花苜蓿、箭筈豌豆、红豆草等豆科牧草，燕麦、老芒麦等禾本科牧草，青贮玉米等青贮类饲用作物，提供优质碳水化合物、蛋白质、粗纤维以及维生素、矿物质来源，优化牦牛日粮结构，满足季节性饲草资源缺口。另一方面，饲草种植技术及草产品加工调制贮藏技术研究，应向更加本地化、轻简化、标准化、现代化方向发展，优化种植技术、田间管理、病虫害防治、收割、加工调制技术、贮藏和饲喂使用技术，加强饲草生产如青贮窖、贮草库、割草机、打捆机、裹包机等现代化基础设施设备建设，提升人工饲草产业链科学技术水平。通过科学种植、加工和饲喂使用，提高人工饲草产量和产品品质，最大限度保留饲草料养分，为牦牛产业提供充足且常年均衡供应的优质饲草料资源保障，搭配草畜高效转化技术研究提升饲草利用效率，形成良性互补的牦牛产业草畜结合生产模式。

3. 农副产物资源饲料化利用

反刍动物所特有的复胃消化系统，能够通过瘤胃微生物发酵降解利用各种秸秆、糟渣类农副产物资源进行动物性生产。据文献报道，2020年全国作物秸秆理论资源总量为77200万吨，其中饲料化利用比例仅占15.4%，农副产物秸秆资源的合理饲料化利用能够有效满足我国反刍家畜饲草料缺口。除秸秆外，我国饼粕类、糟渣类、糠麸类、果皮果渣类资源种类多、产量大，除满足反刍动物纤维需求外，还富含碳水化合物、蛋白质、微量元素等营养素，同样具有较大的饲料化利用潜力。因此，牧区及周边半农半牧区、农区副产物资源的饲料化利用，低成本饲草料资源开发是优化牦牛产业饲草供给结构的重要方式。应因地制宜针对本地不同类型的副产物资源，进行营养价值、消化特性与安全性评估，开展如揉丝、制粒、热喷、青贮、微贮、酶解、氨化、碱化、酸贮、抗营养因子分析与降低粗饲料组合效应、高效利用等加工饲喂技术领域科研应用，有效改善农副产物饲草料资源的适口性和消化性，避免副产物资源浪费的同时弥补牦牛产业饲草料缺口，构建区域性牦牛低成本日粮模式，生态效益与经济效益明显。

二、牦牛产品精深加工及研发趋势分析

牦牛产品精深加工与产品研发应遵循"区内提品质，区外现特色"的基本思路，在保证藏族地区消费者民生需求的基础上，通过加强向内地市场的有效输出，提升牦牛产业综合经济效益是发展的必然趋势。

　　为此，应鼓励和引导有实力的牦牛加工企业延长和完善产业链，积极开展牦牛补饲、育肥养殖，保证牦牛肉全年均衡供应与产业化生产需求。瞄准国内一、二线城市的中高端消费群体对牦牛肉产品的嫩度、风味、口感等品质需求特点，开展牦牛肉嫩化、减菌、精细化分割、包装储运以及质量等级评定等屠宰加工工艺改进，有效提升牦牛肉食用和安全品质。生产可满足西式煎烤用途、日韩烧烤用途以及中式涮制、炒烤用途的冷鲜牦牛肉，高值化分割产品生产，拓展牦牛肉的加工用途。重视新业态下的营销模式拓展，针对日益发达的网络电商平台、社区家庭化个性消费需求，积极开展方便化、特色化、休闲化牦牛肉预制调理产品研发。充分挖掘牦牛肉绿色安全、营养丰富等特色品质，研发满足如老年人、婴幼儿、孕妇等特定人群营养需求的功能性牦牛肉产品，丰富牦牛肉产品类型。针对藏族地区和国内高端旅游市场，积极开发绿色制造的中、低温肉制品、肉干类产品，以及高端发酵牦牛肉、牦牛火腿、牦牛发酵香肠等发酵类产品，提升牦牛肉产品层级。

　　构建优质牦牛乳奶源基地，选育优质奶用牦牛品种。强化产、学、研合作，提升企业科技创新能力，优化牦牛乳奶酪生产加工工艺，提高副产品综合利用价值，研发高效凝乳酶和发酵剂以及相应生产加工设备等。以市场消费者需求为导向，将牦牛乳奶酪与传统美食相结合，促进高营养价值属性和多层次口感产品的开发。多渠道、多形式加大宣传，普及牦牛乳奶酪消费及营养知识，转变传统消费理念，释放市场消费活力。针对牦牛乳奶酪建立智能化、便捷化和个性化的营销模式。鼓励企业加强数字化建设，有效提升运营效率，推动产业链上下游数据的融合贯通。加强国际交流合作，规范牦牛乳奶酪产业生产、加工和贮运等环节相关配套标准体系，助力牦牛乳奶酪产业健康持续发展。

　　打破国外专利益生功能菌株垄断局面，加快具有自主知识产权益生功能菌株的开发。强化多元功能益生菌菌株开发，满足消费者更加精准、多元的功能需求。克服技术瓶颈，保障产品中益生菌的活性与数量。注重消费者体验与感受，打造零食化、甜点化的益生菌牦牛酸乳产品；强化与药食同源类食材的健康搭配，开发更多风味与种类多样化且健康的功能产品。凸显牦牛乳差异化优势，走高营养价值和资源特色路线，增强产品市场竞争力。加强企业与各电商平台的合作，巩固低温冷链物流体系，打破低温酸奶区域性销售的局面，拓宽产品销售渠道，增强抵御风险能力。完善益生菌牦牛酸乳产业各环节相关标准法规建设。

加强奶源基地建设，推动优质牦牛扩群提质，保障充足奶源供应。强化生产加工技术及相关配套设备开发，保障优质婴幼儿配方牦牛奶粉产品品质。加大研发力度研制出有针对性配方的婴幼儿牦牛奶粉，满足消费者对奶粉功能细分化、精准化、定制化的需求，并推出个性化需求产品，如添加益生菌、膳食纤维和DHA等，构建多元化产品矩阵。加强企业品牌力建设，精准面向母婴人群宣传，提升品牌声量。凸显婴幼儿配方牦牛奶粉差异化优势，普及相关知识，打破区域销售限制，扩大市场销售规模，树立产品市场竞争力和地位。完善"源头到销售终端"的全产业链控制体系，提高源头可溯能力、规范生产风险控制力以及加强销售流通环节管理力，促进婴幼儿牦牛奶粉产业持续发展。

三、牦牛副产物的综合利用发展趋势分析

随着国际市场对动物福利、环境保护、节能降耗、副产物综合利用及质量安全等方面重视程度的提高，我国在牦牛副产品综合利用方面的研究应当更加深入。可以采用食品加工高新技术、生物分离、发酵工程等技术手段，从食用、药用等方面对牦牛副产品进行综合开发利用，使我国牦牛副产物利用向产业化、标准化、功能化及可持续化的方向发展。

（一）牦牛副产物加工关键技术及产业化

1. 骨加工关键技术及产业化

以牦牛骨副产物为原料，利用超微粉碎、酶解、低温浓缩和微胶囊包埋等加工技术和装备，进一步开发应用品质优良的骨胶原蛋白肽、明胶、骨髓抽提物、蹄筋产品及推动加工的自动化、高效节能的技术与设备。

2. 血副产品加工关键技术及装备研究与产业化

建立牦牛血、脏器原料的收集体系，保证原料数量及质量。研发离子交

换、层析、膜技术等高新技术，实现牦牛副产品活性物生化分离技术的规模生产。进一步熟化和优化凝血酶、血红素、血氨基酸、血清蛋白、免疫蛋白等营养物质的生产技术和设备。

3. 脏器加工关键技术与产业化

以牦牛内脏为原料制备食品添加剂和医药用原料。用肝粉作为固定化酶的载体，把β-半乳糖苷酶和淀粉酶固定于肝粉上，应用于食品工业，生产糖浆。此外，牦牛内脏还可用来制备临床用的生化药品，如肝素钠、胰酶、胃蛋白酶、胆黄素等。

4. 副产品熟食开发与产业化

依托现有牦牛屠宰加工企业，将现代化技术及装备与地方名优牛杂食品技艺结合，提高质量和档次；开发生产牛杂碎、藏式血肠、血豆腐、发酵调味品等特色风味熟肉食品，制成各种休闲、预制和营养保健食品。

（二）牦牛副产物生产标准化

牦牛肉类屠宰加工企业在开发利用牦牛副产物资源的同时，存在原料质量参差不齐，分类整理工艺缺乏可依据的行业标准和地方标准等问题。此外，由于缺乏有效的加工技术和适宜的产品类型，大量牦牛副产物被直接丢弃，造成资源浪费和环境污染。应通过分类整理、加工、保鲜等现代食品加工技术提高其加工利用率和附加值，目前已经制定了地方标准《牦牛屠宰副产物整理技术规程》（DB63/T 1786—2020）。牦牛副产物生产标准需要不断进行优化与创新，同时还应进一步系统研究我国动物源食品质量安全标准体系，建立基于科学基础的标准。

（三）牦牛副产物功能性成分的研发与产业化

牦牛副产物中的生物活性肽是一种很有发展前景的功能性成分，在开发健康食品方面具有很大的商品化和开拓新市场的潜力。牦牛副产品如皮、骨骼、脂肪、血液和内脏是生物活性肽的优质来源，通过对牦牛副产品蛋白所产生的挥发性美拉德反应产物和多肽在发挥生理功能方面的生物活性的鉴定，为牦牛副产品中肽产业开辟了一个新的方向。同时，研究重点还应放在肽的结构与活性之间的关系、消化过程中肽结构特征的变化以及肽的吸收和转运等方面，以提高其稳定性和生物利用度。在人体和动物实验下，确证牦牛副产品中生物活性肽的有效性和安全性，促进基于牦牛副产物中提取的生物活性肽发挥其功能活性。

第二节 牦牛未来发展策略分析

一、生态畜牧业战略分析

生态畜牧业是指利用生态系统的原则，食物链，物质循环原理和共生的原理，结合一些生物工程理论以及现代科学技术，实现畜牧、农、林、草、副、渔业的合理搭配，实现畜牧业的一个统一的系统生态、经济和社会效益，这是技术畜牧业的高级阶段。生态畜牧业的发展事关生态保护和牧民增收，既是经济问题，也是政治问题。按照生态学原理和生态经济规律，因地制宜地设计、组织、调整和管理畜牧业生产，形成系统工程体系。通过保护生态环境，科学利用草地资源，转变生产经营方式，建立牧民合作组织，优化配置生产要素，实行集约化生产、产业化经营，促进草畜平衡，实现人与自然和谐及畜牧业可持续发展，提高畜牧业综合效益，争取从机制、体制上闯出一条适合畜牧业发展的路子。自改革开放以来，我国农业与农村经济获得了前所未有的快速发展，国民经济基础更加稳固，尤其是自20世纪90年代后期以来，农产品数量更加充裕，种类更加丰富，居民生活更加殷实。在这种情况下，农业与农村经济出现了必须向纵深发展的内在要求，拓展农业发展空间，拓宽农村经济发展领域，几乎成为各地和各级政府的现实需求。与此同时，面对农业资源的日益短缺，农业生态环境的日渐恶化和农产品市场竞争尤其是国际市场竞争的日趋激烈，人们对生态产品、绿色产品的需求也日趋强烈。为此，畜牧业发展尤其是与生态环境关联并相协调的生态畜牧业的发展，便成为农业与农村经济发展中的一种必然要求，也成为畜牧业经济走向可持续发展的一种内在必然。

第一，生态畜牧业是畜牧业发展过程中所追求的更高层次。它既不是传统农业时代的以低循环、低效益和低产出为基本特征的畜牧业，也不是石油农业时代的以高消耗和高产出为基本特点的畜牧业，而是一种在可持续发展农业时代所追求的更加关注生态环境、关注资源循环利用和高效转化、关注居民卫生健康的畜牧业。这种畜牧业无疑是畜牧业发展过程中所必须追求的更高层次。

第二，生态畜牧业是实现畜牧业可持续发展的一种最佳方式。它糅合了新的价值观，将自然世界的一些法则植入畜牧业产业发展之中，并且把畜牧业自身的发展与自然环境和社会环境高度地融合在一起，实现了有机的统一。而这种统一是唯一一种能将属于社会经济层面上的产业与自然物质世界的发展及其生命延续联结在一起，从而最终使其走上可持续发展道路的一种内在选择，也是截至目前所能够看到的一种理想选择。

第三，生态畜牧业有利于第一性生产与第二性生产的良好衔接。我国是一个农业资源极度缺乏的国家，同时我国又是一个正处于快速工业化进程中的国家，对各种资源的需求和消耗数量较大。所以，如何在发展过程中处理好资源供需之间的矛盾，特别是在生态脆弱的牦牛产区，是一个重要问题。而高质量发展，是实现草畜平衡、牦牛产业可持续发展的关键。

二、产品创新战略分析

目前，中国大多数牦牛企业特别是中小企业的寿命很短、市场占有率低、竞争力弱，如何在激烈的竞争中生存下来，实现可持续发展的长远目标，成为企业必须要面对的重要问题。产品创新对于企业实现可持续发展具有重要的意义，成功的产品创新能够使企业持续盈利，使企业在市场竞争中长期处于优势地位，并且可以创造品牌优势，从而大大增强企业的核心竞争力。因此很多企业都在尽最大的努力进行产品创新，这些企业当中有的做得非常成功。目前企业所面临的问题有：

产品本身的创新做得不够，不少企业的产品品种比较单一，只经营一种或者几种类似的产品；在包装上做得不够，没有及时更新，而且产品包装相对很简陋，跟不上时代的发展；在产品技术上做得不够，不少企业只有引进技术的能力，而缺乏自己的优秀的产品研发队伍与技术人员等。

对产品认识不够。产品在市场上要经历介绍期、成长期、成熟期、衰退期四个阶段。随着产品的生命周期越来越短，产品的更新换代速度越来越快，但是有的企业没有充分认识到这一点，延误了产品创新的最佳时期，从而导致企业陷入困境。

没有符合自身特点的产品创新模式。有的企业一味依赖引进技术或模仿别人的产品，忽视自主产品创新；也有的企业不顾自己的条件和能力，盲目进行自主创新，结果在创新过程中遇到一些技术或者资金上的问题时就束手无策而使创新失败。

在产品创新战略上决策失误。一些企业没有正确地分析应该采取什么样的创新战略，有的企业盲目地进行产品的多元化生产，扩张速度过快；有的企业盲目地搞产品的一体化生产等，从而产生战略性的错误。

企业要实现可持续发展，必须进行产品创新。针对上述企业产品创新中存在的问题，可以从产品本身的创新、创新模式的选择和创新战略决策等方面采取有力措施，从根本上改变产品创新落后的局面。其主要措施包括：

产品的技术创新。产品的创新离不开技术，任何新产品的出现都需要技术作为后盾。通过产品的技术创新，可以提升产品的性能，发现生产新产品所需的材料，特别是大自然提供的原材料的新用途，从而降低生产成本和资源风险；还可将生产该产品所需手段进行改造和更新，以提高生产效率。所以进行产品创新时，要先从产品技术创新着手。

产品品种的创新。即开发新产品，企业要根据消费者心理与偏好及市场结构的需求变化，及时调整企业的生产方向和产品结构，通过采用新的机器设备和工艺方法、新的原理和技术，不断推出被消费者认同和接受的新产品。

产品包装的创新。进行产品创新，在包装上也要花费一定的功夫。如果产品质量很好，符合消费者的需要，但是包装很简单，附加值很低，则不能在第一时间吸引消费者的目光，这样不利于建立企业的品牌。如山西的平遥牛肉自从1997年平遥古城被列为世界文化遗产之一后名气更是大增，但是由于它的包装很简单——很普通的塑料包装，作为赠送亲友的礼品很是一般，它至今都没有被更多的消费者了解、没有走向全国。因此企业要实现可持续发展，要创建自己的知名度，必须在包装上进行创新。但同时，也要防止过度包装，这样既浪费资源，又给消费者造成不必要的负担。

产品服务创新。企业要做好产品售前、售中、售后服务，不断提高服务质量和服务水平，同时也要适应消费者的需求不断推出新的服务项目和服务措施，让消费者获得最大的心理满足感。

产品商标的创新。企业要想成功地推出一种新产品，在商标的设计上一定要有新颖性和创新性，使其商标如产品本身。商标的设计要做到造型美、有特色、简洁单纯，而且要采用骤变和渐变的方法及时更新，不能盲目地模仿别的企业，同时要注意申请专利，以免自己的劳动成果被别的企业侵占。

三、品牌建设战略分析

加强畜牧业品牌建设，能够推动畜牧业产业结构调整，提高畜产品质量安全水平，实现畜牧业增效和牧民增收。同时，品牌是畜产品能否顺利进入市场，并取得竞争优势的关键因素。近年来，各地畜牧业相关部门采取各种措施提高畜产品质量水平和竞争力，并且逐渐培育、做大做强了一些具有鲜明的特色、稳定的质量、良好的信誉和较高的市场占有率的名牌畜产品。畜牧业品牌化发展是适应时代要求，加快推进畜牧业现代化进程的必由之路。实施畜牧业品牌战略，加快推进农业农村现代化，政府和企业都必须树立品牌是核心竞争力的理念，加强顶层设计和制度安排，推进中国一般畜产品向品牌畜产品转变。可见，作为现代农业重要组成部分的畜牧业，推动其品牌化发展，创建中国的畜牧业品牌，是进行畜牧业产业结构调整和应对国际竞争的战略选择，更是提高我国畜牧业品牌国际竞争力的必然路径。随着人们品牌意识的逐渐提高，政府和企业建设畜牧业品牌的力度逐步加强，我国畜牧业品牌发展取得了一定成效。

实现产品价值，关键还是需要品牌战略引领。在打造品牌基础方面，首先需要制定品牌建设规划，实施农产品品牌战略。大规模经营实体突出公共品牌，中小规模及家繁家育的家庭牧场等经营实体突出区域、民族牛产品特色品牌。坚持品牌引领，以农产品地理标志认定为抓手，培育一批区域性公共品牌。壮大新型农业经营主体，大力发展"三品一标"，培育一批知名产品品牌。完善"区域公用品牌+企业品牌+产品品牌"的品牌体系，重点打造"区域特色牦牛"标杆品牌，分层级打造"高原特色牦牛"品牌，按照省域和县域特色等打造区域特色公用品牌，重点培育以牦牛肉、牦牛奶等制品为主的企业品牌和系列产品品牌。围绕省会城市，打造牦牛产品集散新枢纽。加强牦牛产业与多领域合作，重点拓展牦牛产业与文旅产业融合发展空间。其次，需要推行标准化生产工艺与流程，实现全程可追溯。对牦牛产品（种质资源、活牛、牛肉及其生产技术、质量、产量等）进行标准化规范，制定针对不同地域和不同品种的标准，不同阶段饲养管理规范，具有民族特色的牛肉产品烹饪方式，屠宰分割分级标准，以及精深加工牛肉产品的生产规范及产品标准，实现生产流程与工艺的统一标准化。配套建立农产品保障质量安全管理体制、相应政策法规系统及科技服务支持体系，加快推进信息系统、产品质量追溯系统、云端中心、二维码识别系统建设，让消费者通过门户网站、手机APP等渠道查询信息，实现从出生到屠宰、加工、销售全程可追溯。目前品牌建设方面存在的主要问题是：

第一，牦牛产品品牌分散，知名品牌少。我国牦牛产品品牌高度分散，龙头企业很少。我国牦牛产品品牌数量很多，但除极少部分优势品牌、知名品牌外，大部分畜牧品牌仍存在"诸侯割据、各自为政"现象，品牌多、杂、乱、小，龙头品牌缺位，多数品牌影响力仅仅停留在局部地区。很多地方，一个特色畜牧业，往往出现众多品牌拼抢市场、一片"混战"的局面，牌子太多、太杂，冲淡了品牌效应，难以形成组团出击、集中打响品牌的合力，缺乏市场竞争力。近年来，我国品牌化的牦牛产品越来越多，虽然一些牦牛产品也获得了国家、省、市名牌称号，但在国内外市场上真正享有较高知名度的品牌较少。很多初级产品如乳品、鲜肉等纷纷注册了商标，但大多数只是注重商标的识别功能和促销功能，还没有挖掘出品牌的深层次价值，品牌的差异化和独占性不突出。缺乏知名品牌的带动，龙头企业带动面不够，造成生产规模化、产业化、标准化水平偏低，各地分散式种养模式会阻碍规模效应的发挥，也会阻碍合理利用资源、深度加工和信息共享等科学开发理念和先进技术引进的难度。

第二，牦牛产业品牌意识淡薄，品牌宣传力度不够。由于部分地方政府一直比较注重产量和规模，对牦牛产品品牌建设缺乏宏观指导，在对品牌的形成、发展、宣传和保护力度等扶持政策方面缺少专项性；在投入结构上，过度重视养殖环节而忽视品牌推动和宣传的作用，出现不少"有品无牌""一品多牌"等无序现象，导致一些本来具有市场潜力的牦牛产品，没有形成有号召力的品牌，发展到一定程度后就缺乏竞争力。一些经营者缺少对消费者购买行为的分析，认为像肉类、乳类等多数没有深加工的初级产品，只要够新鲜，有无品牌都无所谓，都不会影响到消费者的选择，只懂得在竞争中一味地打价格战，忽视了对品牌的经营和广告的投入，缺乏品牌的培育意识。最终导致牦牛产品品牌品名化、类似化、空洞化，缺乏产品特色、市场定位及品牌所特有的文化内涵，消费者认同度、市场美誉度不高。有一些牦牛产品企业即使有品牌，也未重视其品牌的宣传效果，没有宣传品牌的独特品质，在包装上仅列出家畜等产品名称，附带简单的食用方法描述等，没有考虑用创新的广告思维来吸引顾客。同时也有"好酒不怕巷子深"的经营思想在作怪，对牦牛产品不屑于打品牌做广告。有的牦牛产品企业，并没有建立科学的宣传渠道，即便是有人有打造牦牛产品品牌的想法，但是由于没有一个科学的宣传渠道，很多牦牛产品出现严重积压甚至是浪费的情况，这样就打击了经营者进行品牌建设的积极性。所以，对于牦牛产业的品牌建设来说，宣传渠道至关重要。

第三，地域公共品牌使用泛滥，品牌价值空心化问题突出。地域名品是历史和地理赋予农产品的天然优势资源，但真正走出地域的却寥寥无几，能够成就品牌的更是凤毛麟角。更普遍的现象是，一方名品刚热销，假冒伪劣产品便铺天盖地而来，造成只有滥用的公共品牌，没有突出的企业品牌，这是目前中国牦牛产品品牌发展中较大的问题。品牌价值空心化，有品牌等于没品牌。所谓"品牌核心价值"，是指一个品牌承诺并兑现给消费者的最主要、最具差异性与持续性的理性价值、感性价值或象征性价值，它是一个品牌最核心、最独一无二、最不具时间性的要素，是品牌的心智注册、价值圈地、价值垄断的过程。好的品牌价值，就是一个强有力的购买理由。产品，除了直观可感的物理属性的有形产品之外，还有许多看起来是无形的价值，无形价值与有形产品的有形价值，共同构成品牌价值。许多营销者往往对无形价值重视不够。

第四，标准体系建设不健全，产品安全存在隐患。由于牦牛养殖大部分以粗放的小生产经营为主，产前、产中、产后技术操作缺乏统一的标准，牦牛产品质量检测体系建设不完善，部分养殖户质量安全意识低，兽药残留超标现象时有发生，违法添加有毒有害物质屡禁不止，滥用抗生素等问题比较突出，导致产品潜藏安全隐患，使得牦牛产品品牌营销缺乏必要的质量保证。消费者对品牌的信任度不够，阻碍了中国牦牛产品品牌建设的步伐。

第五，品牌开发企业规模不大，塑造品牌能力不强。目前，我国农业产业化国家级龙头企业中牦牛产品加工企业的数量和比重都很少，这说明我国规模较大的牦牛产品龙头企业数量不多。而牦牛产品品牌的运营需要大量的财力、物力和人力，且大多数成功的牦牛产品品牌都以提高其市场接纳度为经营目标。如果牦牛产品品牌开发企业规模过小，就算赢得了消费者对品牌的信任，由于牦牛产品产出有限，也难以满足消费者对质优价廉商品日益增长的需求。需要建立一批具有市场号召力的龙头企业，将品牌做大做强，让品牌成为名牌，让名牌实至名归，从而满足国内乃至国际市场对牦牛产品的要求。我国现有的品牌牦牛产品大部分是鲜活产品和初加工产品，科技含量低，附加值不高。产品产后保鲜、贮运、加工环节科技攻关滞后；企业科技创新能力弱，牦牛产品加工企业的加工转化率偏低，牦牛产品产业链条短，导致产品附加值低。由于多数企业先进适用技术的集成创新能力不强，高技术含量、高附加值的生物提炼畜禽产品比重低，缺乏品牌优势。在养殖环节，由于生物科学技术薄弱，养殖户在病害防治过程中使用的化学药物逐年增多，粗放式养殖导致环境生态失衡，养殖户无法树立健康生态养殖观念，牦牛产品品牌竞争力不强。

在强化品牌建设战略方面的建议：

第一，以"大产业+新主体+新平台"打造公用品牌。围绕区域优势特色主导产业，打造"一村一品""一县一业"发展新格局，引进国内乃至世界一流的新型经营主体，搭建包括生产、销售、消费在内的物联网新平台，形成特色产业集聚区，实现牦牛产业集群式发展，并充分利用其集群效应，以集群化发展促进高原特色牦牛产品品牌打造。

第二，开展"一县一品"品牌建设。政策引导，顶层设计，充分利用其自然生态资源、民族文化特征，挖掘民族特色，大力发展"一县一业""文旅融合"，合理配置优势产业、特色产品和民族特色的集群化效果。同时，通过与"互联网+"农业模式相结合，将具有民族特色的物产、料理产业化，加快现代信息技术在全产业链中的融合应用，增加农产品附加值，延长产业链，重塑农产品流通模式和生产销售网络，将牦牛产业打造成兴边富民、带动边疆乡村振兴的大产业。设计美食文化旅游路线，推进餐饮业与旅游业的融合，同时邀请全国相关企业参与，为当地产品"走出去"提供招商引资平台，吸引国内外旅客和企业，提升区域牦牛品牌知名度。

第三，以"互联网+牦牛"打造牦牛品牌。政府在区域品牌建设及竞争力提升过程中发挥协调、指导、监督和服务功能：一方面发挥好宏观的顶层设计作用，做好整体规划；另一方面要做好微观的技术指导，引领驱动牦牛产品电商B2B（企业对企业）、B2C（企业对个人）、C2C（个人对个人）商业模式建设。大力引导发展牦牛产品电子商务，打造专业化电商交易平台，创建传统流通市场和电子商务平台相结合的商业模式。以产业集群实体为依托，支持企业等经营实体通过展示、展销活动、线下直销、商超直供和"互联网+农产品销售"等多种渠道，创新品牌营销策略，充分利用网络直播、短视频平台，开展线上主播销售活动等营销手段，实现具有地区特色的区域品牌与平台品牌、个人品牌整合联动，借助电商平台影响力放大器，推介、宣传区域公共品牌建设，着力打造特色区域集群品牌。加强品牌发展保护，充分发挥政府监督服务功能。针对电商销售, 加强牦牛屠宰经营监管, 完善屠宰管理办法和线上经营管理办法, 设定电商主体销售安全卫生认证资质, 以 "安全为底线" 进行质量安全灵活认证。同时, 积极引导企业积极申报绿色、有机产品认证和质量管理体系认证, 建立产品质量保障体系和可追溯体系。

第四, 促进产业融合, 强化品牌合力。以区域资源禀赋和产业比较优势为基础, 按照 "大产业+新主体+新平台" 的发展思路, 聚焦牦牛、文旅和其他优势产业, 突出当地特色优势品类, 充分挖掘资源文化优势, 综合考虑市场消费需求, 打造一批特色鲜明、优势聚集、产业融合、历史文化厚重、市场竞争力强的特色农产品优势区。推进旅游业与特色主导产业和特色农产品优势区深度融合发展, 打造一批集草原特色营造、农牧业生产和观光旅游于一体的生态观光牧场, 让游客在休闲观光的同时, 认知牦牛特色产品。开发旅游餐饮娱乐项目, 融合当地民俗风情和烹饪习惯, 将优势产业产品和民族特色美食小吃纳入餐饮体系, 不断挖掘、突出特色, 通过旅游带动餐饮消费。融汇观光牧场区, 农业生产区, 游客体验区（融汇餐饮、民俗纪念品、十大名品礼盒、伴手礼及其他旅游类礼品）。通过规划建设 "特色优势产业（区）+特色旅游", 拉动八大产业产品线下实体直销带动线上营销, 搭建旅游电商平台, 线上销售拉动线下实体消费, 促进产业融合, 强化品牌合力。

四、市场营销创新战略分析

第一, 发挥特色优势, 以品牌塑造为基础进行市场营销模式创新。牦牛是高原地区特色资源, 一定要发挥本地的区位优势, 避免走盲目追求牛肉产量而专门饲养几种甚至一种产肉性能好的牛种的路。特色牦牛产业发展模式的指导方针应当是 "点上保种选育、面上杂交改良" 和 "以保为先、以用促保、保用结合"。这既符合 "两手抓, 两手都要硬" 的思想, 又打造了独一无二的小众品牌。这也是 "高原特色牦牛产业+文旅产业" 齐头并进的策略, 因为高原生态的脆弱性, 不允许产业单一化, 牛种多样化的降低可能会对其他物种造成不可逆的损失, 只有保护好高原独特的生态环境, 才能在绿水青山中通过产业手段寻找金山银山，而且是可持续的"金山银山"。

以数字化、智能化、网络化、绿色化为特征的新技术正加速向各个产业领域渗透，催生新的生产方式、商业模式和产业生态，大大改变了以往的资源配置方式、生产组织方式和价值创造方式，正在引发影响深远的产业变革。把握新科技革命和产业变革带来的历史机遇，应对新的挑战，不可能再依靠模仿和引进发达国家的先进适用技术和生产模式，而主要依靠对关键核心技术的自主创新、原始创新乃至颠覆性创新和适合自己的生产模式、商业化模式，以及由此形成的独特的核心竞争力。

在这种发展趋势之下，支撑产业发展的主体，将是大型企业与中小微个体生产单位，并且后者是更能满足消费需求的单位。企业之间的竞争不再是单纯的产能数量竞争，而是包括创意、研发、价值创造和分配、知识产权、情感等全方位、全链条的立体性竞争，竞争集中度会积极向产业链利润高的环节靠拢。

我们由此认为，以往的产业政策已难以适应新科技革命、产业变革、消费形态和消费需求，必须加快转型，研究制定具体、切实、兼顾产业发展和民生需求的政策，推动我国牦牛业整体迈上一个新的台阶。在大力发展生产的同时，不能忽视市场反馈的力量，只有产品被认可，才有可能提升附加值，吸引更大的消费量。首先在开发市场的过程中一定要挖掘牦牛产业独特的牛文化，将之与区域特色文化进行深层次融合，为打造特色品牌奠定深厚的文化底蕴。其次要加大对牛种的宣传。这里说的宣传不是"一刀切"而是强调差异化的宣传，差异化具体分为两种，一是对牛种选择宣传的差异化，二是对宣传群体的差异化。前者指的是在对牛种选择进行宣传普及的时候，一定要有侧重点，而不是一把抓，避免最终收效甚微。同时，要加大对牦牛品牌的宣传力度，让饲养过程的每一步做到可追溯、可视化。要将网络高科技和现代营销模式结合起来，与"快手""抖音"一类的短视频直播APP展开深度合作，用线上带货的方式进行产品推广和产业文化宣传。这种宣传方式的好处是辐射面广、传播速度快，可以挖掘更多的潜在消费群体。最后可以尝试创新商业模式，针对不同的牛种进行更进一步的产品研发，与更多的品牌进行"跨界"和"联名"。这一类的产品如果能在市场上占据一席之地，对宣传牛种和打造品牌都是有利的，同时还能根据市场反馈进一步调整方向、指导生产。

第二，加大人才兴牧，推动营销体系及产业高质量发展。要吸引更多的专业人才加入牦牛行业，成为产业发展的直接推动者，这是产业振兴的人力资源和基础。一个行业的发展离不开精英的引领。行业人才需要有格局意识，会用智慧解决存在的困难，具备做统帅的品质，不仅要懂专业，还要懂产业、懂经济，会运用技术，全方位发展自己。需要积极吸引和培养全方位、跨专业、多领域的复合型人才，培育在牦牛产业重大关键技术领域具备持续的集成创新能力、在优势牦牛产品及其产业发展领域具备持续的成果转化应用能力、能够促进牦牛产业转型和技术升级的人才后备军。

为了吸引更多的人才加入牦牛行业，应该从两个方向做出努力：一是各级政府应当制定和落实各项人才引进办法以及从业人员的奖励政策，大力支持牦牛行业发展；二是加强牦牛行业自身的吸引力，这其实又回到了牦牛行业的产业痛点上，要逐渐做到全产业链各环节的利益均匀分配，避免上游和下游差距过大，否则将会造成人才流失，或是大量人才在下游第三产业扎堆的结果。在具备了人力资源和基础后，再以市场为导向，优化牦牛产业人才力量布局，加强牦牛产业人才队伍建设，培养新型牦牛产业劳动者。加强牦牛产业基层技术推广体系建设，提升基层技术推广骨干的服务能力和基层推广机构、人员的能力素质，切实解决生产中遇到的问题。

第三，加大技术支撑营销战略创新，实现产业转型升级。一个产业的发展和振兴离不开科技、人才和创新。牦牛产业也需要在这三个点上着重发力。健全牦牛产业科研和技术推广体系，革新推广模式，根据养殖户和加工企业在生产实际中遇到的问题进行针对性的科技攻关，并将相关技术组装成套，通过科技下乡和科技入户等方式迅速加以推广。在加大产业技术普及的基础上建设示范点、示范户、示范片，加快牦牛产业科技成果的转化。

促进产、学、研紧密结合，加大资金、技术、人力、物力的投入，积极支持牦牛养殖端与饲料加工端以及产品开发端的科研攻关和牦牛育肥、饲料加工调制、屠宰加工、质量监测与溯源等牦牛生产标准化技术的研发、应用和推广，充分发挥综合效益，尽快缩小与发达国家的差距。组织相关科研院所和大专院校的科研力量，开展联合集中攻关以分子育种和生物技术为重点的良种选育、以地方品种资源为基础的杂交优势利用、以提高饲料转化率为核心的动物营养技术、以非粮资源为重点的饲草资源利用等研究，加快提高牦牛产业科技水平。持续推进产学研结合、农科教结合、试验示范推广一体化建设，建立并完善新型科技创新体系。

第四，创新商业模式，推动市场竞争力提升。牦牛产业发展受抑制的原因不在于生产端，而在于市场端，在于生产和市场的不平衡。问题的关键不是不生产，而是生产出来卖不出去，以往的政策基本都是补贴养殖，往往造成产能过剩，没有从根本上解决问题。今后的政策应该侧重补贴市场，比如通过加大金融政策支持力度，支持有关企业设立牦牛产业发展基金，创新商业化运营规则和机制，对支撑养殖和市场需求的生产组织（含个体）进行资本和资金支持，用"补贴市场为主、补助养殖为辅"的商业化形式，把购买市场引向牦牛主产省、主产县。这样做的好处：一是各种、各地品牌可以直接对接市场，容易扩散知名度，牦牛产品成为品牌的真实载体；二是养殖、生产、加工、销售的资源和利益的分配能保证最大限度的公平，提高了从业者的积极性，进一步助力产业发展。

第五，推进主导产业融合，优化产业结构。要把高起点发展高原特色现代农业作为今后一个时期的战略重点，在大力发展的历史机遇下，将民族文化、生态旅游、品牌餐饮、绿色食品等特色资源做到既能保持各大产业自身的特色发展又能有机地结合起来，真正做到"聚是一团火，散作满天星"。用工业化理念推动高质量发展，突出绿色化、优质化、特色化、品牌化，走质量兴农、绿色兴农之路，在确保生产能力稳中提质和食品安全的基础上，力争形成若干个过千亿元的产业；大力打造名优产品，集中力量培育，做好"特色"文章，加快形成品牌集群效应，形成一批有特色、高品质、有口碑的"名品"，切实提升产业合力和竞争力。

今后，市场需求会是一个逐步走出"温饱"、步入追求"满足感"的市场。满足感的基本特征是要求"满足个性需求、产品具有特色、买卖双方直接互动增加互信"。因此，除了质量之外，情感将成为商品价格形成因子和产业价值要素的一个重要因素。产品生产单位在生产和营销上，面对的是一个具有多样化、个性化、人性化的市场。在现代化媒体普及、现代化运输和保障系统成熟的情况下，立体化的通信交流、支付结算、冷鲜运输将农村和城市的市场需求融合在一起，以前标准化产品集中通过在大型商超完成交易的形态和业态，将逐步被线上订货、家门口收货的点对点交易形态取代。

核心竞争力形成的核心，是产业的高度组织化的、两个产业阶段（分散到集中、集中到分散）有机衔接并具有相应的生产经营主体以不同规模和形式支撑两个阶段的活动。也就是说，核心竞争力首先是"海纳百川""砖沙包容"形成金字塔，塔身和基础是专业合作社、家庭农场、大户和个体户，塔尖是龙头企业，塔身和基础越大，塔尖才越高。这些主体既要生产，还要经营，并且主体之间还需要一定的机制保持整体生产经营的活性。

牦牛产业由两大阶段构成：养殖和销售，轻视任何一个阶段，都会影响另一个阶段。牦牛产业效益，就是由这两个阶段的效益有机、相辅相成构成的。生产出来却卖不出去的现象，就是第二阶段没有解决好。以往在产品变商品的产业第二阶段时，过度依赖大企业的推动。但大企业、大型商超这种大规模的、高效的商业形式，限制了很多资源成为销售经营的内容，影响了产品价值和特色价值。现在最现代化的线上工具，能让生产者和消费者直接对话，能让任何人成为销售主体，不论经营规模和生产规模的大小，在营销上处于同等地位，因此现代化的线上工具，能让生产加工者与消费者通过感情、语言、文化、习惯等，将文化、地理、风俗习惯等融入产品，进一步增加产品的附加值。

因此产业政策需要调整结构，需要承认市场已经由"不足"变为"充足"，消费由标准化的产物"品色单一"转向了"多样化"。这就要求产品的多样化，但非一两家大型企业所能解决的事情。现有的大型企业能大批量屠宰牛，但不能把牛肉加工成适合各种餐桌口味，也不能带动牦牛特色的牛肉产品。所以，产业政策在不失支持产量规模的同时，需要立即调整结构，培育规模不同的加工主体和利用现代化线上工具的市场经营主体。

五、企业管理创新战略分析

第一，以品牌管理创新，实现产业增值。品牌是企业生存发展的重要基础，也是实现区域特色产品增值的核心竞争要素。目前，牦牛产业龙头企业品牌建设不强。需要龙头企业大力发展连锁店、直营店、配送中心和电子商务，推广流通标准化。对龙头企业改善牛肉贮藏、加工、运输和配送等冷链设施与设备的支出进行资金补贴。鼓励和引导龙头企业创建知名品牌，提高企业竞争力。鼓励龙头企业整合同区域、同类产品的不同品牌，加强区域品牌的宣传和保护，严厉打击仿冒伪造品牌行为。但是，如果单一的企业要建立自己的品牌，巨额的资金注入是不可或缺的因素，并且单个企业的生命周期相对比较短暂，品牌效应很难长久地维持。所以某一区域知名品牌的形成可以促使企业规模化和产业化同步发展，带动某个区域产业的集聚。区域品牌一旦形成，便会带来持续的、广泛的品牌效应，既能为集群内的企业共享，又可以发挥强有力的外部效应。

第二，以产品分等定级创新，实现企业优质优价。牦牛产品等级的准确评定及牛胴体合理有效的分割是保证牦牛产品优质优价的有效手段，发达国家具有成熟的肉牛产品分级分割标准，目前国内处于有标准但市场化和应用性不强的状态。牦牛肉、牦牛奶等优质产品无法获得优质价格，使得现代牦牛加工企业与小散屠宰点竞争时不能处于有利地位，最终使大量低质产品充斥市场，影响牦牛产业高质量发展和牦牛产业提质增效。需要以优质品种为核心，以龙头企业为重点，进行牛肉分等定级，推动优质优价建设。淘汰落后低效的企业，控制新建企业，取缔低效率屠宰点，坚决打击非法屠宰点。

第三，构建现代牦牛产业集群，实现由小散规模低层次模式向集群化方向发展转变。加大招商引资力度，吸引国内外有实力、有影响力的企业集团，通过兼并、参股和独资方式投资牦牛产业，为牦牛产业现代化发展注入新力量，改变已有牦牛企业一直囿于小区域资源发展的局面，改变落后地区资本和技术缺乏的状况。要为已有重点企业发展创造良好的环境，为骨干型龙头企业在技改、扩建、科研立项、新产品开发等方面，给予政策资金等方面的支持。切实把效益好、带动能力强、发展潜力大的牦牛企业培植成省级重点龙头企业和国家级重点龙头企业。采取集群化发展战略，主要是实现牦牛产业链的集群化。通过从产地到销售终端的产业链控制，最终形成链网式发展的集群化模式。在政府的宏观调控下，形成三大集群："优质牦牛基地集群""精品牛肉加工业园区集群""牛肉产品销售网络集群"。

第三节　牦牛产业投资及风险分析

一、投资环境考察

在市场经济条件下，任何投资主体的活动都必然会受到投资环境的影响和制约。投资环境是项目投资的先决条件，是决定投资成功与否的重要因素。投资的重要环节之一，就是要对投资环境进行正确评价与分析，只有充分认知和掌握牦牛产业投资环境的构成、作用和特点，才能对投资环境作出准确的评价，从而因地制宜地利用投资环境，控制环境风险，确保投资成功，实现投资目标。

按照牦牛产业投资的物理性质划分，可以将投资环境分为软环境和硬环境两种。硬环境主要是硬件方面，主要包括与企业投资活动直接相关的自然地理条件、资源状况和基础设施等各种物资技术条件。软环境主要是投资方面涉及的政治、法律、文化等各种社会条件。牦牛养殖和屠宰加工等方面软硬条件差异较大，需要摸清底数、做好前期调研。牦牛产业作为藏族地区重要的优势特色产业和富民产业，承担着国家"绿水青山"、生态文明建设的重任，承载着藏族地区经济社会发展的重任，也承载着藏族地区人民脱贫致富、全面小康的希望，国家仍将加大政策支持力度，推进其向现代化、集约化和生态化方向发展。国家肉牛牦牛产业技术体系专家团队因地制宜，开发出许多适用技术与模式，如牦牛一年一胎高效养殖技术、牦牛提纯复壮及改良技术、牦牛冷季暖棚饲养技术、牦牛高繁低育模式、牦牛错峰出栏技术、牦牛差异化产品加工与品控技术、牦牛副产品开发技术等，这些组合技术在试验地区取得良好成效，将在适合的地方进一步应用推广，科技支撑水平将进一步提升。

市场需求诱发新业态、新机遇。从国内外市场需求看，消费者对无公害食品、绿色食品、有机食品的需求越来越大，牦牛产品作为高原净土有机食品，将受到广大消费者的青睐。同时，青藏高原旅游业的蓬勃发展将进一步增加牦牛及其产品的市场需求。牦牛文化作为藏族文化的一部分，也将成为藏族文化的一道亮丽风景线。

从投资环境要素角度看，各级政府对牦牛产业投资支持力度较大，特别是西部优先发展产业和鼓励投资项目，可以获得税收减免、用地等特殊优惠政策，以及国家和地方政府的大力支持。从投资环境评价主要层面看，在市场机会、产业成长潜力、政策制度、地理文化差异等方面，牦牛产业发展特色优势突出，政策支持力度大，投资增值空间潜力大。

二、投资产品方向

目前牦牛肉、奶产业发展还处在初级加工阶段，肉、奶产品的精深加工技术落后，没有形成完整的肉、奶产业加工体系。部分地区正在开展区域特色牦牛肉产品开发，主要是通过赋予牦牛肉生态价值，对肉质特色进行宣传，打造具有地理标志的特色产品。

当前牦牛产品开发不够，企业经济效益较低。牦牛虽全身是宝，但目前真正具有较高经济价值的是牦牛肉和牦牛奶，且加工转化水平低，而产品附加值高的精深加工冷鲜肉和中、高端牦牛肉产品产量有限。地理位置的特殊性也限制了牦牛产品的消费空间。藏族地区地处青藏高原，远离我国人口密集区，牦牛产品作为生鲜品，保质期较短，不便于铁路和公路运输。而航空运输会增加其运输成本，导致产品成本增加、价格增高，限制了其消费市场和空间。因此，未来产品开发方向主要是：

第一，建立牦牛主产区高效、绿色养殖技术体系。针对高寒牧区饲草料季节性缺乏和草原超载、农区牛源紧缺的问题，建议进一步通过营养调控、饲养模式等综合技术集成创新，建立牦牛主产区特色养殖技术体系。

第二，构建牦牛全产业链标准化生产体系。加快构建牧繁农育技术体系和模式，从产前向产终挖掘优势和特点，全力打造以企业为龙头、以合作社为纽带、以牧户为基础的从能繁母牛饲养到良种选育、从育肥到屠宰深加工、从产品流通到食品餐饮的牦牛发展全产业链，构建现代化、规模化、产业化、生态化、差异化的牦牛全产业链标准化生产体系。

第三，牦牛的遗传改良和品种培育是一项长期而艰巨的任务，需要长期稳定的资金和政策支持。相关部门在制定惠农惠牧政策的同时，应充分考虑牦牛种业的长期性和持续性，在资金和政策上予以扶持。

三、投资风险分析

就投资风险来说，涉及的因素很多。根据墨菲定律，经营者不可能进行无风险的投资，也不可能把所有的风险因素都考虑进去。所以，在投资时，一定要先将风险进行评级，排列出主要风险、次风险，而有意地忽视一些小概率风险，由此才能做出最科学的投资规划，并把投资风险降到最低。

牦牛产业投资风险因主体、经营环境和条件的不同而不同。从宏观层面看，主要是政策风险、市场风险和文化风俗导致的风险：投资地区政策是否稳定，政策是否有利，某些政策是否会对投资标的产生负面影响。市场环境是否稳定，各项经济指标是否在合理范围内，产业发展形势等，包括上下游产品市场竞争形式、资源条件等。另外，还需要充分考虑所投资项目是否与当地文化有冲突，是否符合产业的未来发展趋势。项目投资要考虑当地政策、市场环境和文化风俗等。从微观层面看，主要是投资经营风险以及疫病风险。在分析这一层面时要考虑的因素非常多，也非常复杂，一般需要大量的财务、金融、营销方面的知识。需要熟悉经营企业市场的容量、增长情况、消费者信息、竞争对手的动作等。只有做到对某一企业的运营状况非常了解，才能保证有效的投资回报率。牦牛产业投资疫病风险也是需要重视的重要问题，做好防疫对于稳定牦牛生产具有重要战略意义。而做好疫病风险防控，除了需要做好养殖管理和强化防疫工作以外，还需要通过购买保险、申领补贴等方式降低养殖中疫病导致的损失。

四、市场竞争风险

牦牛产业市场竞争风险，主要分为产业内市场竞争风险和产业外市场竞争风险。产业内的市场竞争风险，主要是避免产品趋同，低价值、低门槛竞争。当前，以牛肉为主的市场竞争激烈，为了生存，各家采取不同手段，例如打价格战。应对此类风险，要随时随地做好市场调研，预防突发事件发生。根据以往经验和当前变化形势，及时调整方案。确保自己的市场稳定，并积极开拓新市场。产业外市场竞争风险，主要是替代品之间竞争风险。可以通过挖掘特色、产业融合和延伸产业链，降低此类市场竞争风险。

牦牛产业发展建议

第一节　科技领域发展建议

一、坚持产学研相结合，促进牦牛产业发展

依托国家肉牛牦牛产业技术体系和国家科技计划，组织相关科研院所和大专院校的科研力量，开展联合集中攻关以牦牛传统选育与现代生物技术选育相结合的选育研究、以地方牦牛品种资源为基础的杂交优势利用研究、以提高饲料转化率为核心的动物营养技术研究、以非粮资源为重点的饲草资源利用研究、以牦牛产业提质增效为目的的健康养殖技术研究等，加强人畜共患疫病防控技术、安全高效疫苗及诊断试剂研发，加快提高牦牛种业科技创新水平。加大疫苗药物的投放力度，满足牦牛疫病防控的需求，加大基层兽医技术人员的技术培训，提供较为全面的牦牛疫病防控和兽药应用技术指导，加大已有牦牛疫病防控技术的推广。

二、建立牦牛主产区高效、绿色养殖技术体系

综合评定天然草地牧草、牦牛主要喜食性牧草以及新型饲草资源的营养价值，集成示范牦牛主要饲草料加工调制技术。依据天然牧草营养价值动态变化规律，研究高寒牧区牦牛季节性有效补饲技术应用与示范，推广提纯复壮选育技术；结合不同阶段牦牛营养生理特点，通过营养平衡配制技术和原料组合增效技术，研究冷季牦牛高效绿色舍饲短期育肥与错峰出栏技术，提高牦牛出栏率，缓解青藏高原草场超载，实现牦牛肉全年均衡供应；根据牦牛营养生理特点，研究牦牛从高海拔牧区到中低海拔农区的应激反应及行为变化，减轻草场压力，缩短牦牛出栏时间，提高出栏率。研究集成牦牛农区过渡健康饲养管理技术，集成示范牦牛异地育肥健康饲养技术。构建高寒牧区和农区饲草料资源和牛源有效互补、牧繁农育的立体生态差异化牦牛养殖模式。

三、构建牧繁农育生产体系

当前,国内高海拔牧区牦牛在农区异地育肥技术比较成熟。加快构建牧繁农育技术体系和模式,加快推动牦牛产业转型增效,深入分析发展牦牛产业的优势与劣势,从产前向产终挖掘优势和特点,强化顶层设计,全力打造以企业为龙头、以合作社为纽带、以牧户为基础,从能繁母牛饲养到良种选育、从育肥到屠宰深加工、从产品流通到食品餐饮的牦牛发展全产业链,将产业发展成为高端高效高收益的产业。同时,以当地龙头企业为平台,以"资源节约、产品质量安全、环境友好"为基本点,着力攻克一批影响现代牦牛产业化发展的亟待解决的重大关键技术难题,突破现代牦牛产业发展的制约因素和瓶颈,构建现代化、规模化、产业化、生态化、差异化的牦牛全产业链标准化生产体系。

四、加大牦牛产区差异化科技扶持政策力度

建议国家和地方政府,加大研发经费投入力度,集中攻克畜种改良、集约养殖、产品加工等全产业链关键核心技术问题,加快研制和开发适合高海拔牧区气候条件和产业发展实际的主导品种和主推技术,加速科技成果快速转移转化,强力支撑产业转型升级。加大优良类群牦牛、野血牦牛本品种选育力度,建立健全繁育体系,大力研发和推广全舍饲、半舍饲养殖、高效繁殖技术,扩大科学养殖规模,优化饲养管理条件,持续提高单产水平。加强农畜产品加工工艺技术创新,实现产品种类多样、品质优良、市场占有率提高。

第二节 政策领域发展建议

一、持续加强相关政策和资金支持

牦牛的遗传改良和品种培育是一项长期而艰巨的任务,需要长期稳定的资金和政策支持。相关部门在制定惠农惠牧政策的同时,应充分考虑牦牛种业

的长期性和持续性，在资金和政策上予以扶持。加强对牦牛养殖户、专业合作社、养殖小区、种畜场等单位和个人的配套资金支持，建设和改造牦牛围栏、圈舍、暖棚、饲草料棚及保定架等基础设施，同时以乡、镇畜牧兽医站为单位建设牦牛配种改良站，以完善牦牛选育改良服务体系。扶持发展养殖大户、家庭牧场、专业合作社等新型经营主体；培育壮大牦牛产品生产加工营销本地企业、引进龙头企业，促进牦牛产业化发展，加强产业链建设。继续实施草原奖补政策和"粮改饲"试点，夯实牦牛产业发展的饲草料基础。配备牦牛授配设备设施，增强服务功能，提高基层技术人员的工作条件。同时，要提高基层技术人员的服务水平、服务意识与服务能力，提供学习、交流的平台，重视专业技术人员的待遇、培养，大力宣传、培训牦牛传染病防控技术迫在眉睫，以预防为主，保障牦牛产业健康发展。

二、着力推进生产经营模式转变

发展坚持生态优先，引入"生态+"现代新理念，不断夯实专业合作社基础，推行"企业+合作社+基地+牧户+市场"等多种经营模式，鼓励农畜产品加工企业、合作社、经纪人开设网店，搭建多元化的电子商务平台。发展订单牧业，探索和推进新的经营模式，走出一条符合牧区实际的"一二三产"深度融合、"生产生活生态"协调发展的牦牛产业发展路子。

针对牧民牦牛分户饲养、混群养殖、出栏滞后等问题，支持企业通过草地流转、牦牛入股、劳务就业等方式，与牧户共同建立利益共享、互惠互利、共同发展的一套分群饲养、集中育肥、适时出栏的牦牛高效育肥出栏生产机制。构建促进标准化规模养殖的长效机制，促进现代牦牛产业可持续发展，将牦牛作为肉牛，从犊牛出生后采用全哺乳与适时断奶相结合、早期育肥与适时出栏相结合、分群养殖与分批出栏相结合、夏季强度放牧和冷季半舍饲育肥相结合，建立适合牧区和半农半牧区牦牛高效育肥与适时出栏的有效模式。针对高寒牧区牦牛养殖冷季饲草料短缺的问题，实施牦牛育肥饲草料或出栏补贴政策，对将育肥牦牛出售给屠宰加工厂的牧户进行补贴，从而促进牧户转变传统的养殖和屠宰观念。加快构建适合牦牛"牧繁农育"的育肥生产体系，按照"种一片草地、养一群牦牛"的养殖模式，建立适度规模的标准化、设施化牦牛短期育肥基地，集成和示范低成本、差异化的牦牛育肥技术，提高牦牛育肥出栏效益。当地政府加大对牧户和企业育肥屠宰牦牛包虫病等疾病检测力度，以保证牦牛产品质量安全。建立集中屠宰点，建立牦牛活畜交易和拍卖市场。推动牦牛集中屠宰、冷链加工、产品营销，解决屠宰加工企业牛源不足等问题。建设科学高效的冷链流通体系，从热鲜向冷鲜转变，是牦牛肉走向区内外高端市场的关键。大力扶持龙头企业，完善牦牛肉分割、冷藏、加工的设施体系。帮助企业将冷鲜牦牛肉产品通过电子商务、"对接入超"、"地产入机关"等方式连接高端市场，推动产品快速高效流通上市。

三、多元化开发牦牛精深加工产品

目前牦牛肉精深加工产品极度匮乏，基本以风干牛肉、酱牛肉为主。应加快推动调理肉制品、休闲肉制品等多元化的产品研发上市。支持企业建设骨血、毛皮、头蹄等副产物的精深加工生产线，推动牦牛产品综合高效利用，提升牦牛产业附加值，促进牦牛产业高质量发展。

四、努力铸造和健全牦牛全产业链

应加快建立良种繁育、科学养殖、适时出栏、集中屠宰、冷链流通、精深加工、打造品牌一体化、一条龙的牦牛产业发展模式。建立主要牦牛优良类群的品种选育基地与种牛冻精生产基地，尽快挖掘野血牦牛资源潜力，提升牦牛良种化水平。在牧区和半农半牧区建立设施齐备、工艺先进、污染可控、支撑有效、产出高效的牦牛设施养殖与夏季强度放牧有机结合的健康养殖模式。为提高牧区牦牛群体繁殖率，促进牦牛"一年一犊"的高效繁殖生产，国家对牦牛养殖户实施"见犊补母"的能繁母牛补贴政策，凡母牛产一犊，对母牛饲养每年补助500元/头。同时，引导牧户采取能繁母畜与非生产畜分群科学饲养、犊牛全哺乳与早期断奶科学有效结合、饲草料种植加工与优质饲草料购买相结合等措施，促进牦牛科学高效养殖，推动牦牛饲养走上良性循环的科学养殖轨道。扶持牦牛养殖户（场）配套暖棚设施与精料舔砖饲料补饲建设，支持牦牛养殖户（场）疫病防控与科学饲养技术指导服务等，推进牦牛养殖从传统放牧型向设施化养殖与适度放牧有机结合的科学养殖方式转变。

参考文献

[1] 罗晓林:《中国牦牛》,四川科学技术出版社2019年版。

[2] 侯石柱:《西藏考古大纲》,西藏人民出版社1991年版。

[3] 蔡立:《中国牦牛》,农业出版社1992年版。

[4] 阎萍、梁春年:《中国牦牛》,中国农业科学技术出版社2019年版。

[5] 钟金城:《牦牛遗传与育种》,四川科学技术出版社1996年版。

[6] 祁学斌:《家养牦牛的遗传多样性及其种群演化的研究》,兰州大学2004年博士学位论文。

[7] 张容昶:《蒙古、苏联、尼泊尔和印度的牦牛生产》,《中国牦牛》1987年第3期。

[8] 张北京:《苏联的牦牛业》,《青海畜牧兽医学院学报》1985年第2期。

[9] 董德宽:《苏联吉尔吉斯的牦牛养殖业》,《青海畜牧兽医杂志》1989年第5期。

[10] Olsen S J., "Fossil ancestry of the yak, its cultural significance and domestication in Tibet". *Proceedings of the Academy of Natural Science, Philadelphia*, 1990.

[11] Pal, R.N., "Halting the decline of the yak population in India", *World Animal Review*, 1993.

[12] Pal, R.N., "Yak (Poephagus grunniens L.) of India". *Animal Genetic Resources Information*, 1993.

[13] Cai Li, et al., *The yak(second edition)*, Bangkok: The Regional Office for Asia and the Pacific Food and Agriculture Organization of the United Nations, 2003.

[14] Gupta,N. and Gupta, S.C., *Yak - status and conservation*. Karnal: Domestic animal diversity – conservation & sustainable development, 2000.

[15] Nivsarkar, A.N., Gupta, S.C and Gupta, N., *Yak production*. New Delhi: Indian Council of Agricultural Research, 1997.

[16] 陆仲璘：《中国牦牛类型浅议》，《中国牦牛》1982年第4期。

[17] 《中国牦牛学》编写委员会：《中国牦牛学》，四川科学技术出版社1989年版。

[18] 国家畜禽遗传资源委员会编委会：《中国畜禽遗传资源志·牛志》，中国农业出版社。

[19] 徐先军：《青海高原牦牛的现状及发展建议》，《养殖与饲料》2011年第8期。

[20] 王熠、韩学平、陈勇伟：《青海高原牦牛生产性能变化研究》，《黑龙江畜牧兽医》2016年第8期（上）。

[21] 刘军：《青海高原型牦牛种质资源调查与分析》，《养殖与饲料》2011年第12期。

[22] 朱俊：《海北州环湖牦牛产业发展趋势与建议》，《青海畜牧兽医杂志》2013年第1期。

[23] 陈永伟、韩学平、艾德强：《雪多牦牛和环湖牦牛生产性能测定》，《山东畜牧兽医》2020年第5期。

[24] 姬秋梅、普穷、达娃央拉：《西藏三大优良类群牦牛的产肉性能及肉品质分析》，《中国草食动物》2000年第5期。

[25] 姬秋梅、达娃央拉、元旦：《提高林周斯布牦牛本品种选育水平研究》，《西藏科技》2007年第12期。

[26] 普布潘多：《帕里牦牛生产现状及发展对策》，《西藏科技》2009年第6期。

[27] 姬秋梅、达娃央拉、洛桑：《西藏帕里牦牛本品种选育研究》，《西藏科技》2011年第2期。

[28] 信金伟、张成福、姬秋梅：《类乌齐牦牛产肉性能及肉品质分析》，《湖南农业科学》2017年第3期。

[29] 包鹏甲、阎萍、梁春年：《九龙牦牛遗传资源保护及利用》，《第五届中国牛业发展大会论文集》2010年。

[30] 何明珠：《麦洼牦牛、九龙牦牛种质资源特性及保护措施》，《草业与畜牧》2012年第8期。

[31] 李世林、罗光荣、肖敏：《不同特征麦洼牦牛生产性能分析》，《草业与畜牧》2014年第3期。

[32] 何明珠、李小伟：《金川牦牛生态环境及饲养管理》，《中国畜禽种业》2018年第7期。

[33] 黄友鹰：《木里牦牛史料》，《中国牦牛》1983年第1期。

[34] 扎西吉、张红霞：《甘南牦牛生产性能测定》，《畜牧兽医杂志》2015年第6期。

[35] 张潭瑛、杨勤、马桂琳：《甘南牦牛种质资源保护及开发利用》，《畜牧兽医杂志》2016年第4期。

[36] 杨晓峰、松耀武、墨继光：《中甸牦牛的起源及其开发利用》，《养殖与饲料》2010年第12期。

[37] 青海畜禽遗传资源志编辑委员会：《青海省畜禽遗传资源志》，青海人民出版社2013年版。

[38] 高勤学、杨文科、蒙永刚：《新疆克孜勒苏柯尔克孜地区帕米尔牦牛mtDNA COⅠ的遗传多样性分析》，《生物技术进展》2022年第4期。

[39] 高勤学、杨文科、牙生江·纳斯尔：《帕米尔牦牛遗传资源保护现状及建议》，《黑龙江动物繁殖》2021年第6期。

[40] 李青凤：《利用牦牛骨制感光材料用照相明胶》，《明胶科学与技术》2005年第4期。

[41] 倪蕴琪、唐静仪、刘怀高：《牦牛骨资源综合利用的研究现状与展望》，《农产品加工》2020年第22期。

[42] 叶孟亮：《牦牛骨胶原蛋白肽抗骨质疏松作用机制研究》，中国农业科学院 2019年博士学位论文。

[43] 张宁、孙华、蒋万枫：《发酵牦牛骨泥香肠工艺条件的优化》，《食品安全导 刊》2018年第3期。

[44] 张棚：《牦牛骨粉制备及抗骨质疏松作用研究》，西北民族大学2022年硕士 学位论文。

[45] 何如喜：《牦牛血液资源化利用技术的可行性研究》，《中国资源综合利用》 2016年12期。

[46] 罗华秀、王晓玲、王伟玲：《藏药牦牛血粉饮片中氨基酸和无机元素测定》， 《中国测试》2020年第2期。

[47] 刘元林、田晓静、黄汇惠：《2种蛋白酶水解牦牛血液蛋白工艺优化》，《食 品安全质量检测学报》2021年第6期。

[48] 耿嘉宝：《牦牛头蹄脱毛工艺及其胶原蛋白的初步研究》，兰州理工大学 2021年硕士学位论文。

[49] 吴茜、刘芳芳、苗宇：《牦牛皮在食品领域的利用现状及应用前景分析》， 《食品与发酵工业》2020年第13期。

[50] 陈一萌、唐善虎、李思宁：《植物乳杆菌和戊糖片球菌复合发酵牦牛肉工艺优 化》，《肉类研究》2019年第11期。

[51] 侯丽、柴沙驼、刘书杰等：《青海牦牛肉与秦川牛肉氨基酸和脂肪酸的比较 研究》，《肉类研究》2013年第27期。

[52] 刘纯友、马美湖、靳国锋等：《角鲨烯及其生物活性研究进展》，《中国食品 学报》2015年第15期。

[53] 刘亚娜、郎玉苗、包高良等：《甘南牦牛肉与中国西门塔尔牛肉营养特性对比 分析》，《食品工业科技》2016年第37期。

[54] 毛进彬、毛旭东、王俊杰等：《亚丁牦牛肉品质分析》，《营养与饲料》2020 年第40期。

[55] 马伏英等：《 ω−6 /ω−3脂肪酸平衡对动脉粥样硬化的影响》，《中国医刊》

2005年第40期。

[56] 马少飞：《西藏传统发酵牦牛肉制品中耐低温菌种的分离鉴定及应用研究》，西藏大学2020年硕士学位论文。

[57] 彭增起，吕慧超：《绿色制造技术：肉类工业面临的挑战与机遇》，《食品科学》2013年第34期。

[58] 田甲春等：《不同地方类群牦牛肉营养成分分析》，《营养学报》2011年第33期。

[59] 王琳琳，陈炼红：《麦洼牦牛肉和高山牦牛肉品质差异性的比较分析》，《西南民族大学学报（自然科学版）》2019年第45期。

[60] 王雪青等：《膳食中多不饱和脂肪酸营养与生理功能的研究进展》，《食品科学》2004年第25期。

[61] 席斌等：《大通牦牛肉与高原牦牛肉营养品质比较分析》，《黑龙江畜牧兽医》2018年第607期。

[62] 杨媛丽等：《不同养殖模式对牦牛背最长肌挥发性风味物质及脂肪酸组成的影响》，《肉类研究》2020年第34期。

[63] 冶成君等：《乳酸菌对牦牛发酵肉制品中肌肉蛋白降解作用的研究》，《青海畜牧兽医杂志》2016年第46期。

[64] 余群力等：《白牦牛肉成分分析及评价》，《中国食品学报》2005年第5期。

[65] 朱胜华：《发酵法改善牦牛肉品质的研究》，西华大学2012年硕士学位论文。

[66] 周恒量等：《九龙牦牛不同部位肉中脂肪酸组成分析评价》，《食品与生物技术学报》2017年第36期。

[67] Cao X. et al., "Growth performance and meat quality evaluations in three-way cross cattle developed for the Tibetan Plateau and their molecular understanding by integrative omics analysis", *Journal of Agricultural and Food Chemistry*, 2019, 67(1).

[68] Hao L. et al., "Adding heat treated rapeseed to the diet of yak improves

growth performance and tenderness and nutritional quality of the meat", *Animal Science Journal*, 2019, 90.

[69] Wood J.D. et al., "Effects of fatty acids on meat quality: a review", *Meat Science*, 2003, 66.

[70] 张天留、葛菲、朱波等：《肉牛种业科技创新发展现状与趋势分析》，《中国畜禽种业》2022年第10期。

[71] 贾功雪、丁路明、徐尚荣等：《青藏高原牦牛遗传资源保护和利用：问题与展望》，《生态学报》2020年第18期。

[72] 郭淑珍、包永清、马登录等：《甘南牦牛杂交改良中可视输精枪和排卵测定仪的应用效果》，《中国牛业科学》2021年第6期。

[73] 郭宪、裴杰、包鹏甲等：《牦牛高效繁殖技术》，中国农业出版社2019年版。

[74] 赵寿保、马进寿、保广才等：《补饲对母牦牛发情的影响》，《青海畜牧兽医杂志》2018年第4期。

[75] 李露、张普香、韩朋岑：《酶法水解牦牛皮蛋白制备抗氧化肽工艺的优化》，《食品工业科技》2021年第24期。

[76] 李金、黄彪、刘惠考等：《牦牛胶原蛋白肽降血糖效果研究》，《食品工业科技》2022年第15期。

[77] 吴茜、刘芳芳、苗宇等：《牦牛皮在食品领域的利用现状及应用前景分析》，《食品与发酵工业》2020年第13期。

[78] 郭洁、柳青海、李天才：《牦牛肝脏蛋白对人肝癌HepG2细胞增殖及凋亡的影响》，《中国生物制品学杂志》2013年第12期。

[79] 柳青海、李天才：《藏药牦牛肝蛋白体外抗凝血活性研究》，《时珍国医国药》2012年第8期。

[80] 张知贵、夏霖、杨奇森：《牦牛的分布及保护》，《动物学杂志》2009年第1期。

[81] 宋大伟：《牦牛的起源与系统发育分析》，南京农业大学2008年硕士学位论文。

[82] 杨柏高、郝海生、杜卫华等：《牦牛高原适应研究进展》，《畜牧兽医学报》2023年第1期。

[83] 张思源、柴志欣、钟金城：《牦牛高原低氧适应研究进展》，《江苏农业科学》2016年第3期。

[84] 王之盛、阎萍、保善科等：《牦牛产区：改变传统生产方式 推进牦牛产业发展》，《中国畜牧业》2013年第14期。

[85] 官久强、杨平贵、蒋小兵等：《半农半牧区舍饲牦牛、犏牛的短期育肥效益分析》，《中国畜牧杂志》2016年第18期。

[86] 张海滨、文志平、赵光平等：《甘南牦牛半农半牧区暖棚保膘育肥试验效果分析》，《畜牧兽医杂志》2016年第2期。

[87] 官久强、安添午、谢荣清等：《农区牦牛、犏牛舍饲短期育肥效益分析》，《中国奶牛》2019年7月。

[88] 杨树晶、唐祯勇、鲁岩：《四川省牦牛产业发展思考》，《畜牧兽医杂志》2022年第5期。

[89] 程苏蕊：《饲草产业高质量发展路径探析》，《产业创新研究》2022年第23期。

[90] 张燕、吴锦波、雍军等：《阿坝州牦牛产业高质量发展对策研究——基于"全产业链+标准化"协同视角》，《中国牛业科学》2022年第4期。

[91] 杨传文、邢帆、朱建春等：《中国秸秆资源的时空分布、利用现状与碳减排潜力》，《环境科学》2023年第2期。

[92] 曹兵海、李俊雅、王之盛等：《2023年肉牛牦牛产业发展趋势与政策建议》，《中国畜牧杂志》2023年第3期。

[93] 曹兵海、张越杰、李俊雅等：《2022年肉牛牦牛产业发展趋势与政策建议》，《中国畜牧杂志》2022年第3期。

[94] 曹兵海、李俊雅、王之盛等：《2022年度肉牛牦牛产业技术发展报告》，《中国畜牧杂志》2023年第3期。

[95] 曹兵海、张越杰、李俊雅等：《2021年肉牛牦牛产业技术发展报告》，《中国

畜牧杂志》2022年第3期。

网站：

[1] 蒙古国家统计局: https://www.nso.mn/mn

[2] 尼泊尔中央统计局: https://cbs.gov.np/

[3] 印度中央统计局: https://www.mospi.gov.in/

[4] 中华人民共和国自然资源部. 2023. 2022年中国自然资源统计公报, https://www.mnr.gov.cn/sj/tjgb/202304/P020230412557301980490.pdf

[5] 国家畜禽遗传资源品种名录: https://zypc.nahs.org.cn/pzml/classify.html.

后 记

　　牦牛是分布于青藏高原及其毗邻地区的特殊畜种,适应海拔3000米以上高寒低氧的气候环境条件,可以有效利用高寒草地牧草资源,为人类提供优质的乳、肉、皮、绒等多种畜产品,是藏族牧民群众重要的生产和生活资料,拥有"高原之舟"的美誉。我国牦牛主要分布于青海、西藏、四川、甘肃、新疆、云南等六省区的高寒地区,现存栏1600余万头,占世界牦牛总数的95%以上。

　　牦牛生产是畜牧业的重要组成部分,牛羊肉是百姓"菜篮子"的重要品种,更是部分民族群众生活必需品。实现牦牛产业高质量发展、保障牛肉有效供给,对保障居民菜篮子和提高人民生活水平具有重要的意义。近两年,国家十分重视牦牛产业发展,出台了相关文件予以大力支持,提出坚持数量和质量并重,在巩固提升传统主产区的基础上,挖掘潜力发展区,拓展增产空间,多渠道增加牛肉供给。目标是到2025年,牛肉自给率保持在85%左右,牛肉产量不低于680万吨,规模养殖比重达到30%以上。

　　发展牦牛生产,不仅对增强牛肉供给能力、保障民族地区牛肉和相关产品供给具有重要作用,而且对巩固脱贫攻坚成果,全面推进牧区乡村振兴具有重要战略意义。习近平总书记高度重视产业扶贫工作,强调发展产业是实现稳定脱贫的根本之策,也是增强贫困地区造血功能、帮助贫困群众就地就业的长远之计。乡村振兴,关键是产业振兴,产业兴旺是乡村振兴的重要基础,而牦牛产业为实现牧区脱贫攻坚和乡村振兴发挥了重要作用。

　　为了推动中国牦牛产业的高质量发展,巩固牦牛产业在脱贫攻坚战略中的重大成效,在乡村振兴中发挥更大作用,2022年,中国乡村发展志愿服务促进会布局了乡村振兴特色优势产业培育工程,安排四川省草原科学研究院副院长、国家畜禽遗传资源委员会牛专业委员会委员、国家肉牛牦牛产业技术体系红原综合试验站站长罗晓林研究员牵头编写《中国牦牛产业发展蓝皮书（2022）》。在中国乡村发展志愿服务促进会领导的关心指导下，由全国牦牛主产区省区的相关专家组成编委会，通过编写组成员通力合作，经过方案设计、提纲确定、数据调研、实地考察、个别访谈、数据分析等环节，召开多次线上线下专题研讨会、汇报会、调度会和专家评审会，最终形成了《中国牦牛产业发展蓝皮书（2022）》。本书由四川省草原科学研究院赵洪文副研究员收集整理资料数据，四川省草原科学研究院副院长罗晓林研究员全程指导工作开展并审定报告，负责报告全文的统稿。数据调查统计得到了青海、西藏、四川、云南、甘肃等省（区、市）各级领导、专家和企业家的大力支持。

本书各章撰写人员如下：

第一章：罗晓林（四川省草原科学研究院副院长、二级研究员）

柴志欣（西南民族大学副研究员）

张越杰（吉林农业大学教授，吉林工商学院院长、教授）

第二章：张越杰（吉林农业大学教授，吉林工商学院院长、教授）

王 军（吉林农业大学教授）

王 芳（吉林农业大学博士）

第三章：官久强（四川省草原科学研究院副研究员）

谢 鹏（中国农业科学院北京畜牧兽医研究所副研究员）

索化夷（西南大学教授）

李家奎（华中农业大学教授）

第四章：赵洪文（四川省草原科学研究院副研究员）

刘书杰（青海省畜牧兽医科学院院长、研究员）

信金伟（西藏自治区农牧科学院畜牧兽医研究所研究员）

杨 繁（云南迪庆州畜牧兽医科学研究院高级畜牧师）

第五章：张翔飞（四川省草原科学研究院博士）

张越杰（吉林农业大学教授，吉林工商学院院长、教授）

张 丽（甘肃农业大学教授）

第六章: 张越杰(吉林农业大学教授,吉林工商学院院长、教授)

　　　　罗晓林(四川省草原科学研究院副院长、二级研究员)

　　　　王　芳(吉林农业大学博士)

　　本书邀请了中国农业科学院农产品加工研究所所长王凤忠、河北农业大学中国枣研究中心研究员毛永民、农业农村部食物与营养发展研究所科技处研究员朱大洲、中国农业科学院农产品加工研究所研究员范蓓、中国农业大学教授郭慧媛等相关单位牦牛产业方面的专家学者参加评审。编委会主任刘永富对本书进行审核。正是由于大家的辛勤努力和付出,保证了该书能够顺利出版。此外中国出版集团及研究出版社也对本书给予了高度的重视和热情的支持,在时间紧、任务重、要求高的情况下,为本书的出版付出了大量的精力和心血,在此一并表示衷心的谢意! 由于编写时间短,本书仍存在一些不足和有待改进与完善的地方,真诚欢迎专家学者和广大读者批评指正。

　　　　　　　　　　　　　　　　　　　　　　　　　　本书编写组

　　　　　　　　　　　　　　　　　　　　　　　　　　2023年6月